婚姻家庭法专题研究

马海霞 著

中国水利水电出版社
www.waterpub.com.cn
·北京·

内 容 提 要

随着我国的婚姻家庭立法日趋完备，婚姻家庭制度日趋完善，为建立和谐、健康、文明的社会主义婚姻家庭关系做出了巨大的贡献。然而随着市场经济的发展，改革开放的深入和人们婚姻家庭观的嬗变，在我国婚姻家庭领域出现了诸多问题。

本书涉及婚姻家庭法的基本理论、当前的学术热点问题、司法实践中的焦点问题、立法动态与学术反思，及现有法律制度的完善等多个方面。

本书适合相关法律研究人员和法律工作者参阅。

图书在版编目(CIP)数据

婚姻家庭法专题研究/马海霞著. —北京：中国水利水电出版社，2017.9 (2025.4 重印)

ISBN 978-7-5170-5889-2

Ⅰ. ①婚… Ⅱ. ①马… Ⅲ. ①婚姻法一研究一中国 Ⅳ. ①D923.904

中国版本图书馆 CIP 数据核字(2017)第 233927 号

书　名	婚姻家庭法专题研究　HUNYIN JIATINGFA ZHUANTI YANJIU
作　者	马海霞　著
出版发行	中国水利水电出版社 (北京市海淀区玉渊潭南路 1 号 D 座 100038) 网址：www. waterpub. com. cn E-mail：sales@waterpub. com. cn 电话：(010)68367658(营销中心)
经　售	北京科水图书销售中心(零售) 电话：(010)88383994、63202643、68545874 全国各地新华书店和相关出版物销售网点
排　版	北京亚吉飞数码科技有限公司
印　刷	三河市天润建兴印务有限公司
规　格	170mm×240mm　16 开本　16.25 印张　211 千字
版　次	2018 年 1 月第 1 版　2025 年 4 月第 2 次印刷
印　数	0001—2000 册
定　价	72.00 元

前　言

《中华人民共和国婚姻法》(下文简称《婚姻法》)是新中国成立后制定的首部法律。《婚姻法》公布后,毛泽东曾讲了一段非常经典的话:“婚姻法是关系到千家万户、男女老少的切身利益,其普遍性仅次于宪法的国家的根本大法。”婚姻产生家庭,家庭是社会的细胞,治家是治国之根本。“家和万事兴,家和国安宁”。婚姻法的制定、完善与实施关系到人伦纲常,关系到文明和谐的家风和良好社会秩序的建立。正如习近平总书记所强调的“家庭的前途命运同国家和民族的前途命运紧密相连。”《婚姻法》是规范婚姻家庭关系的基本法律制度,1980 年重新制定并于 2001 年修订后的《婚姻法》,对于保护公民的婚姻家庭权益,建立文明和谐的婚姻家庭关系发挥了重要的制度规范作用。

当今中国正处于一个新的经济转轨、社会转型期,在婚姻家庭领域出现了许多新问题。比如婚姻自由放任,“一夫一妻”原则被破坏,“男女平等”远未实现,“出轨”成为全社会关注的热点话题……诸多问题在寻找法律的解决方法时遭遇到现有立法的缺失与不足:婚姻稳定性较低,离婚率逐年攀升彰凸显了我国离婚制度的不足;夫妻财产争议愈加复杂化,说明现有立法明显滞后;全面二胎政策与现有婚姻家庭法存在立法冲突亟待解决;个人主义观念的盛行再加上自媒体时代的到来,婚姻文化发生着急剧变迁,与现有婚姻法的实施发生着碰撞;维护家庭和谐稳定,保护家庭中弱势群体的权益成为婚姻家庭法立法完善的重要目的。

习近平总书记在 2016 年 12 月会见第一届全国文明家庭代表时指出:“无论时代如何变化,无论经济社会如何发展,对一个社会来说，家庭的生活依托都不可取代，家庭的社会功能都不可替代，家庭的文明作用都不可替代。我们要重视家庭文明建设，努力使千千万万的家庭成为国家发展、民族进步、社会和谐的重要基点，成为人们梦想起航的地方。”加强家庭文明建设，《婚姻法》担当着重要使命。

当前，我国正处于编纂民法典的关键时期，学者们的学术表达与学术争鸣对于未来婚姻家庭法的民法典的制定工作有一定的理论借鉴意义。笔者希望本书的出版能起到抛砖引玉的作用。

作者

2017 年 7 月

目　录

对婚姻家庭领域三种典型不良现象的法律分析

当今中国，处于经济全球化、社会现代化背景下。受个人主义、享乐主义等思想负面影响，婚姻家庭领域出现了诸多新问题：家庭暴力、婚外情、“包二奶”、“闪婚”、“闪离”等现象屡见不鲜。这使得中国家庭面临危机，中国的婚姻家庭制度也面临新的挑战。如何从完善婚姻法的角度消除存在于家庭内部的各种矛盾，促进婚姻家庭和谐稳定，对此提出个人浅见，以求教于方家。

一、现象之一：对婚姻自由有放任倾向

当今社会条件下，人们对婚姻自由的放任突出表现为婚外同居、“包二奶”、“闪婚”、“闪离”等现象的普遍存在。以北京为例，基层法院受理的离婚案件中50%以上是80后年轻人离婚，且结婚两年内离婚的居多；在广东省，“包二奶”现象相当普遍，一些人对此不以为耻反以为荣。不良婚恋现象的产生有多种原因，法律制度的不完善是一个不容忽视的重要方面。

婚姻自由是婚姻法的基本原则，包括结婚自由和离婚自由，但自由并非毫无限制。“自由是做法律允许做的事情”，婚姻法具有一定的强制性，结婚和离婚这种重要的身份行为的变动必须符合婚姻法的规定。而我国婚姻法对于结婚和离婚规定的条件过于宽松。对结婚和协议离婚规定的法定程序就是登记，缺少登记之外的婚姻干预机制，这在一定程度上造成了一部分人对婚姻自由的过度放任。婚外同居、“包二奶”这些现象实质上违反了婚姻法规定的“一夫一妻”原则及“夫妻相互忠实”的原则。而我国婚姻法对以上两个原则的规定太概括，缺少可操作性。同时，婚姻

法旨在保护无过错方的离婚损害赔偿制度因取证难的问题，常常不能得到法院的支持。婚姻法上述制度的不完善助长了婚姻领域不良现象的居高不退。

二、现象之二：离婚率逐年攀升

截至2011年，中国离婚率连续七年递增[①]，北京、上海等发达城市离婚率接近30%。离婚不仅导致家庭的离散，影响子女的身心健康，还会产生种种社会问题。离婚率上升有诸多原因：第一，因家庭结构缩小、夫妻因工作两地分居及缺乏沟通使家庭聚合力弱化；第二，人们对婚姻质量要求的提高导致了婚姻观念的变化；第三，离婚制度相对比较宽松；第四，妇女经济能力及社会地位的提高使她们有勇气主动提出离婚。

夏吟兰教授认为，婚姻立法的改革导致了离婚率上升。2003年国务院颁布的《婚姻登记条例》简化了民政部门办理登记离婚的手续，保障了离婚的自由，但却给冲动型离婚和草率型离婚打开了方便之门[②]。我国婚姻法的离婚救济制度包括离婚财产分割、离婚损害赔偿及离婚帮助请求权制度。因对弱者权益（主要是女方）保护的不足，降低了离婚的法律成本。在离婚财产分割中，《婚姻法》规定了照顾子女和女方权益的原则，但弱势一方并不完全清楚对方的具体财产，受法规不健全、监管漏洞以及执行成本大等因素影响，调查清楚被转移的财产实践中很难实现。离婚帮助请求权因适用条件的限制，对离婚后困难一方的保护水平极为有限。因此，我国婚姻法上的离婚救济制度受到学者批判[③]。综上，离婚率的逐年攀升暴露出我国婚姻法中离婚制度的三个不足：其一，协议离婚限制不够、离婚干预机制欠缺；其二，离婚救济

---

① 离婚率为何连续7年递增 如何挽救“中国式离婚”？[EB/OL]．新华网，2011－6－23.

② 夏吟兰．对离婚率上升的社会成本分析[J]．甘肃社会学，2008(1).

③ 马忆南．离婚救济制度的评价与选择[J]．中外法学，2005(2).

制度形同虚设;其三,对妇女婚姻权益保护不健全。

三、现象之三:家庭暴力屡禁不止

家庭暴力是一个国际性的问题,在我国广泛存在。据统计,全国2.7亿个家庭中,遭受过家庭暴力的妇女高达30%,其中,施暴者九成是男性。每年有近10万个家庭因家庭暴力而解体。家庭暴力侵害妇女、儿童人格权益,严重破坏家庭稳定,甚至成为家庭型犯罪的重要原因。目前反家庭暴力成为我国婚姻法学界的热点理论问题,广受关注。

家庭暴力的高发和法律对家庭暴力的干预不足紧密相关。对于家庭暴力,现有立法规定过于笼统,可操作性并不强,缺乏认定和制裁的标准,尤其缺少对家庭暴力受害者的司法救济,致使许多家庭暴力犯罪主体逍遥法外①。

四、完善我国《婚姻法》的立法建议

通过以上三个现象的分析,笔者认为,为消除存在于婚姻内部的各种矛盾和问题,有效促进婚姻和谐稳定,应当对我国《婚姻法》暴露出的不足进行相应的制度完善。

(一)完善和细化《婚姻法》总则

《婚姻法》从整体内容上显得过于简练、粗放,缺少可操作性,以总则规定最为突出。

1.《婚姻法》的立法目的需要明确

《婚姻法》第一条规定:“本法是婚姻家庭关系的基本准则”,仅体现了婚姻法的调整对象,没有体现婚姻法的立法目的,不利

① 赵晓红.反家庭暴力的法律思考——论法律资源的整合与新法律体系的建构[J].北方论丛,2007(6).

于对侵权婚姻权益的违法行为的禁止。建议该条修改为:“为规范婚姻家庭关系,保护合法婚姻当事人的权益,促进婚姻家庭的和谐稳定,制定本法。”

2. 准确界定“重婚”,切实保护合法婚姻当事人的权益

《婚姻法》第三条第二款规定:“禁止重婚。禁止有配偶者与他人同居。禁止家庭暴力。禁止家庭成员间的虐待和遗弃。”对于重婚的定义,婚姻法与司法解释均未规定,实践中对重婚的认定采用的是刑法的标准,过于严格,不利于惩罚和遏制违反夫妻忠实义务的违法行为。因此应当对重婚的概念从范围上加以修正和扩充,凡是违反了一个自然人只能有一个配偶(包括合法配偶和非法配偶)的原则就应当认定为重婚,可以要求离婚损害赔偿。这样有利于维护一夫一妻制,从制度上制裁非法同居和婚外包养行为。

3. 对“婚姻自由”原则进行限制

为避免“离婚自由化”的倾向,笔者认为,婚姻法第三条的禁止性规定中应补充一款:“反对离婚自由化,家庭成员应当自觉承担家庭义务,维护家庭和谐。”

4. 强化夫妻忠实义务,规定配偶权

《婚姻法》第四条规定:“夫妻应当相互忠实,互相尊重;……”有学者认为夫妻忠实义务只是一种道德提倡,非法定义务[①]。此观点值得商榷,因为法律规定的义务就应该是法定义务,夫妻忠实义务是婚姻本质的核心,如果夫妻双方不能相互忠实,婚姻自由就变成了婚姻自由化,一夫一妻制度就名存实亡,婚姻就真的变成了一张脆弱的“纸”。所以,婚姻法应当强化忠实义务,具体可从规定配偶权的角度来实现。世界上很多国家法律中都有

① 赵蕾.夫妻忠实协议 难倒最高法院[N].南方周末,2010-9-23.

关于配偶权的规定，如依照法国民法解释，配偶一方对他方通奸的第三人，可依据民法关于侵权行为的规定索取赔偿[①]。夫妻忠实义务是配偶权的内在本质内容，规定配偶权有利于避免第三者插足，促进婚姻稳定。《婚姻法》第四条建议修改为："夫妻应当相互忠实，互相尊重；禁止他人故意侵害夫妻配偶权……"

5. 增设家庭暴力防治的相关规定

实践中因家庭暴力而导致的犯罪案件近年来呈现上升态势，家庭暴力是导致离婚的重要原因之一，增设和完善家庭暴力防治制度刻不容缓。婚姻法修改时应当从以下几个方面完善：对施暴者的制裁措施；对受暴人的救助保护措施；处理家暴的法定程序；公安机关等机构干预家庭暴力行为的法律义务和责任。婚姻法修改时应当将反家庭暴力的内容具体化、明确化。

(二)完善结婚、离婚制度

1. 增设婚前培训与离婚干预机制

为避免"闪婚""闪离"这种对婚姻自由的放任现象，婚姻法应当规定婚前培训制度，通过这一制度的创设，让准备缔结婚姻的双方当事人学习和领会婚姻法，掌握处理婚姻家庭问题的基本技巧，学会经营婚姻和管理家庭，从而为营造和谐文明的家庭关系创造条件。同时应当建立社会救疗机制，推广兰州、上海已在试点"离婚劝和"机制，由政府有关部门建立婚姻家庭心理咨询网络和婚姻医院，负责接受离婚咨询和家庭心理咨询，使婚姻双方慎重对待离婚问题。因此，笔者建议在《婚姻法》中规定："协议离婚前当事人应当接受当地居委会及有关部门的'离婚劝和'，否则不予办理离婚登记。"同时，对已经办理离婚登记的当事人限制其行使再婚权利，即借鉴国外婚姻法中的"离婚缓冲期"制度，规定当

---

① 吕春娟．配偶权相关问题探讨[A]．夏吟兰，龙翼飞，郭兵，薛宁兰．婚姻家庭法前沿——聚焦司法解释[C]．北京：社会科学文献出版社，2010.

事人在离婚后一定期限(如2年内)不得再婚,便于当事人就结婚和离婚问题进行深刻反省,有效避免草率再婚,并为复婚留下法律空间。

2. 完善离婚救济制度

为加强对弱势方以及无过错方的权益保护,应当明确对无过错方的财产及子女抚养等问题上的偏向救济。同时,要加强法院甚至考虑律师对家庭财产的调查权益,避免家庭共同财产被转移的情况,为无过错方提供必要的权益保护。由于《婚姻法》第46条规定的离婚损害赔偿事由仅限于重婚、非法同居、家暴及虐待行为,范围较窄,不足以惩罚尚未构成同居的婚外性行为,应扩大离婚损害赔偿的法定事由。同时为克服举证难的问题,应当采取过错推定的举证责任分配,减轻无过错方的举证责任。对《婚姻法》第42条规定的离婚帮助请求权因不能有效保护弱势一方(通常是女方)的权益,应当根据补偿人的经济能力和被补偿人离婚前的生活水平,将补偿帮助的力度适当加大。

婚姻家庭是社会的基石,家庭和谐是社会和谐的基础。《婚姻法》作为国家的基本法律,应当顺应社会变化,与时俱进。法律不是万能的,因为婚姻家庭是人类追求幸福的源头所在,我们有理由相信我国婚姻法会朝着体现婚姻本质,维护家庭和谐的目标前行。

论残疾人的婚姻家庭权益保护

残疾人是社会中的一个特殊群体，保护残疾人权益既是公法和公共政策的任务，也应当成为私法的一个重要理念。家庭是残疾人生活的主要场所，是残疾人的精神家园，婚姻法作为民事法律的一部分，是规范婚姻家庭的基本法律，保护弱者权益是婚姻法的立法原则之一，残疾人作为弱势群体，应当给予更多的保护。我国《残疾人保障法》未规定残疾人婚姻家庭权益的特殊保护，而《婚姻法》对此也未有规定，立法的空白不利于全面保护残疾人权益。本书在婚姻法学者前期相关研究成果的基础上，从婚姻法的角度探讨对残疾人权益的特殊保护。

一、保护残疾人婚姻家庭权益的法理依据

进入新世纪以来，随着我国经济的飞速发展，国家陆续出台和修订了有关残疾人保护的政策和制度，残疾人生存的社会环境有了很大的改善，这其中社会法发挥了关键性的外力推动作用。然而，残疾人首先属于家庭，然后才属于社会，家庭作用和社会作用对于保护残疾人的生存权、发展权不是割裂的，而是相互统一的。家庭是内在基础，社会是外在保障，忽视家庭这一残疾人生活的基本生活环境，不利于残疾人权益全面保护。为了残疾人的全面发展，为了我们的家庭更加和谐，婚姻家庭法关注残疾人，既是法律正义价值的全面体现，也是时代赋予的责任。

（一）残疾人与残疾人权益保护

根据《残疾人保障法》第 2 条规定：残疾人是指在心理、生理、

人体结构上，某种组织、功能丧失或者不正常，全部或者部分丧失以正常方式从事某种活动能力的人。残疾人包括视力残疾、听力残疾、言语残疾、肢体残疾、智力残疾、精神残疾、多重残疾和其他残疾的人。残疾主要基于两种原因，一是出生残疾，二是后天的意外伤害和年老疾病。随着我国强制婚检的取消和人们工作压力的增大及环境不断恶化，新生儿出生缺陷呈上升趋势；再加上现代社会是一个高度风险的社会，各种天灾、交通事故、工业、劳动事故的频发，增加了后天残疾发生的几率。

《残疾人权利公约》指出：残疾是一个演变中的概念，残疾是伤残者和阻碍他们在与其他人平等的基础上充分和切实地参与社会的各种态度和环境障碍相互作用所产生的结果。残疾人包括肢体、精神、智力或感官有长期损伤的人，这些损伤与各种障碍相互作用，可能阻碍残疾人在与他人平等的基础上充分和切实地参与社会。世界范围内，总体上对残疾的认识产生了根本的变化，残疾的定义从强调损伤到强调个体的活动和参与，人类已经充分认识到由残疾所产生的限制不仅与残疾本身有关，而且与物质环境或社会环境存在的或施加的限制有关①。因此，残疾的因素可以分为两个层次，个人内在因素和社会外在因素，内在因素主要指肢体和精神残疾，可以通过医疗等手段予以修正，而社会因素主要是来自社会环境障碍，则需要由法律制度予以克服。

“平等、参与、共享”是保护残疾人权益的立法宗旨所在，体现了权利本位的法治思想和以人为本的社会理念。残疾人既是普通公民，又是特殊群体。作为普通公民，他们享有宪法、法律法规所规定的一切权利，任何组织和个人都不得侵犯。作为特殊群体，残疾人由于受到生理、心理条件的限制，其在社会上往往处于弱势地位，在行使自己法定权利的时候，往往受到社会其他组织和个人的侵害或不公待遇，这就要求法律必须针对这种情况制定适应于残疾人的特殊保障的法，因此，在残疾人拥有和普通公民

① 邱卓英．以权利为本解决残疾人问题[J]．中国残疾人，2004(5)．

一样的权利之外，法律还规定残疾人享有社会福利权、社会救助权、社会保险权、社会优抚权等社会物质帮助权，以及机会平等权、身份平等权等社会平等权。在我国，针对残疾人的特殊情形制定了大量的特殊维权法律、法规，充分保障了残疾人能够享有这些社会保障权[①]。

我国除《残疾人保障法》，已有近40部重要法律在相关的条款中规定了保障残疾人权益的内容，《婚姻法》作为规范婚姻家庭生活的基本法律，也应当突出对残疾人权益的特殊保护。

（二）《婚姻法》保护残疾人权益的法理基础：弱者保护功能

马忆南教授认为，婚姻家庭法具有弱者保护功能，这一命题的合理性至少源于三个方面：一是婚姻家庭的社会功能；二是法律的价值；三是婚姻家庭法的特点[②]。此观点为残疾人婚姻家庭权益的保护提供了最贴切的法理依据。笔者结合语境及时代背景具体分析如下：

第一，婚姻家庭法的社会功能决定了它必须以保护弱者权益为理念。什么是弱者？弱者是与强者相对应的一个概念，对弱者的界定，标准不同，范围各异。人们通常会根据家庭角色及性别的不同，将家庭中的弱者界定为妇女、儿童、老人，这种对弱者的界定有一个基本的逻辑前提，即婚姻家庭中的成员都是健全人。但当家庭中存在由于先天或后天原因导致的残疾人时，以上对弱者的划分就不准确，残疾人可能是妻子，也可能是孩子和老人，也有可能是丈夫。残疾人特别是丧失劳动力的重度残疾人，就成了这个家庭内部真正意义上的弱者。在我国，家庭是大部分残疾人生活的唯一希望和依靠，如果他（她）在家庭中不能得到应有的关怀而被歧视和虐待时，就构成了对残疾人心灵的最大摧残。因此，在家庭关系中，加强对残疾人权益保护具有决定性的意义。

---

① 邓朴方．依法维护残疾人权益[J]．中国残疾人，2001(1)．

② 马忆南．婚姻家庭法的弱者保护功能[J]．法商研究（中南政法学院学报），1999(04)．

家庭是充满爱和温情的港湾，家庭中的伦理亲情不分健全与残弱，残疾人应当受到家庭更多的关爱，《婚姻法》作为规范婚姻家庭的基本法律，保护弱者是家庭的功能决定的。婚姻具有养育后代和经济生活的传统功能，虽然现代婚姻法更注重夫妻之间的情感因素，但忽略家庭的传统功能不仅违背人类社会发展规律，必将损害弱者权益。婚姻作为两性结合的最佳方式，不仅满足了人的自然需求，更主要的是它符合人的社会性这一本质特征。为保障婚姻的社会功能不被损害，保障婚姻家庭的稳定，国家才制订婚姻法，以促进婚姻的良性发展，使婚姻法成为人类谋求幸福家庭生活的制度保障。

第二，婚姻法保护弱者符合法律的价值。公平、正义是法律的价值所在，由于人的社会地位、经济能力不同，只从形式上理解"法律面前人人平等"，其结果只能导致实质的不平等，在我国社会保障制度不健全的情况下，婚姻家庭法对弱者进行特别保护尤为重要。这里的保护不是平等保护，是有侧重的特别保护，只有突出对弱者权益的保护，才能实现实质正义。我国婚姻法在总则第二条规定了保护妇女、儿童和老人的合法权益，体现了婚姻法的弱者保护功能。这一原则应当顺应时代变化不断予以强化和突出。

第三，保护弱者权益符合婚姻家庭法的内在特点。婚姻法是身份法，具有较强的伦理性和道德性，充满人文关怀和扶弱济贫的公益性。《婚姻法》以规范婚姻家庭关系为对象，调整的是亲属之间的身份关系和财产关系，并以身份关系为主导。婚姻法不同于财产法，等价有偿不被提倡，意思自治要受到法律和公序良俗的限制。笔者认为"婚姻家庭关系中最重要的不是财产而是伦理亲情。因为，婚姻家庭关系是以伦理亲情为特征的关系。在伦理亲情面前，财产已不再重要。婚姻家庭关系，不仅仅是熟人的关系，更重要的是亲人的关系，是最为亲近的人伦关系。婚姻家庭的团结与和谐是婚姻家庭得以存在的价值，因此维护、促进、保障婚姻家庭的和谐就是婚姻法的根本任务。……实现婚姻家庭的和谐，获得情感满足与幸福，需要有一种自觉自愿的勇于牺牲与无私奉献的精神[①]。"婚姻法中权利义务具有混同性,婚姻家庭的自然属性与社会功能决定权利义务是浑然一体、不可分割的,且权利本位必须予以限制,义务履行要给予强化,以维系婚姻这一伦理实体的和谐。婚姻家庭构成了一个社会善良风俗的底线,保护家庭中的弱者有利于促进婚姻家庭的和谐,符合《婚姻法》的立法目的和特点。

第四,保护弱者权益符合和谐社会的时代主题。追求和谐是人类社会永恒的主题,构建和谐社会的基础是建设和谐婚姻家庭。目前我国婚姻家庭领域出现了许多新问题、新矛盾,已严重影响了社会和谐与稳定,主要原因在于全球化现代化背景下传统家族伦理道德的沦丧,个人主义、经济理性对家庭核心价值的入侵,过度强调以权利理论全面建构家庭制度及婚姻家庭法律环境的不完善等。为真正实现婚姻家庭与社会的和谐、健康,我们应提倡和培育宽容与多元主义的人文精神,树立与弘扬尊重人性尊严及包容他人的理念,重申与坚守婚姻家庭法的伦理性,建构与完善婚姻家庭的法律环境[②]。因此,为了构建和谐社会,当人们不断呼唤强化婚姻法的包容性、人文性、伦理性时,在婚姻法中增设对残疾人权益的保护,就成了顺理成章的事情了。

二、保护残疾人婚姻家庭权益的现实需求

保护残疾人婚姻家庭权益是全面保护残疾人权益的现实要求,前提是国家以立法的形式增设相关制度。

(一)保护残疾人婚姻家庭权益的立法空白亟待填补

理论上,有学者早在 1999 年就提出在《婚姻法》修改时增加

---

① 吴洪. 婚姻法师生访谈录(一)——婚姻法与民法关系的梳理[J]. 家事法研究,2011.

② 张伟. 婚姻家庭和谐的法哲学思考——以其他学科与法学的交融为视角[J]. 河北法学,2009(5).

保护残疾人婚姻家庭权益的原则，因为在妇女、儿童和老人合法权益问题上我国历来都是给予保护的，因为他们是弱者，需要给予特殊保护。然而残疾公民也是弱者，也需要给予特殊保护，在妇女权益保障法、老年人权益保障法以及未成年人保护法中均有相关的保护其在婚姻家庭中的合法权益的规定，唯独在残疾人保障法中未对残疾公民在婚姻家庭中的合法权益如何保护作出规定。因此，对现行婚姻法进行修订，应弥补这一缺陷，使残疾公民在婚姻家庭中的合法权益得到特殊保护①。

夏吟兰教授也认为应加强对我国残疾人婚姻家庭权益保护，但其认为应当在《残疾人保障法》中增加有关保障残疾人婚姻家庭权益的内容②。《残疾人保障法》立法目的是："为了维护残疾人的合法权益，发展残疾人事业，保障残疾人平等地充分参与社会生活，共享社会物质文化成果，根据宪法，制定本法。"显然，《残疾人保障法》属于社会法、公法的范畴，主要侧重于对残疾人政治、经济文化等权利的保护，而婚姻家庭权属于私权，不宜放在其中规定。因此，2008 年新修改的《残疾人保障法》仅在第 3 条规定："残疾人在政治、经济、文化、社会和家庭生活等方面享有同其他公民平等的权利。"该法从康复、教育、劳动就业、文化生活、社会保障、无障碍环境等六个方面专章规定，主要突出对残疾人政治、经济、文化、社会权益的保护，而对于家庭生活权的保护，具体规定只有一条，即《残疾人保障法》第 9 条："残疾人的扶养人必须对残疾人履行扶养义务。残疾人的监护人必须履行监护职责，尊重被监护人的意愿，维护被监护人的合法权益。残疾人的亲属、监护人应当鼓励和帮助残疾人增强自立能力。禁止对残疾人实施家庭暴力，禁止虐待、遗弃。"以上规定，显示了《残疾人保障法》对残疾人婚姻家庭权益保护的明显不足：其一，该条只涉及扶养监护等家庭权益，并未涉及婚姻权利的特殊保护；其二，家庭权益仅作

---

① 吴洪，张竞芳．关于制定我国婚姻家庭法的若干思考[J]．郑州大学学报(哲学社会科学版)，1999(5)．

② 夏吟兰．我国残疾人婚姻家庭权益保障问题研究[J]．法商研究，2006(06)．

原则性规定，且保护水准是“享有与其他公民平等的保护权”，残疾人作为弱势群体，仅平等保护是不够的。由此，在我国婚姻法及相关司法解释对残疾人权益保护只字未提的情形下，造成目前我国立法领域关于残疾人婚姻权益的保护几近空白。

（二）保护残疾人婚姻家庭权益是促进残疾人全面发展的必然要求

有资料显示，截至2006年4月1日零时第二次全国残疾人抽样调查的结果推算，全国各类残疾人总数为8296万人，残疾人占全国总人口的比例为6.34%。根据世界范围内残疾人人数增长的规律，随着社会经济的发展，人们参与社会经济活动的增多，面临致残的风险也在增大，残疾人人数占总人数的比例会随经济发展不断提高。我国属于发展中国家，在经济的转型期，随着我国工业经济的不断发展，老龄人口的不断增加，残疾人人数还将会有一个较大的上升空间。残疾人的普遍性说明了加强残疾人权益保护的迫切性和必要性。

虽然残疾人身体、智力等方面有缺陷，但他们身残志坚，与健全人相比，更加需要家庭的关爱和照顾，更渴望爱人的呵护和不离不弃。家庭作为社会的细胞，承担着生育、生产、养老育幼等社会职能，婚姻家庭对残疾人的意义是社会福利机构无法取代的。因为家庭的人文关怀更加人性化，体现了作为一个自然人最本真的情感需求。人是自然的，也是社会的，家庭具有自然和社会的双重属性。残疾人属于社会，更属于家庭，家庭是其基础的生存环境，特别是在我国人民生活水平总体还不太富裕的情况下，不能将保障残疾人的全部的责任都放在国家福利上。法律对残疾人权益的保护，应该是全方位和多层次的。社会保障法所不能做到的，就有必要从婚姻家庭法的角度来实现。“十二五”时期，残疾人事业发展总的要求是，全面落实《中共中央国务院关于促进残疾人事业发展的意见》，建立残疾人社会保障体系和服务体系基本框架，使残疾人基本生活、医疗、康复、教育、就业等基本需求得到制度性保障，为残疾人平等参与社会生活创造更好的环境和条件，促进残疾人状况改善和全面发展①。为残疾人基本生活提供制度保障，首先要强化家庭的责任，家庭是残疾人权益保护的起点和归宿，婚姻家庭权益是残疾人基本生活权益，为了让残疾人更加有尊严地生活，为实现残疾人的全面发展，婚姻家庭法所应当发挥的基础规范作用应当受到重视。

2009年全国残疾人状况监测表明，超过一半的有就业能力且在就业年龄段的残疾人未就业，残疾人家庭人均可支配收入仅为全国平均水平的54.6%，近40%的城镇残疾人未参加任何社会保险，40.5%的城镇未就业残疾人和76.9%的农村未就业残疾人靠家庭供养和邻里接济②。由此可见，家庭对于现阶段我国残疾人的生存和发展发挥着根本性的作用，婚姻是家庭的纽带，我国婚姻法是规范婚姻家庭关系的基本准则，在婚姻法增设残疾人保护制度，是现实的必然选择。

三、保护残疾人婚姻家庭权益的制度设计

《婚姻法》是新中国制定的首部法律，对维护婚姻家庭稳定和社会和谐方面发挥着基础的规范作用，并随着社会经济的发展在不断的变化、补充和完善。但不管婚姻法如何变迁，坚守婚姻的伦理性，提倡法律的道德化，把握身份法的特性，是婚姻法始终不变的本色。残疾人权益保护写入婚姻法完全契合婚姻法的以上特色，并将使婚姻法更加体现以人为本。婚姻法对残疾人权益的保护应当贯穿于整部法律中，具体设计如下：

（一）在《婚姻法》总则中予以原则性规定

《婚姻法》第二条、第三条、第四条规定了婚姻法的基本原则。

---

① 回良玉．健全残疾人社会保障体系和服务体系 推动“十二五”时期残疾人事业加快发展[J]．残疾人研究，2011(1)．

② 中国残联．加快推进残疾人社会保障体系和服务体系建设[J]．求是，2010(14)．

其中，第四个原则是保护妇女、儿童、老人合法权益原则，1950 年《婚姻法》曾规定了保护妇女、儿童合法权益的原则，1980 年《婚姻法》补充了保护老人权益的内容，《婚姻法》(2001 年修正案)重申了这一基本原则。这一原则是婚姻家庭养老育幼功能的体现，规定这一原则的原因在于妇女、儿童、老人处于弱者地位，为建设文明家庭，保护祖国未来，弘扬敬老爱幼的传统美德，应当特别保护。对《婚姻法》的这一原则，我们应当以发展的眼光来看，即应当将这一特殊保护制度扩大至残疾人。因为构建和谐社会，是我们这个时代最响亮、最振奋人心的口号，法律的制订和完善也应当顺应这一号召。残疾人作为家庭中的特殊一员，生活上会遇到常人难以想象的困难，无论社会还是家庭都应当给予更多的关照。保护残疾人权益应当在《婚姻法》的总则中给予宣示性的规定。

因此，《婚姻法》第二条第二款应当予以补充完善为：保护妇女、儿童、老人的合法权益，保护残疾人的合法权益。

(二)在《婚姻法》分则中予以具体规定

在总则规定的同时，《婚姻法》分则应当结合残疾人的特殊困难予以具体规定。夏吟兰教授认为残疾人婚姻家庭生活中遇到的主要问题是：结婚自由难以实现，婚检、孕检率低，监护不到位，养老问题没有真正解决，离婚时没有特殊保障措施[①]。对于婚检和孕检的问题，由于先天缺陷的残疾人生育时容易发生出生缺陷，应当在《母婴保健法》和《婚姻登记条例》中规定免费体检制度，婚姻法作为基本法律不必专门作出规定。对于残疾人的监护制度，修改后的《残疾人保障法》已经给予了规定。随着国家残疾人社会保障体系的不断完善，残疾人养老问题正在逐步加以解决。所以，笔者认为，从《婚姻法》角度来保护残疾人权益，应主要突出强化对残疾人婚姻权利的保护。

---

① 吴洪，张竞芳．关于制定我国婚姻家庭法的若干思考[J]．郑州大学学报(哲学社会科学版)，1999(5)．

首先，在结婚制度中应当保护残疾人的结婚自由权利。因残疾人在婚姻问题上容易遭到歧视，择偶难，结婚自由容易受到干涉，《婚姻法》第5条应当规定保护残疾人的结婚自由权。

其次，在家庭关系中应当强化残疾者一方的扶养权利。就夫妻的扶养权而言，因为夫妻双方具有相互扶养的权利，一方的权利对应另一方的义务，扶养权既是权利也是义务，夫妻中残疾一方在自理能力受限的情况下，应当适当豁免其对配偶的扶养义务，优先保护其扶养权的实现。《婚姻法》第20条第一款应当修改为，夫妻有相互扶养的义务，残疾人扶养权优先受到保护。另外，由于我国已经进入老龄化社会，老年残疾人在残疾人中占据相当大的比例，尊老爱幼是中国传统美德，老年残疾人权益保护也要重点在婚姻法中体现。《婚姻法》第21条规定了子女对父母有赡养扶助的义务，子女不履行赡养义务时，无劳动能力的或生活困难的父母，有要求子女付给赡养费的义务。这一条当然适用于父母为残疾人的情形，但仅给付赡养费对于身体残疾的老年人来说，不能有效保护残疾老年人权益，应扩大赡养的方式，因为扶养(包括赡养和抚养)作为一项婚姻法中的法定义务，其承担义务的方式不限于财产义务，还包括劳务成分和精神内容，因此，《婚姻法》第21应增加规定老年残疾人有权要求其子女给予生活照顾的权利。

再次，切实保护残疾儿童的权益。近年来，我国因出生缺陷产生的残疾儿童增长较快，残疾儿童自出生容易遭到家庭和社会的歧视，面临最恶劣的生存环境，是弱者中的弱者，《婚姻法》应当给予特别保护。所以，应在《婚姻法》第21条第四款中增加规定：禁止歧视、虐待、遗弃残疾儿童。

最后，在离婚制度中，应当切实考虑残疾人的处境和困难，给予全面的制度保护。其一，对于婚后致残的残疾人，应当适当限制非残疾配偶一方的离婚自由权①。因为当一对身体健全的男女

---

① 张伟．婚姻家庭和谐的法哲学思考——以其他学科与法学的交融为视角[J]．河北法学，2009(5)．

缔结婚姻时，就意味着他们应患难与共，不离不弃，在一方遭遇不测而身残时，非残疾的另一方，无论基于夫妻相互扶养的义务还是基于人道主义精神，都不应当草率向对方提出离婚，以避免给受残一方造成更大的打击。因此，《婚姻法》第34条应当增加一款：对于婚后致残的残疾人，除其久治不愈情形外，非残疾配偶一方在残疾一方治疗康复期内不得提出离婚，残疾人提出离婚的不在此限。其二，离婚财产分割时应当增设对残疾人特殊保护制度，因为一般情形下，残疾人的收入往往不容乐观，为避免离婚导致财产分割会使残疾人生活难以为继，出于人道主义的关怀，婚姻法应当规定对残疾人离婚时财产分割的特别保护。因此，《婚姻法》第39条第一款应当增加规定：离婚时，夫妻的共同财产由双方协议处理；协议不成时，由人民法院根据财产的具体情况，照顾子女和女方权益的原则判决；有困难的残疾人权益优先给予保障。

从1950年至今，《婚姻法》已走过了67年历程，其每一次完善都刻上了深深的时代印记。在构建和谐社会的时代号召下，以人为本，促进家庭和谐稳定是《婚姻法》的根本任务。以保护弱者的名义让残疾人在婚姻家庭生活中拥有更多的人文关怀，是立法者义不容辞的责任。笔者期望本研究能引起婚姻法学界对残疾人婚姻家庭权益保护的重视，期望残疾人保护能成为未来《婚姻法》完善的新亮点。

和谐社会语境下加强和谐家庭法制建设的思考

和谐社会语境下，为缓解我国婚姻家庭中的诸多问题，加强和谐家庭法制建设研究具有重要的理论和现实意义。基于人权保护理论和婚姻法的基本价值理念，可从私法和社会法两个角度为我国和谐家庭的法制建设进行制度建构，完善《婚姻法》以全面保障家庭及其成员的合法权益，促进婚姻家庭和谐稳定，从而为我国和谐社会建设提供全面的制度保障。

一、和谐社会语境下加强和谐家庭法制建设的理论与现实意义

家庭是社会的细胞，家庭和谐稳定是社会和谐稳定的基础。规范家庭关系，改善家庭及其成员的福祉，营造家庭和谐，不仅是家庭成员的责任，也是国家立法应当关注的对象。党中央近年来提出的关于加强和谐社会及全面建设小康社会的大政方针为和谐家庭的法制建设提供了强有力的政策和理论支持！

2005 年 2 月 19 日，胡锦涛同志在省部级主要领导干部提高构建社会主义和谐社会能力专题研讨班上的讲话中，对“什么是和谐社会，怎样构建和谐社会”等一系列重大理论问题作了精辟的论述，明确提出我们所要构建的和谐社会应该是“民主法治、公平正义、诚信友爱、充满活力、安定有序、人与自然和谐相处的社会”。和谐社会从何而来？家庭和谐是源头所在。2012 年 11 月 19 日，习近平在新一届中央政治局常委讲话时讲道：“人民对美好生活的向往，就是我们的奋斗目标。”美好生活的创造需要国家多方面的政策支持和制度完善，和谐幸福的家庭是美好生活的重要

载体。加强和谐家庭的法制建设体现了当前国家的政策导向。

家庭是个人人生的起点与归宿，是每个人接受教育，形成价值观以及走向社会的开端，任何一个小家都是社会大家庭的缩影，多元化的社会发展所产生的矛盾不可避免地反映到家庭中，家庭所遇到的挑战关系着全人类的健康发展。进入新世纪以来，随着我国进入经济与社会发展转型期，我国家庭结构发生了深刻变化，家庭呈现五大趋势："家庭规模小型化、家庭结构核心化、家庭类型多样化、家庭关系离散化、家庭问题多样化"。在城镇化和工业化过程中出现的人口迁徙给农村家庭带来冲击，改革开放和市场经济发展影响和改变着人们的婚姻家庭观念，金钱主义、享乐主义、个人主义思潮泛滥，家庭美德及家庭责任被抛弃，由此导致在婚姻家庭领域产生了一系列问题：家庭暴力、高离婚率、未成年人犯罪，"包二奶"等婚姻自由放任现象，性别不平等、家庭教育失误，农村留守儿童监护缺位及空巢老人养老问题等等。

我国是世界上人口最多也是家庭数量最多的国家，建设和谐家庭有利于保护妇女、儿童、老人、残疾人等弱者权益，促进家庭成员的全面发展，弘扬中华民族的传统家庭美德，在全社会培养诚信、友善、民主、文明、和谐的社会主义核心价值观，全面提高公民的道德水平，提高社会文明程度和社会的可持续发展。

二、我国现阶段家庭不和谐现象及原因分析

（一）和谐家庭的内涵

一般认为，和谐家庭以家庭成员之间和睦相处作为一个基本特征，重心是指家庭成员之间的民主友爱、平等自由、忠实互尊、和睦文明的融洽关系。既包括男女平等的夫妻和谐，又包括长幼共融的代际和谐。广义的家庭和谐包括三个方面：自我和谐、家庭与社会环境的和谐、家庭与自然环境的和谐。[①] 从系统论和整

---

① 杨雄，刘程．当前和谐家庭建设若干理论与实现路径[J]．南京社会科学，2008(9).

体论的视角，家庭和谐不是孤立存在的，是和社会和谐共存共荣的个体，家庭和谐只有实现与社会和谐的统一化、系统化、协调化，才能加速社会和谐的进程，以实现社会的可持续发展。和谐家庭既是一种良好状态，更是一种健康文明的发展趋势，真正的和谐是一个持续性的能实现家庭成员之间及社会群体之间良性互动的和谐，是一个体现社会科学发展观的和谐。笔者认为家庭和谐的标准包括：夫妻忠实、平等友爱、尊老爱幼、稳定安全；科学民主、文明守法、团结协作、充满活力。夫妻关系是决定家庭关系的核心因素，只有夫妻之间的感情忠实，婚姻才能和谐，家庭才能和睦安宁。家庭的长久和谐还需要家庭成员具有科学的人生观、价值观、教育观，健康环保的生活方式，遵纪守法，使家庭永葆发展的活力，并使家庭和谐与社会和谐同步！实现家庭和谐的路径包括微观和宏观两个层面：个人层面应当提高家庭成员思想道德修养，加强家庭成员的沟通，倡导文明家庭美德；国家层面：加强法制建设，从教育、医疗、就业、住房等方面提高社会保障水平，加强社会精神文明建设和道德宣传等。

（二）我国家庭不和谐的表现及原因分析

家庭是否和谐主要是由家庭成员之间的关系决定的。目前我国家庭结构以核心家庭和夫妻家庭为主，主干家庭（直系家庭）还将在一定时期长期存在。家庭成员之间由于具有血缘关系、姻亲关系、情感关系、经济关系，家庭关系被视为最密切的社会关系，这种社会关系受到人们的高度重视，成为个体生存和发展的精神支柱，家庭关系一旦出现裂痕，激化产生的矛盾和问题较为严重。

目前我国家庭存在的不和谐现象主要表现为：其一，婚姻关系不和谐：家庭暴力、高离婚率、婚姻自由放任，性别不平等；其二，亲子关系不和谐：家庭教育失误，未成年人犯罪，农村留守儿童监护缺位；其三，代际关系不和谐：婆媳矛盾及空巢老人养老问题等。据统计数据表明，截至 2011 年，中国离婚率连续七年递增，发达城市离婚率接近30%[①]；另有全国妇联的统计数据表明，中国有近30%的家庭存在家庭暴力[②]。“包二奶”等婚姻自由放任现象非常严重，被查处的贪官污吏中95%都有“情妇”，腐败的领导干部中60%以上与“包二奶”有关。[③]“包二奶”这种行为不仅严重损害了党和政府的形象，还助长了社会的不良风气，对我国“一夫一妻”婚姻制度构成严重挑战。家庭教育失误表现在受商业化社会大环境的影响，有相当一部分父母缺乏科学的教育理念，只重视知识教育，忽视人格教育，望子成龙心切，对孩子过度溺爱或压制，由此引发一个个家庭悲剧。在我国城乡一体化的进程中，大量的农村务工人员涌进城市，产生了大量农村留守儿童和空巢老人，留守儿童遭遇的最大问题是家庭教育缺失问题；随着我国老龄化程度的加剧，空巢老人成为被边缘化的一个特殊群体，其面临的最大问题是养老问题……婚姻家庭内部的上述问题并不是孤立的，而是相互联系、互为因果的。比如：性别不平等会导致家庭暴力，家庭暴力及婚姻的自由放任产生离婚和家庭的离散，离婚又会促成未成年人教育和监护缺失及未成年人犯罪等等。婚姻家庭问题威胁着家庭的健康发展，影响了社会风气，为社会增加了不和谐和不稳定因素。

影响家庭关系的主要因素包括政治、文化、经济、法律、家庭成员的个体条件等多个方面。通过立法来加强对家庭的规范是有效解决家庭问题的重要手段。结合我国实际，造成家庭不和谐的因素有内外两个方面。第一是内部因素：家庭成员人品问题，性格差异，缺少沟通或知识观念落后等；第二为外部因素：法律制度不完善，社会道德建设不足，社会保障体系不健全，经济发展水平不高，社会转型和人口迁徙等；内部因素可以通过教育或加强沟通来消除，外部因素大多可以通过法律制度建设来解决。加强以促进和谐家庭为目标的法制建设，有利于全面解决家庭问题，

---

① 离婚率为何连续7年递增 如何挽救“中国式离婚”？[EB/OL]. 新华网，2011－6－23.

② 关于制定《反家庭暴力法》的议案[EB/OL]. 人民网，2005－3－9.

③ “官员艳照反腐”不能走火入魔[EB/OL]. 新华网，2012－12－14.

从而为建设和谐社会发挥重要的制度规范作用。

三、加强和谐家庭法制建设的思考

(一)和谐家庭法制建设的法理依据

1. 家庭的功能及作用

家庭具有养老育幼、经济生活、弱者保护功能。家庭是基本社会单元,是社会融合和传递价值观的首要媒介,它提供了家庭成员所需要的情感、经济和物质支持;作为生产消费的重要单元,家庭对可持续发展产生直接影响,对于实现世界和平、安全和繁荣均具有重要意义。中国古代儒家曾提出:“修身、齐家、治国、平天下”的思想,认为只有家庭和睦,国家才能太平,社会的长治久安,离不开家庭的和睦安宁,家庭和谐乃社会和谐之基。

2. 和谐家庭法制建设的立法理念

(1)人权保护理论。建设和谐社会与和谐家庭的根本是坚持以人为本,生存权和发展权是基本人权,保护公民的婚姻家庭权益,促进家庭和谐以人的健康全面发展为终极目标,建设和谐家庭体现了国际上的人权保护理论。(2)团体本位的理念。团体本位是相对于个人本位而言的,和谐家庭法制建设的宗旨在于保护家庭的整体利益,家庭成员应当相互理解、宽容、谦让,要多讲奉献,自觉履行家庭义务与责任。只有强化团体本位才能抵制在家庭中产生极端个人主义,有效降低离婚率,促进家庭和谐稳定。

3. 保护家庭的国际政策借鉴

联合国《世界人权宣言》第十六条第三款规定:“家庭是天然的和基本的社会单位,应受社会和国家的保护”,2004 联合国家庭峰会通过的旨在保护家庭权益的《三亚宣言》,它全面阐述了家庭与人权、教育、性别平等、健康、环境、社会融合等的关系,并承诺

和呼吁各国政府、民间团体和其他机构加强对家庭问题的研究并建立支持家庭的法律和政策体系,“宣言”又对家庭的发展和保护提出了具体、有针对性的政策建议。以上两个制度为我国和谐家庭的制度构建提供了有益的借鉴。

(二)和谐家庭制度建设的总体构思

家庭是社会学研究的对象,也是私法中的重要概念,对家庭的法律规范,应当从两个方面来实现。第一是完善我国现有的《婚姻法》;第二是制定专门保护家庭的社会法制度。当前紧迫的是加强婚姻法基本理论研究,坚持婚姻法的身份法的特性,强化伦理性,彰显团体本位思想,反对婚姻的契约化和财产化倾向。待时机成熟时,结合联合国有关组织作出的保护家庭的倡导,在加强理论探索和调查研究的基础上,适时制定《家庭和谐促进法》。

1. 完善《婚姻法》

为有效解决婚姻家庭中的诸多问题,婚姻家庭法应当从以下几个方面完善:第一,总则完善:立法名称应当改为《婚姻家庭法》,以突出家庭在制度中的核心地位;婚姻自由、一夫一妻、计划生育、重婚等重要概念与原则需要进一步明确和扩展,增设残疾人权益保护制度;强化总则对分则的统领作用。第二,分则完善:增设亲属制度,强化法定共同财产制的主导地位,将离婚标准由“感情破裂主义”改为“婚姻破裂主义”,离婚救济制度上应加强对妇女权益的保护,从实体和程序两个方面限制行政登记离婚的实现,增设离婚无效制度,完善针对家庭暴力的救济措施。

2. 制定《家庭和谐促进法》

和谐家庭的建设是一个社会系统工程,需要国家相关职能部门的协调,建立配套良好的社会环境和政策体系,所以有必要进行社会法角度的立法创建。制定《家庭和谐促进法》,需要从理论上对立法内容进行科学论证和构建。从法律的调整对象和调整方法上，本法属于社会法的范畴，在立法方式上既有倡导性规范，也有强制性规范，在立法内容上既有公民权利义务，也有国家机关职责。具体内容应主要包括七章：第一章是总则，第二章是婚姻和谐，第三章是家庭教育，第四章是家庭扶养与监护，第五章是家庭养老，第六章是家庭环保，第七章是禁止家庭暴力，第八章是政府职责与法律责任。

一 婚姻法司法解释(三)价值取向及科学性反思

2011年7月4日最高人民法院通过的"最高人民法院关于适用《中华人民共和国婚姻法》若干问题的解释(三)"(以下简称"解释三")备受争议的有关夫妻财产关系的条文有四个,其中只有第十条是针对离婚房产分割的,第五条、第七条、第十一条是对婚姻法第三章"家庭关系"中有关共同财产和个人财产的补充性的规定。不管婚姻关系是否面临解体,司法解释应该对婚姻家庭关系的调整坚持一个什么样的态度是解释者必须首先考虑的问题。司法机关不仅要考虑中国目前婚姻家庭的现状,还要考虑司法解释可能产生的影响。"司法解释是指导法官裁判案件用的,应当具有可操作性和实用性,并不是老百姓处理婚姻家庭关系的行为准则。……是对人们的最低要求"①。然而,大多数人却把"解释三"当成了所谓的"新婚姻法"来指导自己的婚姻行为,当最低要求的法律变成了人们普遍的行为准则时,就不可避免在婚姻家庭内部产生一系列的问题。所以,"解释三"的价值取向和立法理念是颇值探讨的,并且必须将其所产生的导向作用考虑进去。也就是司法解释不能只考虑实然还要考虑应然,其必须经得起理论的拷问。

一、对"解释三"立法价值取向的反思

(一)"解释三"对女性弱势群体的保护不力,有违公平

"解释三"的意义主要是为各地法院正确、及时审判婚姻案件

---

① 杜万华,程新文,吴晓芳.关于适用婚姻法若干问题的解释(三)的理解与适用[J].民商法学(人大复印资料),2011(12),第52页.

提供依据，为各地的裁判统一尺度。因此，从条文内容上它确实是为离婚财产纠纷找到了解决之道，以避免法官在层出不穷的新问题面前束手无策。但是对女性权益的保护不足，使其违反了法律最基本的公平理念。

"解释三"第七条规定："婚后由一方父母出资为子女购买的不动产，产权登记在出资人子女名下的，可按照婚姻法第十八条第(三)项的规定，视为只对自己子女一方的赠与，该不动产应认定为夫妻一方的个人财产……"该条会引发道德风险，极大侵害妇女权益。有学者指出：婚姻法解释三实施三个月以后，各地已经发生了很多离婚诉讼中的男方利用第七条的规定和自己的父母合谋制造"债务"以骗到房产的情形。比如购房时先将房款转到自己父母的账户上然后再转到地产商的账户，制造一种房款是从父母方出资的假象从而在离婚时得以成功地独吞房产等等，不一而足。[①] 第七条的出台相比于以前的婚姻法制度在一定程度上降低了男方的离婚法律成本，这无疑是对男方不忠和背叛行为的怂恿，离婚率还要进一步攀升，这恐怕是立法者、司法者和社会公众都不愿接受的现实。

《解释三》第十条规定："夫妻一方婚前签订不动产买卖合同，以个人财产支付首付款并在银行贷款，婚后用夫妻共同财产还贷，不动产登记以首付款支付方名下，离婚时该不动产按双方协议处理。依前法规定不能达成协议的，法院可以判决该不动产归登记一方，尚未归还的贷款为产权登记一方的个人的债务，双方婚后共同还贷支付的款项及其相对应的增值部分，离婚时根据婚姻法第三十九条第一款的规定的原则由产权登记一方对另一方进行补偿。"根据该条规定，夫妻一方婚前买的房子，婚后用共同财产偿还，其结果是产权归一方个人所有，这是不公平的。《解释三》根据登记主体确定房产归属完全是机械地采纳《物权法》的登记主义，并没有考虑按揭买房的具体情况，比如房产还贷时间长

① 艾佳慧．要"一刀切"的司法解释还是要类型化的判例制度——对婚姻法解释(三)第7条的批评[J]．法学，2012(1)．

短及共同还贷的比例,房产证的办理时间,及买房的目的,还有房价飞速上涨时期非首付方所付出机会成本的损失等等。中国几千年形成的男方买房,女方配送嫁妆的结婚传统一直影响到今天,房子随时间翻倍增值,而嫁妆因使用而日趋报废。离婚时按第十条规定,女方就只能“净身出户”,对于共同还贷的部分,虽然可以获得相应增值的补偿,但这种补救实践中基本上是无法实现的,因为离婚前转移财产的现象非常普遍,男方账户是空的,无法执行。在房价飙升的今天,离婚对于女方的损失是“人财两空”,情感、家庭、财产的多重损失,给离婚女性的打击无疑是沉重的。因此“解释三”对妇女权益的保护非常不利。

(二)婚姻的伦理性受到压制,契约性被强化

马克思的一句名言:“维护伦理关系的生命,不仅是立法者的权利,也是它的义务,是它的自我保存的义务。……尊重婚姻,承认它合乎伦理的本质。”[①]作为立法者和司法者,只有信守这样的理念,我们的婚姻家庭才能够和谐,我们的社会才有和谐的基础,而忽视了这一点,婚姻家庭的危机,只能扩大,不能减少。因为在婚姻家庭里面,更多的不是财产问题,而是感情问题。更重要的不是谁的钱多、钱少,谁的权力大、权力小的问题,而更多的还是一个相互的信任、理解、支持和帮助的问题,它是通过这些情感来使家庭关系稳定的,而不是靠金钱来稳定的,靠金钱是无法稳定家庭关系的。

婚姻法《解释三》忘记了婚姻关系的伦理性,把它作为一种商品关系来对待,这是不符合马克思主义的精神的。特别是当财产制度走向AA制的时候,这种婚姻的不稳定因素就已经有了经济上的保障。有学者提出《解释三》出台的重要意义有“尊重财产个性,保护婚姻法事人的权益;引导当事人正确对待婚姻关系,使婚姻家庭纠纷防患于未然……引导婚姻当事人在缔结婚姻关系之

① 马克思. 论离婚法草案[A]. 马克思恩格斯全集(第1卷)[C]. 北京:人民出版社,1956,第184页.

初设想纠纷处理办法，能够促使国人逐渐养成这样的习惯。”[①]言外之意就是让中国人养成用契约解决婚姻问题的习惯，对婚姻财产关系提前做出约定，以绝后患。这反映了《解释三》出台者的立法意旨，就是扩大个人财产制，强化婚姻的契约观念。我国婚姻法采取以法定财产制（共同财产制）为主，约定财产制为附的夫妻财产制度，且约定财产制优先适用，当约定财产制扩大的时候也就到了AA制盛行的时候，共同财产制将失去主导地位，而共同财产的缩小意味着离婚的成本会降低，近而导致离婚率的继续上升。

强化契约观念来解决婚姻家庭问题是危险的，因为它会动摇婚姻最可贵的伦理亲情价值，从而动摇婚姻的基础及婚姻存在的社会意义。

（三）《解释三》与婚姻法的立法目的相背离

婚姻家庭的团结与和谐是婚姻家庭得以存在的价值，维护、促进、保障婚姻家庭的和谐就是婚姻法的根本任务。婚姻法所调整的婚姻家庭关系属于亲属内部的关系，家庭成员之间是一个相互依存、协作、扶持、帮助的关系，需要有牺牲与奉献的精神。这种关系的形成不是基于经济利益的考量，而是基于自然法则、伦理法则的要求。所以《婚姻法》不是以权利为本位，而是以义务为本位；它不是以个人为本位，而是以团体为本位；它鄙视、排斥自私、自利、个人利己主义的价值判断标准，而以牺牲、奉献、忘我、利他的大公无私的团体主义为价值判断标准。[②]

《解释三》按照“投资收益”“产权清晰”的市场经济法则规定了房产的归属和变动，完全适用的是《合同法》和《物权法》等“财产法”的制度，财产法强调的是个人本位、权利本位，是利己而非

---

① 杨立新．最高人民法院婚姻法司法解释（三）理解与运用[M]．北京：中国法制出版社，2011，第5页．

② 吴洪．婚姻法师生访谈录（一）——婚姻法与民法的关系的梳理[A]．家事法研究[C]．北京：社会科学文献出版社，2011．

利他，这忽视了婚姻关系的特殊性：婚姻关系作为一种特殊的民事关系，与市民社会的价值和利益法则不同，它渊源于人伦秩序这一本质的、自然的社会共同体结构；其自身的存在和功能带有鲜明的公法秩序和社会保障、福利属性，保护弱者和利他价值取向直接纳入权利义务关系之中。[①] 婚姻中的财产关系是由身份关系决定的，夫妻一方取得夫妻共同财产权的唯一依据是夫妻身份，不需要履行任何物权变动的程序，婚姻关系中的财产关系不能以物权法为依据，否则会导致人身关系的疏离，亲情的淡化及家庭的离散。即使在夫妻进入离婚程序以后，婚姻的伦理性并未丧失，“现实中，许多离婚案件都可能涉及未成年子女问题，根本不可能做到干净地解除夫妻关系以及父母与子女的关系……彻底解除婚姻在许多案件中是不可能做到的。”[②]《解释三》无形中扮演了准立法的角色，成为人们处理婚姻财产问题的准则(比如，解释三出台以后的“房产加名”热潮就是其作为立法导向的证明)，所以，它必须基于婚姻关系的特殊性——尊重婚姻的伦理性、体现财产共享的婚姻理念，以促进婚姻和谐文明为立法导向，而《解释三》对婚姻伦理性的弱化，必将会误导人们远离高尚的婚姻家庭规则，增加了婚姻不稳定不和谐的因素。

“解释三”出台后，在社会上引发的负面评价较多：据中国青年报的一项调查显示，对于《解释三》关于夫妻双方房产归属的规定，仅有2.5%的受调查者认为有利于女性，50.5%的人担心破坏中国家庭伦理，更多的人认为新解释还会引发婚前协议和财产公证热潮。[③] 学者的批判声音更加一针见血。有学者批评该解释不仅是一个夫妻关系、婆媳关系的挑拨离间者，其实施更可能导致深刻的不公平，因为它必然侵害婚姻中通常是弱势一方的女性。[④]

---

① 曹诗权．中国婚姻家庭法的宏观定位[J]．法商研究，1999(4)．

② 徐振华．人力资本婚姻归属论[J]．民商法学(人大复印资料)，2012(2)．

③ 理性看待婚姻法新解释[N]．光明日报，2011－9－3．

④ 艾佳慧．要“一刀切”的司法解释还是要类型化的判例制度——对婚姻法解释(三)第7条的批评[J]．法学，2012(1)．

有学者从更深层意义上批判《解释三》对整个社会的不利影响：《解释三》无意中挑动了社会的敏感神经，将社会鸿沟摆在了公众的眼前，由此对我国目前弥足珍贵的两个价值观形成冲击：一是雏形中的法治理念，一是已濒临崩溃的社会信任。① 更有甚者，有学者认为《解释三》关于财产归属的条款“有冒天下大不韪之嫌”。②

为什么《解释三》会一石激起千层浪？笔者认为原因有两个方面：其一，它冲垮了中国人对婚姻的心理底线，违背了中国几千年形成的“同居共财”的婚姻习俗，颠覆了婚姻法的基本精神，背离了最起码的公平正义；其二，《解释三》强化了婚姻的物质因素，淡化了亲情与责任，将财产与感情完全割裂，婚姻的伦理性、情感因素完全被剥离，降低了人们对婚姻的安全感，不利于婚姻家庭的和谐稳定。

二、对《解释三》科学性的反思

（一）违反婚姻法基本原则和基本制度的越权立法

《解释三》最大的问题是超越了解释权限，属于越权解释，因为它违反婚姻法的基本原则。《婚姻法》第二条第二款规定：“保护妇女、儿童和老人的合法权益”，即在男女平等的基础上突出对妇女权益的保护。《解释三》对财产的规定基本背离了这一原则，使强者愈强，弱者愈弱。《婚姻法》第四条规定：“夫妻应当互相忠实，互相尊重；家庭成员间应当敬老爱幼，互相帮助，维护平等、和睦、文明的婚姻家庭关系。”本条突出体现了婚姻法的立法目的，遵守了婚姻伦理性的特征，婚姻法的具体内容不得违反这一原

---

① 李冬青．《婚姻法司法解释三》研讨会综述[J]．广西政法管理干部学院学报，2011(6)．

② 俞江．中国亟宜确立新型的家制和家产制——婚姻法解释(三)评议[J]．民商法学(人大复印资料)，2011(12)．

则,但是《解释三》完全根据财产法规则设定财产归属,不利于婚姻的和睦与文明。具体地说,《解释三》[①]第五条中将婚姻法中规定的婚后所得共同制改成婚后劳动所得共同制,在第七条中直接缩小共同财产制的范围,与婚姻法第十七条、十八条相冲突。[②] 最高人民法院只能在婚姻法及相关法律制度的框架内对法律规定不清的地方作出具体解释,不能超越解释依据,更不能改变被解释的法律。《解释三》实际上改变了夫妻财产制度,缩小了共同财产的范围,扩大了个人财产的范围,这不仅损害弱者权益而且损害婚姻的和谐,既违背婚姻的目的,也违反民意。

(二)将财产法制度适用于婚姻领域,忽视了婚姻关系的特殊性

作为婚姻法的《解释三》,应该根据婚姻法而不是财产法来解释,这是毋庸置疑的！否则解释依据的错位就会导致解释内容的错误。马忆南认为,世界各国的婚姻家庭法和财产法基本规则都不一样,财产法是契约自由、等价有偿,以追求交易安全快捷为目标,而婚姻家庭关系追求的目标不是效率,更多的是一种稳定、保障,并反对等价有偿,尊重家庭的需要和可能,尊重家庭的基本职能,以维护家庭功能的正常的实现为它的最高目标价值基础。[③] 蒋月认为"如果忽视婚姻家庭关系的特性,将民法贯彻的市场经

---

① 最高人民法院关于适用《中华人民共和国婚姻法》若干问题的解释(三)第五条规定"夫妻一方个人财产在婚后产生的收益,除孳息和自然增值外,应认定为夫妻共同财产。"一般认为我国夫妻财产制为有限制的婚后所得共同制,因孳息和自然增值与劳动无关,将其排除在共同财产之处,就意味着将婚后所得共同制改成了婚后劳动所得共同制。

② 根据婚姻法第十七条和第十八条,除遗嘱或赠与合同中确定只归夫或妻一方的财产外,婚姻关系存续期间因继承和赠与所得财产为夫妻共同财产。《解释三》第七条规定:"婚后由一方父母出资为子女购买的不动产,产权登记在出资人子女名下的,可按照婚姻法第十八条第(三)项的规定,视为只对自己子女一方的赠与,该不动产应认定为夫妻一方的个人财产……"本条将产权登记"视为"赠与合同,缩小了共同财产的范围。

③ 马忆南．婚姻法司法解释(三)热点问题[EB/OL]．在线律师网,2011－11－22.

济原则和价值观带入婚姻家庭领域，将冲击婚姻家庭生活。”[①]《解释三》以物权法为依据来架构婚姻制度，忽视了婚姻的本质特征，背离了婚姻法的立法目的，违反了婚姻的客观规律和社会意义，将一个物质化、契约化、市场化的婚姻关系强加给社会大众，其结果将导致婚姻的异化，降低婚姻的质量，并由此产生一系列婚姻家庭问题。

（三）《解释三》机械、孤立地规定房产归属制度，未考虑我国离婚救济制度的缺陷，加深了离婚制度的不合理性

夫妻因自然条件的差异和传统观念的影响，他们在家庭中所扮演的角色及发挥的作用是有明显区别的，传统的“男主外，女主内”的家庭模式依然相当普遍：妻子生养子女、照顾老人，操持家务，默默付出，妻子为家庭所投入的精力和心血是丈夫无法比拟的，而丈夫在职场的打拼和财富积累是妻子无法成就的，然而正是妻子的付出才有利地促进了丈夫事业的成就。“法律能界定的只有有形资产，对名誉、地位、知识、经验等无形资产，法律是无法分割的”[②]，如果离婚时按市场法则来分割有形财产不兼顾其他因素是明显不公平的。虽然我国现行婚姻法规定了旨在保护女方的离婚补偿和帮助制度，但这些制度基本未得到有效实施，而且对女方的保护力度较弱。在我国离婚制度存在以上缺陷的情况下，《解释三》无视女方弱势地位机械地、孤立地根据“谁投资谁受益”的市场法则规定房产归属制度，是对女方权益的极大侵害。

（四）刚性的《解释三》干扰了人们的家庭私事，没有尊重现实与国情

婚姻法属于民事法律，其调整的是亲属之间的内部关系，所谓“清官难断家务事”，亲密的人身关系决定下的财产关系需要当事人之间的宽容、理解、谦让、互助才能妥善处置，立法及司法的过度介入不仅不能妥善解决纠纷，还可加剧紧张的家庭关系。离

① 蒋月．婚姻家庭法[M]．杭州：浙江大学出版社，2008．

② 永春．家庭和谐初探[N]．人民日报，2008-11-21．

婚财产分割虽然发生于近于解散的夫妻之间,协商的方法更有利于问题的解决及避免后续执行的难题,同时有利于形成良好的家庭道德风尚,促进社会的安定团结。《解释三》中大多条款首先允许当事人自行协商,在协商不成的情况下才由法院依据一定规则判决,这种解释的思路是对的,但由于最高人民法院规定了协商不成的具体裁判规则,就等于预设了协商不成的后果,对当事人形成了导向作用,因此也大大降低了协商成功的几率。婚姻法具有较强的道德性和伦理性,解决家庭纠纷,道德的"软约束"作用要远大于法律的强制性干预。婚姻家事不管是否涉及离婚,法律都不应当过多地干涉,给当事人自治的空间,既保护了隐私也营造了和谐。在婚姻法已经对基本制度做出规定的情况下,面对各式各样的个案,司法解释应当保持适度的"沉默",只有法律适当缺位了,道德的力量才能体现出来,用伦理道德约束人们的婚姻家庭关系,才能真正恢复家庭本来的意义。

用契约制度规范家庭关系是西方国家的传统,强化婚姻的契约化不符合中国国情,法律应当尊重中国的社会现状和历史传统,扩大共同财产制,而不是扩大分别财产制。我国目前处于经济社会转型期,有诸多不稳定因素:经济发展水平不高、社会聚合力弱化、家庭问题日趋严重;在经济的市场化初具雏形尚不完善的背景下,强化家庭契约化将加剧传统家庭伦理道德的沦丧,近而会影响社会稳定。《解释三》所释放出的婚姻家庭契约化、金钱化、庸俗化的趋势应当予以警惕!

三、对《解释三》适用的建议

《婚姻法》对夫妻财产关系的规定,是司法解释和司法审判的基本法律依据,《解释三》只能补充性地适用,其适用不是孤立的,要放在《婚姻法》的基本制度框架下来理解和适用,不能与婚姻法的基本规定相违背。

首先,坚持当事人约定优先适用的原则。婚姻法第十九条第一款规定，只有夫妻双方对婚前和婚后财产没有约定或约定不明确时才适用第十七条、十八条的法定财产制。只要约定自愿合法，就优先适用。比如《解释三》第七条和第十条采取的是协议优先的原则，体现了婚姻法中财产关系的意思自治，符合私法理念，然而，第五条和第十一条无约定财产制的规定，完全是一种强制性的规定。笔者认为对夫妻婚后财产归属的认定及离婚财产分割均应当坚持当事人约定优先适用的原则。

其次，坚持以婚姻法的基本制度为基础灵活适用的原则。对于离婚财产分割应当坚持婚姻法第三十九条所规定的照顾女方和子女权益原则来判决，同时婚姻法又规定了经济补偿制度，生活帮助制度，离婚损害赔偿制度，在确定离婚财产分割时要与以上制度结合来使用，以不违反婚姻法的规定为原则和前提，不应孤立地适用《解释三》。

最后，结合婚姻的存续时间和当事人具体情况赋予法官一定的自由裁量权。对于婚姻家庭纠纷，司法的过度干预将会抹杀本应存在于家庭成员内部的一种天然的协调能力。《解释三》的很多条文本身并不是一种强制性的规定，这就为法官行使自由裁量权留下法律空间。就离婚房产纠纷而言，妇女作为弱势群体，存在什么样的现实困难，离婚的过错在哪一方，谁的证据更加客观，更有说服力，法官看得最清，所以，给予法官在审理离婚案件一定的自由裁量权是必要的，也是合理的。

解决婚姻问题，法律不是万能的，但法律的科学引导和规范是不可或缺的。为了引导人们形成正确的婚姻家庭观念，婚姻法及其司法解释应当发挥正确的引导作用。我国婚姻法上的夫妻财产制度基本上反映了婚姻同居共财的规律，但由于其规定高于原则，给司法解释留下了空间，遗憾的是最高人民法院所做的《解释三》明显超过了解释权限，并作为准立法将会发生对中国人现实婚姻的误导，这一现象是值得警惕的，笔者希望未来婚姻法能对这一问题予以纠正。

论家庭监督的基础

腐败是一个全球性的问题，它在我国的高发，暴露出我国在反腐制度建设方面的不足。不可忽视的事实是：实践中大量的腐败案例表明腐败都有家庭关系的渊源。家庭在领导干部腐败行为的产生和发展上具有重要的影响，这种影响表现为正反两个方面：一方面，能够促使党员干部不断加强道德修养，发奋图强、积极进取、追求自身的成功和家庭的荣耀；另一方面，许多人带着光宗耀祖的封建思想，以权谋私，对社会造成巨大危害。因此，家庭可以避免腐败，家庭也可以滋生腐败。家庭监督是反腐倡廉建设重要而不可或缺的组成部分，研究家庭监督成效及其影响因素具有重要意义。

一、家庭监督成效局限性之反思

一般认为，家庭监督就是利用家庭成员对领导干部进行监督，促使领导干部廉洁自律、清正为官的一种监督措施。家庭监督的主体是领导干部的家庭成员，包括领导干部的配偶、子女、父母、兄弟姐妹等。家庭监督的客体包括党、政、军和企事业单位的全体工作人员，主要是领导干部。家庭监督的目的是促使领导干部廉洁自律，依法公正行使职权，全心全意为人民服务。

家庭监督是从源头上预防和治理腐败的一条重要思路，相对于其他监督措施，家庭监督具有直接性、持久性和根本性。其对反腐倡廉独特的作用是其他监督方式所不能替代的，这种独特的作用源于领导干部家属与领导干部之间特定的身份关系。身份关系具有天然性，领导干部的腐败行为常常与其家庭有着千丝万缕的联系，对腐败行为的监督是关乎全家荣辱兴衰的大事。所以，家庭监督具有较强的伦理基础。但对家庭监督的局限性也需要有一个清晰的认识，从近年来查处的一些大案要案来看，不少贪官的家人千方百计利用来之不易的权力，或夫唱妇随，或同流合污，领导干部的子女及其他亲属依附权力的庇护大肆升官发财，互相纵容和包庇。纵观近些年落马的大小腐败官员，因其家庭成员举报而东窗事发的寥寥无几。家庭监督可谓收效甚微。

(一)家庭监督不力的原因

笔者认为配偶对领导干部监督不力主要有以下几个方面的原因：

第一，配偶的素质良莠不齐。有很多领导干部的配偶，崇尚权力，享乐主义思想严重，自身就有强烈的贪欲，当面临诱惑的时候，点拨自己的丈夫中饱私囊，甚至主动利用手中的职权牟取私利。现实中很多领导干部本来是清正廉洁的，但因为家庭的唆使，才走上贪污腐败的道路。第二，夫妻感情出现危机。腐败官员中有相当一部分人有包养情妇的行为，作为领导干部的妻子，往往会忍辱负重，顾虑重重，再加上贪图虚荣，追求享受，碍于面子和顾及到自身的生计，她们大多不会主动揭发自己的“靠山”。有的领导配偶不揭发、不监督的原因是怕“唇亡齿寒”，一旦腐败败露会牵连家人。夫妻感情危机的出现，不但会降低配偶监督的责任心，而且有些配偶在婚姻奄奄一息之际，故意纵容领导干部铤而走险，直到最后夫妻双方身陷牢狱之灾。第三，领导本人不配合。位高权重的领导干部认为工作和家庭是两码事，忽视配偶的家庭角色，大男子主义严重，不把配偶的话放在心上，不屑于将工作、生活、交友等事情与配偶交流，配偶由于信息不对称，难于察觉领导干部八小时外的蛛丝马迹，当然监督作用难以发挥。第四，封建腐朽思想的影响。历史上遗留下来的崇官文化、拜金文化、享乐文化等腐败文化形态乃是对腐败现象发生起持久作用的基础。老百姓对腐败文化的普遍接受与认同降低了廉政文化的生存空间，影响了家庭监督的积极效果。第五，缺少制度规范。目前，家庭监督只是停留在理论层面，缺少必要的政策支持，而且我国没有相关法律规定配偶的监督职责和义务，只是有部分地方的个别机关举行了一些鼓励家庭监督的活动，家庭监督的政策和立法空缺，亟待填补。

（二）家庭监督内涵应当扩大

党的十七大把“坚持标本兼治、综合治理、惩防并举、注重预防的方针，建立健全惩治和预防腐败体系”的内容写入党章，从源头上预防和治理腐败成为中国特色反腐倡廉理论的重要内容。制度预防理论是这一方针的理论基础。腐败是公职人员滥用公共权力谋取私利、损害公共利益或公民合法权益的行为[①]。谋取私利是腐败的主观动机。制度预防理论把腐败的众多原因划分为两大类：腐败动机和腐败机会[②]。前者主要是人的原因，是腐败产生的内部主观原因，后者则主要是制度的原因，是腐败产生的外部客观原因，以上两个原因的同时并存，导致了腐败行为的发生。

内因决定外因，外因通过内因而起作用，从源头上治理腐败，根据制度预防理论就必须避免腐败动机的产生，同时还应当完善腐败制度的不足。领导干部腐败的主要动机是谋取个人私利，简单地说主要是为了给家庭、亲属、关系人谋取利益，因此，领导干部的家庭成员必须保持清正廉洁，不应当以自己的言行影响领导干部依法行使职权。

因此，笔者认为，仅强调家庭成员对领导干部的监督，不利于提高家庭监督的成效。理论上应当扩大家庭监督的范围，将领导干部对家庭成员的监督也纳入家庭监督的体系内。对家庭监督应当从广义上来理解，家庭既是监督的主体，也应当成为监督的

---

① 邓频声等．中国特色反腐倡廉道路研究[M]．北京：时事出版社，2011，第12页．

② 中国特色的反腐倡廉理论和政策研究——《有效惩治和预防腐败的体制和机制问题研究》成果简介[EB/OL]．全国哲学社会科学规划办公室，2011－05－09．

客体。家庭监督应当包括三个方面：第一，家庭成员对领导干部的监督；第二，领导干部对家庭成员的监督，第三，社会对领导干部家庭成员的监督。目前，国内有关反腐倡廉的学术研究，多是从第一个方面来界定家庭监督的。由于家庭对领导干部监督的效果并不太理想，所以应当从多方面去扩充家庭监督的内涵。

二、家庭监督的情感基础：和谐稳定的家庭关系

领导干部要想做到依法行使职权，全心全意为人民服务，首先是正确做人，只有管好自己的家，才能履行好一个党员干部的职责。所谓“修身、齐家，治国、平天下”就是这个道理。由于领导干部的腐败行为常常与他的家庭有着千丝万缕的联系，所以，要做到廉政，领导干部应当首先正确处理自己与家人之间的关系。

（一）培养健康和谐的夫妻关系

通过领导的配偶来监督和避免领导腐败是家庭监督的主要形式，家庭监督的效果在一定程度上依赖于领导配偶的家庭影响力，此影响力的大小，从根本上取决于配偶的素质和夫妻关系的健康与否。由于实践中作为领导干部的一方是以家庭中的丈夫为主，所以，笔者将配偶以妻子角色代之。如果妻子本人思想文化素质较高，自立自强，敢于奋斗，恪守本分，对腐败有较强的警觉和抵制，能深刻认识到腐败的恶果，那么，她就会在日常生活中对丈夫灌输有关反腐败的意识，丈夫的防腐拒变能力就会自然增强。如果夫妻关系健康和谐，妻子就会非常珍重夫妻情感，珍惜来之不易的家庭幸福，她会紧紧地站在丈夫的立场，保卫着丈夫的职位、身体、情感，避免任何风险的侵入。古之成大业者，莫不是至情至性之人。正因为对家庭、配偶、子女的至爱，希望他们一生安康幸福，才要求他们自立自强，廉洁奉公。只有对自己的家庭负责，才能心怀天下，对社会和国家奉献大爱。相反，如果妻子好逸恶劳，爱慕虚荣，趋炎附势，自身思想境界较低，或者夫妻关

系充满矛盾、潜藏危机,其对家庭的完整与幸福失去信心,那么,妻子就会牢牢抓紧摇摇欲坠的夫妻关系,利用官员的特殊地位,直接参政或怂恿自己的丈夫贪污受贿,为自己捞回日后的生活条件,并把责任加到丈夫身上,最终胃口越来越大,酿成苦果。

和谐健康的夫妻关系,有利于夫妻双方共同珍重来之不易的家庭幸福,共同抵御身边存在的腐败风险。近年来,我国婚姻家庭领域出现了一些不良现象,家庭暴力屡禁不止,“包二奶”等婚姻自由放任现象严重,离婚率居高不下[①]。以上这些不良现象,在广大干部家庭中广泛存在着。相较于普通家庭,干部家庭中的领导一方(多为男方)面临的诱惑和陷阱较多,其家庭爆发危机和破裂的机会较多,如果处理不好,就会产生离婚和婚外情等现象,不稳定的家庭关系必然被腐败所捆绑,进而,家庭监督将会功亏一篑。

(二)处理好与子女的关系

“封妻荫子”“光宗耀祖”是大多数官员从政的内心目标。由于家庭教育的疏忽,受当今社会不良风气的影响,所谓的“官二代”极易恃权无恐,为所欲为。“官二代”一旦出现违法行为,作为父辈的领导干部如果不能秉公执法,其结果就是父子联手以身试法,从而酿成家庭的悲剧。此方面的腐败案例不胜枚举。有的领导干部过分溺爱子女,在子女一而再再而三的无理要求下,失去了原则。所以,领导干部要提高自身政治觉悟,严格要求子女,禁止子女打着自己的幌子搞以权谋私,教育子女不要因为自己是党员干部的后代而享受优待。“王子犯法与庶民同罪”。做到不包庇,不放纵,子女违法乱纪,应秉公执法。领导干部应当教育自己的子女利用优越的条件去学习、去做有益于国家和人民的事,而不要利用优越的地位去堕落、去腐败。

为了培养健康和谐的家庭关系,一方面,领导干部自身要提

① 马海霞．对我国婚姻家庭领域典型不良现象的法律分析[J]．人民论坛,2012(7)(中),第114页．

高觉悟，加强对家庭成员的教育和监督，杜绝配偶干政和越权，教育子女廉洁自律；另一方面，领导干部要加强与家庭成员的沟通和交流，虚心接受家庭的监督和批评。只有家庭的情感基础牢固了，家庭监督才具有内趋力。当然，家庭监督作为一种自律性质的软约束，自身所具有的刚性不足和强制力的缺乏，大大降低了家庭监督的成效，因此，还应当加强相关制度的构建。

三、家庭监督的法治基础

反腐败，制度建设是根本。预防、监督、惩治腐败需要相应的法律制度支撑，家庭监督也不例外。

(一)家庭监督与中国的法治文化

家庭监督在我国存在着两种相反的传统法治文化之间的冲突：一是“大义灭亲”，另外一个是“亲亲相隐”。前者指的是为了维护正义，对犯罪的亲属不徇私情，使其受到应有惩罚；后者指的是亲属之间有人犯罪相互隐瞒，不告发和不作证的不论罪。当两种价值观发生冲突的时候，往往是“大义灭亲”占据上风。2012 年新修订的刑事诉讼法第一百八十八条规定被告人“配偶、父母、子女”不在法院强制出庭作证的证人范围之内，该条规定明确了在一般刑事案件中，近亲属有权拒绝作证，这充分体现了之前一直争议颇大的亲亲相隐制度。其出发点在于使法律更加符合人性之伦理亲情，以维护社会基本道德伦理关系，并非为了维护封建伦常和家族制度。同时，多数学者认为在涉及严重危害国家安全、社会公共利益的案件，近亲属仍然不能免除作证的义务。最高人民法院《关于处理自首和立功若干具体问题的意见》中规定“犯罪嫌疑人被亲友采用捆绑等手段送到司法机关，……虽然不能认定为自动投案，但可以参照法律对自首的有关规定酌情从轻处罚”。由此看来，刑事诉讼法并未否认“大义灭亲”的积极价值，而是在一般案件中交给近亲属做出价值选择。社会和谐，必须以家庭和谐为基础；如果亲属之间都失去了信任关系甚至相互揭发，那么家庭就不可能和谐。因此，“亲亲相隐”取代“大义灭亲”的主流地位有利于和谐社会的建设。

领导干部家属对领导干部以说服教育的方式来预防其腐败，这是符合家庭伦理亲情的，但对于在领导干部犯贪污等罪行后，应该不应该揭发，在伦理上和法理上是有争议的。“反腐败是关系到党和国家生死存亡的大事”。惩治腐败是绝大多数人民群众的意愿，惩治腐败需要全社会的力量，也是每个公民的责任，包括贪官的亲人、情人及仇人。大义灭亲和亲亲相隐的价值冲突源于个人私利与国家公利的冲突，在不得不选择的情况下，应以大义灭亲为先。因为如果极力维护亲人的私利而不惜损害国家和集体的利益，那么“皮之不存，毛将焉附”？如果千秋国家大业任由万千蛀虫侵蚀，国之不存，家又从何谈起？腐败作为一种危害国家和社会公共利益的犯罪，家庭监督是为了预防和治理腐败，监督腐败犯罪，不论是根据古代法律制度，还是根据我国刚修订的刑事诉讼法都不违法。这就意味着当家庭成员构成贪污罪、受贿罪、渎职罪等犯罪时，其家庭成员负有法律上作证的义务。此时的“亲亲相隐”不受法律保护，“大义灭亲”才符合现有的立法精神。

总之，家庭监督不仅符合中国传统法律文化，同时与我国现有的法律制度是相吻合的。

（二）加强治理腐败的立法规范和政策引导

中共中央总书记、中共中央军委主席习近平 2013 年 1 月 22 日在中国共产党第十八届中央纪律检查委员会第二次全体会议上发表重要讲话中指出：要继续全面加强惩治和预防腐败体系建设，加强反腐倡廉教育和廉政文化建设，健全权力运行制约和监督体系，加强反腐败国家立法，加强反腐倡廉党内法规制度建设，深化腐败问题多发领域和环节的改革，确保国家机关按照法定权限和程序行使权力。要加强对权力运行的制约和监督，把权力关进制度的笼子里，形成不敢腐的惩戒机制、不能腐的防范机制、不易腐的保障机制。习总书记的讲话，为我国新时期的反腐倡廉工作指明了方向。

造成领导干部腐败有多方面的社会因素，现有廉政法律制度的不健全，人民群众对腐败现象的见怪不怪和对腐败文化的认同，导致舆论监督和家庭监督的失效，这也是腐败滋生蔓延的重要原因。如果全社会都充满廉洁的空气，腐败像过街老鼠一样人人喊打，腐败现象便能斩草除根。因此，国家应当加强反腐败方面的立法。“把权力关进制度的笼子”。对于家庭监督我国目前只有个别党内的政策有规定，立法上属于空白，这不利于规范家庭成员对领导干部进行合法有效的监督，未来立法应当予以完善。立法应当明确规定家庭成员负有监督领导干部廉洁从政的义务，对知情不报导致领导干部腐败的家庭成员，应追究其一定的责任。要建立约束领导干部及其家庭成员出入高档消费、娱乐场所的制度。健全针对腐败行为的全方位监管制度，让腐败成为全民监督的对象。此外，各级党组织还要根据中国共产党党章及相关纪律文件的精神，制定领导干部及其子女配偶在生活领域的相关行为规范，以此来杜绝领导干部腐败的生活空间，倡导领导干部形成健康文明的生活作风，让腐败现象无处滋生。

家庭对于反腐倡廉具有重要的意义，治理腐败是一个系统的社会工程，发挥家庭成员对领导干部的家庭监督是治理和预防腐败非常重要的途径。家庭监督从呼唤领导干部人性的光芒为出发点，以提倡家庭成员的关爱与尊重为基础，必将对我国的反腐败建设发挥基础性作用。期待我国未来能加强致力于家庭监督的廉政文化建设和立法建设，以提高家庭监督的成效，实现腐败的标本兼治。

一、对制定《反家庭暴力法》的反思

2001年4月28日，婚姻法修正案出台，增加了对家庭暴力的禁止性规定。随着人们权利意识的增强，家庭暴力已经成为人们越来越关注的话题。媒体报道与传播的放大作用，扩大了人们对家庭暴力问题的严重性的认识，主张制定《反家庭暴力法》的呼声日益高涨。女权运动的发展，推动了许多国家制定反家庭暴力的法律，我国也有一些省市制定了反家庭暴力的地方性法规。

全国妇联一直积极致力于推动反家庭暴力国家立法，从2008年至2011年连续四年在全国两会提出制定《反家庭暴力法》的议案，2011年3月《反家庭暴力法》的法律草案已经完成，2011年7月15日，全国人大常委会已将反家庭暴力法纳入预备立法项目。立法机关对反家庭暴力法的研究论证工作已经正式开启。

关于《反家庭暴力法》立法的理由，全国妇联指出：我国现行有关家庭暴力的法律规定有几个明显的不足：一是可以适用于处理家庭暴力的法律没有形成国家干预家庭暴力行为的指导思想、基本原则和干预机制。二是明确涉及家庭暴力的内容散见在妇女权益保障法、婚姻法、未成年人保护法、老年人权益保障法的规定当中，多属于宣示性条款，没有对家庭暴力概念的界定。公安、司法机关对家庭暴力行为的认定不统一，实践中缺乏可操作性。三是现行法律对家庭暴力只有制裁施暴者的功能，如刑法中的虐待罪、治安处罚法中的一些处罚措施和行政强制措施，但没有预防和制止暴力、救助受害人的措施，尤其是对正在进行的暴力或者持续发生的暴力无法及时、有效的干预[①]。

我们认为，既然当前的任务是对反家庭暴力法的立法进行研究论证，就应当保持科学、审慎的态度，需要对《反家庭暴力法》立法的必要性和科学性进行必要的追问与反思。

一、《反家庭暴力法》立法必要性之反思

（一）家庭暴力的概念范围

家庭暴力有广义与狭义之分，广义的家庭暴力指一般意义的家庭暴力，无度的限制，只要有暴力行为，不管有无后果，就构成家庭暴力。从这个层面上讲，绝大多数的家庭里都有暴力。因为打孩子这种现象，几乎每个家庭都会有。狭义的家庭暴力仅指法律意义上的家庭暴力，不仅要有暴力行为，而且要造成一定损害后果。对此，最高人民法院关于适用《中华人民共和国婚姻法》若干问题的解释（一）将家庭暴力界定为："指行为人以殴打、捆绑、残害、强行限制人身自由或者其他手段，给其家庭成员的身体、精神等方面造成一定伤害后果的行为。"这是从法律意义上对家庭暴力的界定。

至于"冷暴力"（亦称"精神暴力"）并不能构成家庭暴力。因为暴力是一种积极作为的行为方式，"冷暴力"的概念中的"冷"即非暴力，属于一种消极的行为方式。经常性、持续性的"冷暴力"，造成精神伤害后果的构成虐待（精神虐待）。此外，"婚内强奸"虽具有暴力的行为特征，但将其界定为性虐待可

① 全国妇联.第一部《反家庭暴力法》草案起草完成[EB/OL].中国网，2011－03－11.

能更为科学。[①]

区分一般意义上的家庭暴力与法律意义上的家庭暴力，原因是公权力不得任意干预私权领域，并非家庭中的所有暴力行为都要进行法律干预，只有造成一定（严重）伤害后果的家庭暴力才有必要进行法律干预。在婚姻家庭关系中，伦理道德调整的作用应当强化，法律的干预不能太多，否则会破坏婚姻家庭的和谐稳定。

家庭关系以亲情伦理为核心，需要依赖亲情伦理来维系，法律对于家庭关系维系的作用相对于亲情伦理而言，其作用几乎是微不足道的。婚姻家庭关系是基于亲属身份关系产生的伦理亲情关系，当这种特殊关系发生矛盾时，宣传、教育、信任、理解、沟通、亲情感化、宽容忍让和调解，应当是化解矛盾的最主要的方法，法律介入与干预仅仅是解决家庭矛盾的最后的和最无奈的手段。因此，作为法律干预对象的家庭暴力，应仅限于造成一定（严重）伤害后果的法律意义上的家庭暴力。

（二）我国并不缺乏反家庭暴力的法律规范体系

事实上，我国早已形成反家庭暴力的法律规范体系；我国涉及家庭暴力问题的法律规范包括：《中华人民共和国宪法》、《中华人民共和国刑法》、《中华人民共和国治安管理处罚法》、《中华人民共和国民法通则》、《中华人民共和国婚姻法》、《中华人民共和国继承法》、《中华人民共和国妇女权益保障法》、《中华人民共和国未成年人保护法》、《中华人民共和国老年人权益保障法》、《中华人民共和国人民调解法》等等，形成了针对家庭暴力的民事、行政、刑法救济，家庭暴力行为人要承担离婚损害赔偿责任，行政机

---

① 对婚内强奸，多数学者认为现阶段不应当承认。原因主要有：婚内强迫性交虽不具有正当性，但此现象较多，不便一概认定为犯罪；强奸罪属于严重犯罪，非亲告罪，对强奸罪可以实施特殊正当防卫，承认婚内强奸，势必带来诸多不利后果与消极影响；涉及虐待、伤害，达到犯罪程度的，可按虐待罪、故意伤害罪追究刑事责任，不必以强奸罪论处。笔者认为应当否认婚内强奸，因为夫妻性生活是婚姻的核心内容，一方对另一方有容忍的义务，婚内强奸的实质是虐待而非暴力，“奸”是无合法夫妻身份的人之间发生的性行为，承认婚内强奸就等于否认婚姻制度。

关的行政处罚责任及严重情形下的刑事责任。我国反家庭暴力的法律规范体系是全方位,多层次的法律规范体系。①

2008年7月31日,由全国妇联、中央宣传部、最高人民检察院、公安部、民政部、司法部、卫生部等七部门联合发文(妇字[2008]28号)《关于预防和制止家庭暴力的若干意见》,(以下简称《意见》)对家庭暴力的防治进行了全面细致的规定,明确了各部门在制止家庭暴力和保护受害人、惩罚施暴人的责任分工,加强了各部门的合作与协调,弥补了法律对受害人救助措施的不足,加大了对家庭暴力的社会干预力度。《意见》第二条规定:"预防和制止家庭暴力,应当贯彻预防为主、标本兼治、综合治理的方针。处理家庭暴力案件,应当在查明事实、分清责任的基础上进行调解,实行教育和处罚相结合的原则。"这一规定为我国处理家庭暴力案件提供了科学的指导方针。因此,可以认定我国已经形成了一套完整的、层次分明的、位阶清晰的全方位的反家庭暴力的法律体系。不仅有指导思想和干预机制,受害人救济措施等等都有具体规定。

关于家庭暴力的界定,在婚姻法司法解释(一)和《意见》中都有规定;家庭暴力作为一个法律概念,它本身就是一个集合的法律概念,而不是一个具体的法律概念,法律只能以列举的方式概括规定具体范围。因此,认为我国没有形成国家干预家庭暴力行

① 我国《宪法》第37条、38条、49条宣示性规定了公民的人身权受法律保护,为反家庭暴力提供宪法依据;《刑法》232条、233条、257条、260条规定了有关家庭暴力犯罪的刑事责任;婚姻法第3条、第43—48条具体规定了禁止家庭暴力及对家庭暴力受害人的救助措施和家庭暴力行为人法律责任;《妇女权益保护法》第2条、46条、58条明确了国家机关反家庭暴力的职责,强化了对受害人的保护。其中第46条规定,"禁止对妇女实施家庭暴力。国家采取措施,预防和制止家庭暴力。公安、民政、司法行政等部门以及城乡基层群众性自治组织、社会团体,应当在各自的职责范围内预防和制止家庭暴力,依法为受害妇女提供救助。"《未成年人保护法》第10条、60条、62条规定了禁止对未成年人实施家庭暴力及违法应承担的责任;《老年人权益保障法》第4条、第45—48条规定了老人权益依法受法律保护及侵害老人权益应承担的法律责任;《治安管理处罚法》第40条、43条、45条规定了侵害他人人身权的行政处罚责任;《人民调解法》对家庭暴力的预防和化解具有标本兼治、综合治理的积极意义。

为的指导思想和干预机制，没有对受害人救济措施，没有对家庭暴力概念的界定等观点都是站不住脚的，以我国立法不健全为理由主张制定一部《反家庭暴力法》的理由是值得商榷的。

（三）反家庭暴力是执法问题不是立法问题

我们认为，反家庭暴力不是立法的问题而是执法的问题。在我国目前现有的反家暴法律框架内完全可以运用法律手段解决家暴问题。

有人认为，家庭暴力受害人的法律意识淡薄是我国反家暴效果不理想的重要原因，对此，笔者则不以为然。事实上，家庭暴力问题日益受到人们的严重关切是一个不争的事实，这本身就反映了我国公民法律意识的增强与提高。公民的权利意识的提高和维权意识的增强、媒体报道与传播的放大作用，扩大了人们对家庭暴力问题的严重性的认识。我国现有的反家庭暴力的法律没有发挥切实作用的原因主要是有法不依，执法不严的问题。

有法不依，执法不严，降低了反家庭暴力法律实施的社会效果。有学者对家庭暴力的执法现状所做的实证研究指出：对家庭暴力受害人的救济，公安、司法机关存在认识模糊，执法不够规范和严格，机关工作人员对相关法律、法规及规范性文件理解程度不够，对自身的职能认识不明晰①，基层乡镇派出所接到报警后不出警，处理家庭暴力只注重平息事态，不对引起家庭暴力的原因作深入了解，片面调解，该处罚时不处罚，草草了事，忽视了法律的教育和惩戒作用，纵容了施暴者的违法犯罪行为。根据笔者的调查了解，我国大部分公安机关没有设置处理家庭暴力的专门机构和人员，办案人员经验不足，业务素质不高，有相当一部分办案民警对家庭暴力工作存在偏见，认为“夫妻床头打架床尾和”“报警是小题大做”，轻视家庭暴力案件的处理，马虎应对；由于我国民警以男性为主，女性民警偏少，而家庭暴力的主要受害人是女

---

① 张伟．转型期婚姻家庭法律问题研究[M]．北京：法律出版社，2010，第166页．

性，在夫妻互有过错发生家庭暴力的情况下，男性警察不会换位思考，不注重保护受害女方权益，甚至批评女方，袒护男方，警察所应该发挥的教育与训诫作用根本没有实现，降低了公安机关处理家庭暴力的效果。

反家庭暴力是一个社会工程，牵涉到社会各部门组织的分工问题，不是一部法律能解决的。企图通过一部《反家庭暴力法》来彻底解决家庭暴力问题是不现实的，当前要做的不是好大喜功的立法，而是将我国现有的法律执行好，才是解决问题的关键。

二、《反家庭暴力法》立法效果之反思

（一）对《反家庭暴力法》立法效果的质疑

对制定《反家庭暴力法》实施效果的不确定性，是反思《反家庭暴力法》立法的重要原因。《反家庭暴力法》实施效果的不确定性主要体现在两个方面：

一方面，目前没有证据表明我国省市制定的防止家庭暴力的地方性法规的实施已经发挥了其应有的明显效果。

我国一些省市自治区陆续出台了预防和制止家庭暴力的地方性法规等，丰富了反家庭暴力的法律资源。具体包括青海、内蒙古、海南、吉林、重庆、辽宁、河北等 7 省市自治区人大出台了《预防和制止家庭暴力条例》，山东、安徽、山西、湖北、黑龙江、陕西、江西、宁夏、湖南省等 9 省自治区人大常委会制定了《关于预防和制止家庭暴力的决议》。以上这些地方性的法规实施效果如何，不得而知。目前媒体报道的情况是家庭暴力现象依然存在，它不仅没有因实施这些地方性的法规而得到遏制或减少，甚至更加严重。可见这些地方立法并没有发挥切实有效的作用。《反家庭暴力法》出台后是否也会出现这一问题？值得我们追问。《中华人民共和国妇女权益保障法》实施了二十年，社会有关单位和组织对妇女的就业歧视依然相当严重，已足以说明问题。我们不

能把对问题的解决全部寄希望于一部法律的出台，立法上的求全责备会模糊问题的要害，反家庭暴力，不是立法问题，是执法问题。

另一方面，制定《反家庭暴力法》会导致立法资源和社会资源的浪费。制定反家庭暴力法不具有充分的立法必要性，相反，在立法理由尚不充分、立法效果尚不明朗的情况下，仓促立法违反立法的规律，只能导致立法资源的浪费。立法不能仅仅为了立而立，应充分考虑其在进行制度创设时可能牵涉到的牵一发而动全局的不利后果。比如，学者倡议的建立保护受暴人的"庇护所"，这一制度在《意见》[①]中已经体现，如果未来立法强制性规定所有的民政部门或基层组织都必须设立"庇护所"，立而不用，必将造成人力、财力、物力等社会资源的极大浪费。由于家庭暴力的特殊性，家庭关系的伦理性及其当事人之间的亲情关系，家庭暴力的受害人自由选择处理自己的问题，是无可厚非的，寻求公安机关解决家庭暴力的案件为数不多也是完全可以理解的。设置"庇护所"能否发挥效用，也是值得怀疑的。我国目前许多地方设立的针对家庭暴力的"庇护所"，基本上未发挥作用[②]，就是明证。所以立法一定慎重考虑制度设立是否反映民意，体现多数民众的需求，否则立法就会脱离现实。

---

① 《关于预防和制止家庭暴力的若干意见》第十二条：民政部门救助管理机构可以开展家庭暴力救助工作，及时受理家庭暴力受害人的求助，为受害人提供庇护和其他必要的临时性救助。

② 上海市妇联与公安部门合作建立了336个反家庭暴力受理点，与民政部门合作建立了5个反家庭暴力庇护救助中心，形成了完整的反家庭暴力工作救助链。然而，有62%的受访者并不知情。上海反家庭暴力庇护救助中心成立两年来，前来求助的女性一共只有15名，见"上海反家庭暴力庇护中心两年仅接待15名救助女性"载《现代妇女 爱尚》2012年第4期。

重庆主城区家庭暴力庇护所成立两个月无一人求助，重庆市妇联有关负责人分析，国内其他城市成立的妇女庇护所也面临同样的问题，一些受到家庭暴力伤害的妇女不愿意到庇护所求助，其主要原因是受传统思想的影响，许多受害者认为家里的事一旦被外人知道了，矛盾可能会更加激化；也有一些妇女考虑到孩子的感受，宁可忍气吞声也要保全家庭；还有的妇女过度依赖于丈夫，在生活上不能独立，也就放弃了庇护。见"重庆主城区家庭暴力庇护所成立两个月无一人求助"载《重庆日报》2010－02－25。

(二)《反家庭暴力法》不能根本上消除家庭暴力

1. 家庭暴力原因的深层次分析

对家庭暴力原因的女性网友问卷调查的结果显示,认为施暴人素质差,不尊重女性占54.00%;夫妻感情不好占13.99%;女性经济地位不高占11.09%;其他原因占20.92%。然而,这一结果仅仅反映了女性网友对家庭暴力原因的理解,并不能合理解释家庭暴力的原因。试问,对于素质差,不尊重女性的男人,为什么还要与其结婚?我们认为该项问卷设计并不真正了解家暴原因的复杂性,问卷设计不科学,问卷调查的结果可信度不高。

有研究认为,产生家庭暴力的原因主要有:(1)由观念错位,贪恋婚外情导致家庭暴力;(2)一些男性性格扭曲、品行不端直接引发家庭暴力;(3)严重的大男子主义思想作祟引发家庭暴力;(4)传统观念和女子的弱势地位等历史、社会原因导致家庭暴力;(5)相关职能部门对家庭暴力问题重视不够;(6)我国现行法律尚无配套的比较完善的预防制止家庭暴力的措施,缺乏执法监督制度;(7)在法律宣传和教育方面开展得不够广泛和深入。①

有学者指出:以女性的物化和客体化为特征的不平等的男权社会是滋生针对女性的暴力尤其是家庭暴力的制度温床。②

我们认为,男权社会是一个社会现状,它不是制度本身,改变男权社会的现实如同消除家庭暴力一样无法仅从完善立法来实现。

家庭关系,主要是夫妻关系的不和谐是产生家庭暴力的主要原因。唯物辩证法告诉我们,"外因是变化的条件,内因是变化的根据",家庭不和谐,这是产生家庭暴力的主要内在因素。夫妻关系不和谐对于家庭暴力的发生起着决定性的作用,其他历史、文

① 关于制定《反家庭暴力法》的议案[EB/OL]. 人民网,2005-3-9.

② 夏吟兰,郝佳. 家庭暴力法律防治理念刍议——女性主义视角下的社会正义观[J]. 妇女研究论丛,2010(3).

化、传统、习惯、道德、法律等社会因素属于外因，虽然这些因素为家庭暴力的发生提供了一定的条件，但并不能起决定性的作用。法律制度的不完善并不是导致家庭暴力的主要原因。

家庭暴力产生的深层次原因是：在婚姻家庭内部，个人本位与权力膨胀，引发的家庭内部的矛盾与冲突，家庭内部矛盾激化的结果，导致家庭暴力。在权利时代，人们的权利意识逐渐增强，在家庭领域，夫妻为了捍卫自己的权利而唇枪舌剑，大动干戈，“人不为己，天诛地灭”的观念将个人本位释放得淋漓尽致，夫妻之间没有了容忍和谦让，凡事都针锋相对，睚眦必报，加上个人修养不高，常为一些家庭琐事而争吵，一旦控制不住，就演变成家庭暴力。个性的张扬、权利的膨胀加上道德修养的滑坡使一些人改变了对婚姻的认识，将婚姻视为个人谋求幸福的工具，放纵的欲望和责任心的丧失滋生了婚外情；再加上贫富不均的社会现实下，人们为了追逐财富和地位疲于奔命，超负荷的工作压力和心理压力下，家庭中的小矛盾被放大为家庭暴力。

认识家庭暴力的产生的复杂原因，有助于我们审慎评估制定《反家庭暴力法》的作用与社会效果。

2. 治标还是治本？

家庭暴力产生的内在主要原因是家庭不和谐，社会原因与传统观念等都只是外在因素，消除家庭暴力关键因素在于通过加强夫妻情感沟通和道德教育来促进家庭和谐。婚姻家庭关系主要是一种伦理亲情关系，只有调解和疏导才能更好促进家庭关系的健康发展，并使家庭暴力所造成的伤害得以修复。具体来说，靠道德宣传和亲情感化的方法，通过提高家庭成员对家庭责任与义务的认识，加强个人修养和家庭成员之间的情感沟通，消除、化解可能存在于家庭中的矛盾，才能杜绝家庭暴力的发生。完全依靠法律的强制干预和责任追究，会使得家庭关系变得冷酷无情。寄希望于用《反家庭暴力法》去医治和消除家庭暴力，这难免摆脱法律万能论思想的嫌疑。婚姻家庭的伦理性特点决定了法律对于私权领域的强行干预不能太多，制定《反家庭暴力法》对于防治家庭暴力实际上仅仅是治标而不是治本，无法从根本上消灭家庭暴力。就像有学者所认为的家庭暴力问题应纳入社会综合治理的范畴，通过道德教育、舆论宣传、社会救助、法律规范等一系列工程，才能达到预防、减少、制止、化解家庭暴力的目的[①]。反家庭暴力应标本兼治，不仅应治标，更应治本。

三、《反家庭暴力法》立法科学性之反思

（一）《反家庭暴力法》的立法不具有紧迫性

我国处于经济改革与社会发展的转型期，存在各种社会矛盾，化解各种矛盾和问题，是法律的职能所在，立法者应遵循科学立法的原则。科学立法的原则要求立法不能凭空臆想，不仅要全面考虑法律实施可能产生的社会效果，还要考虑立法者的意图，研究民意，分析国情，根据事物本身的客观规律来立法。但哪些问题要先行立法，立法者应首先考虑的是各种矛盾的轻重缓急问题。

立法者的立场是解决主要矛盾，解决具有全局性和紧迫性的问题。家庭暴力是婚姻家庭领域里的不良现象，影响了婚姻家庭的和谐稳定，这一问题值得关注，但不一定非要制定一部专门的立法来解决，立法不是解决问题的首要方法。当前应该先将现有的法律制度宣传好，执行好，如果立法真有不足，完善已有的法律制度比立新法更加高效。立法应该“功夫用到刀刃上”。

家庭暴力的冲突是个人本位导致的权利冲突，是社会暴力在家庭领域的折射，家庭暴力与社会暴力存在依存关系，社会暴力不铲除，家庭暴力就不可能真正消除。家庭暴力的显著特征是“暴力”，如果对家庭暴力需要单独立法，那么比家庭暴力更为严

① 黄相钰．当前我国家庭暴力的现状、原因及对策[EB/OL]．中国法院网，2010－3－10．

重的社会暴力是不是也要单独立法呢？只反家庭暴力而不反社会暴力是不可能消除家庭暴力的。制止社会暴力是一个系统工程，需要多部法律协调配合，家庭暴力同样如此。

与家庭暴力问题相比，我国有很多关系国家和社会发展全局的问题亟待立法解决，比如国家主权、领土、安全问题，资源环境问题、贪污腐败问题，社会分配不公问题、社会老龄化问题、医疗、养老问题，等等。国家立法应优先考虑与选择对于国家重大核心利益问题进行立法。国家的立法资源有限，不可能大事小事都要立法。相比而言，反家庭暴力立法远不如诸如国家统一、国家安全，贪污腐败问题，分配不公等问题的立法更具有紧迫性。

（二）与国际接轨必须考虑国情

有学者认为相对于西方国家，我国对家庭暴力的救济方式过于单一，粗放，而且制止暴力的力度不够。[①] 还有学者认为我国关于家庭暴力防治方面的法律处于严重缺失状态，在进行立法时，世界上其他一些国家的家庭暴力防治法律及实践值得我们借鉴[②]。而事实上我国的救济方式并不是单一的，有多种救济方式，认为我国法律对制止家庭暴力的法律严重缺失，也有失偏颇。因为与西方国家相比，我国虽然没有关于针对受害者的“保护令”制度和针对实暴者的“禁止令”制度，但并不代表我国的立法就是有缺失的，因为英美等国的国情与中国的国情不同，东西方文化存在较大的差异，“保护令”“禁止令”并不符合中国的文化传统与道德观念。家庭暴力发生在家庭成员之间，疏导的方法比强制的法律制裁方法更能被国人接受。这一制度如果在中国实施，必然导致大量婚姻的解体。以英国为例，其法律规定了针对施暴者的“驱逐令”，这一制度实施的直接结果是“公权力介入家庭暴力后，

---

① 金眉．论反家庭暴力的立法缺失[J]．法学家，2006(2).

② 刘春玲，徐海燕．预防和制止家庭暴力立法应当注意的几个问题[J]．中华女子学院学报，2010(3).

100%的夫妻结局是以离婚而告终。"[①]西方国家对家庭暴力的过于强硬的法律规定来自于"零容忍"的文化观念[②]，而这一观念同中国文化中的家庭"包容"理念是格格不入的。

借鉴西方的反家庭暴力法会导致公权力对私权的过度干预，并产生负面后果。家庭暴力终究属于私人领域的冲突，它发生在家庭内部，对社会的直接危害较小，对家庭暴力的处理方式将在一定程度决定当事人之间亲情关系的发展方向，国家立法应当充分尊重当事人的意思自治。

发生家庭暴力以后，国家是否应该强行干预？对此有关调查结果显示：14%人认为国家应当无条件干预，18.2%认为完全尊重当事人的意愿，67.8%的人认为尊重当事人的意愿，但情况严重的话必须干预。[③] 由此看来，除非家庭暴力特别严重，大多数人不希望国家强制干预家庭暴力处理，因为对施暴人的过度惩罚会殃及受害人本人，他们是一个利益共同体，在夫妻感情尚未破裂的情形下，大多数受害妇女并不希望自己的丈夫遭受法律的严厉处罚。如果法律不顾当事人的意愿，强行干预，其结果是加剧夫妻矛盾或家庭矛盾，离婚就成了家庭暴力不当处置的直接后果。

家庭暴力与离婚有一定的关系，目前多数学者仅认识到家庭暴力会引起离婚，进而认为反家庭暴力就一定会保护婚姻。其实，对家庭暴力的不当干预也会导致离婚。英美等国反家庭暴力的实施效果不仅未能保护婚姻稳定，反而加剧了婚姻的解体。机械地照抄照搬国外的反家庭暴力法不符合中国国情。把国外的反家庭暴力法简单的植入中国，定会产生水土不服的不良后果。

---

① 在2000年3月"中英反家庭暴力研讨会"上，英国学者介绍了这一情况。

② 1992年，英国零忍耐福利基金会与大众媒介一起发起组织了首次零忍耐运动，其口号是"任何形式的暴力都是犯罪、妇女不应忍受任何暴力、社会不能容忍暴力、男人没有权力施暴、每个人都不应遭受暴力"。见爱琳·萨姆森：零忍耐运动．巫昌祯，杨大文．防治家庭暴力研究[M]．北京：群众出版社，2000，第337—344页．

③ 张伟．转型期婚姻家庭法律问题研究[M]．北京：法律出版社，2010，第187页．

因此，我国的反家庭暴力，必须着眼于中国的国情。① 借鉴对国际上发达国家反家庭暴力的立法经验，必须结合我国的国情，机械死板的进行法律移植会降低立法的科学性与实效性。

（三）反家庭暴力的目的与路径

反家庭暴力应以建设和维护平等、和睦、文明、稳定的婚姻家庭关系为宗旨，反家庭暴力是实现婚姻家庭和谐稳定的手段，其本身不是立法的最终目的。

我们不赞成“为反家庭暴力而立法”的思路，因为这一思路是主观主义的“感性思维”，不是以理性分析为特征的“逻辑思维”。“感性思维”不是以遵循家庭关系的客观规律为依据，因而不能找到消除、化解家庭暴力的有效手段与方法，缺乏科学性和严谨性。“为反家庭暴力而立法”仅仅是对家庭成员人格权的一种消极的单项保护，不能实现促进家庭和谐最终目的。

“外因是变化的条件，内因是变化的根据”，婚姻家庭关系不和谐是产生家庭暴力的内在原因，消除家庭暴力关键因素在于促进家庭和谐。因此，我们认为，如果确有制定反家庭暴力法立法之迫切与必要的话，那么制定《家庭和谐促进法》可能更具有立法的科学性与必要性。

《家庭和谐促进法》属于社会法的范畴。它以家庭关系发展的客观规律为依据，遵循家庭和谐发展的内在规律，体现婚姻家庭的伦理性的特点；它立足于疏导的方法消除、化解家庭暴力而不是以简单禁止与制裁的手段惩罚家庭暴力行为。

这是一项极为复杂的社会系统工程，立法思路上应充分调动包括政府各有关部门、民政、司法、执法部门以及工会、共青团、妇联、有关单位和基层调解组织等在内的各种社会资源，发挥其各自的职能作用，从制度、财政、宣传、教育等各方面全方位构建和谐家庭这一社会工程。立法内容上除了规定家庭暴力防治制度

① 刘晓梅．英国反家庭暴力的立法、实践及其启示[J]．法学杂志，2006(3)．

以外，还应当重点规定家庭关系制度、婚前教育机制、离婚劝和调解机制以弥补现行婚姻制度的不足，并强化对弱势群体特殊保护。

《家庭和谐促进法》之所以比《反家庭暴力法》更具有立法的科学性与必要性，其原因在于如下几个方面：

首先，《家庭和谐促进法》比《反家庭暴力法》立意更高远、更积极，充分体现了法律的正面引导作用。反家庭暴力仅体现了对家庭成员人格权的一种消极的单项保护，促进家庭和谐是反家庭暴力的最终目的。

其次，与制定《反家庭暴力法》相比，制定《家庭和谐促进法》更科学。它遵循了家庭暴力产生的根源，体现了婚姻家庭的伦理性的特点，以疏导的方式尊重了家庭成员之间的伦理亲情，比生硬的、强制性的打压更能感化人，教育人，从实施效果上，更能促进夫妻之间矛盾的化解和感情的修复，促进家庭和睦。“家庭和谐促进法”这一立法名称体现了国家对家庭关系的谦抑态度，以“倡导”的方式来立法，有利于发挥和调动家庭成员对良好家庭关系的自律、自觉意识，提高法律的成效。

再次，《家庭和谐促进法》有利于规范和解决当前我国婚姻家庭领域出现的诸多问题。在经济全球化、社会现代化背景下受个人主义、享乐主义、拜金主义的负面影响，在婚姻家庭领域产生了一些新问题，家庭伦理道德沦丧，中国家庭正面临着前所未有的危机。社会腐败现象、分配不公、贫富悬殊、两极分化、就业压力、经济压力等社会矛盾加剧了夫妻关系、家庭关系的紧张与冲突，这些问题的产生与变化，使当代中国的婚姻家庭制度面临新的挑战，也严重影响甚至破坏婚姻家庭及社会的和谐与稳定。[①] 制定《家庭和谐促进法》有利于统一解决上述问题。

最后，我国婚姻法在制度上的不足，为制定《家庭和谐促进法》提供了法律空间。婚姻法中有关夫妻关系和家庭关系的制度

① 张伟．转型期婚姻家庭法律问题研究[M]．北京：法律出版社，2010，第 3 页．

规定过于原则、概括，不能充分发挥其对和谐家庭的规范和保护作用，再加上家制和家产制的相关内容的缺失，使婚姻法对家庭整体利益的规制上存在明显制度上的不足。

综上，制定《反家庭暴力法》不具有立法的必要性与科学性，它对于消除家庭暴力作用有限，甚至可能会产生一些负面效果。家庭暴力产生的主要原因是家庭不和谐；解决家庭暴力问题的关键是促进家庭内部的幸福与和谐；家庭暴力当事人之间存在着亲情伦理关系，应着眼于采用适应于亲情伦理关系的特殊手段来化解。国家应当采取多种措施促进家庭和谐，呵护家庭的祥和与美满。因此，制定《家庭和谐促进法》可能是比制定《反家庭暴力法》更为明智的选择。

→| 论夫妻忠实义务

我国《婚姻法》第四条规定："夫妻应当相互忠实，互相尊重"，夫妻忠实义务是婚姻法明文规定的夫妻人身关系的核心内容，婚姻当事人能否履行好这一义务决定了婚姻关系的成败。现实生活中，夫妻当事人违反忠实义务的行为屡见不鲜，作为婚姻的无过错方能否基于婚姻法关于忠实义务的规定向过错方请求赔偿，我国现行《婚姻法》并未给出明确规定。而司法实践中夫妻当事人为了避免一方违反忠实义务给自己造成损害，纷纷用"忠实协议"来解决可能产生的纠纷。那么，"忠实协议"的效力如何呢？在法律未有明确规定的情况下，众多学者对这一问题，仁者见仁，智者见智，争议激烈，尚未有定论。最高人民法院在2011年出台的婚姻法司法解释（三）中对这一问题进行了回避。这导致司法实践中对"忠实协议"效力的认定不统一，同案不同判。因此，理论上有进一步梳理研究的必要性。

一、忠实义务概述

（一）内涵

关于夫妻忠实义务的内涵，有狭义与广义之说。狭义的观点认为，夫妻忠实义务就是指贞操忠实义务，即夫妻双方不得有婚姻之外的性行为。广义的学说认为，夫妻忠实义务指夫妻婚后感情与性生活的专一。不仅包括夫妻互守贞操，不为婚外性行为，还包括夫妻之间不得恶意遗弃配偶他方，不得为第三人利益牺牲、损害配偶他方利益。

对广义概念的分析:这一概念太宽泛。笔者认为精神出轨不属于法律上违反忠实义务的表现形式。思想感情不属于法律调整的对象。一方面,思想情感不为他人所直接感知,不对他人产生直接影响,法律没有调整的必要性;另一方面,由于思想情感属于主观意识的范畴,法律无法对其进行约束与规范。而且,感情属于纯主观的范畴,为当事人不可控,不会对他人产生直接的影响。就像社会学家李银河所说的“世上没有一桩爱情是错误的”。笔者认为作为纯粹感情意义上的精神出轨,不应当具有法律上的非难性。所以,法律意义上的忠实不包括夫妻感情上的忠实。但是,法律是最低层次的道德,从道德层面,夫妻双方应当做到感情上的忠实和身体上的忠实。另外,夫妻之间的恶意遗弃属于违反夫妻扶养义务的行为(婚姻法 20 条),严格意义上不属于违反夫妻忠实义务。同时,为第三人利益而损害夫妻利益,也不一定必然违反夫妻忠实义务,比如说,如果丈夫为了父母的利益而损害妻子的利益,很难说他违反了忠实义务。

(二)法律依据与立法目的

1. 法律依据

《婚姻法》第四条规定:“夫妻应当互相忠实,互相尊重;家庭成员间应当敬老爱幼,互相帮助,维护平等、和睦、文明的婚姻家庭关系。”这一条体现了婚姻法的立法目的与宗旨。夫妻之间互负忠实义务,是婚姻的本质内在要求,是婚姻的应有之义。

夫妻互负忠实义务,忠实义务既是义务也是权利,一方的义务对应着另一方的权利。我国《婚姻法》关于夫妻忠实义务的规定,是在 2001 年修改婚姻法时新增加的一个重要内容,目的在于禁止各种婚姻家庭领域的不良现象,如重婚,非法同居,婚外情,家庭暴力等等。

2. 立法目的

夫妻忠实义务符合婚姻法一夫一妻的要求,它是一夫一妻原则的核心内容；有助于维护婚姻的质量，促进婚姻家庭的稳定、和谐；有利于子女的身心健康；为受害者主张维权提供了法律基础；从国际上，符合国际立法惯例，如法国、德国、意大利、瑞士等大陆法系国家都有类似的规定。

3．义务的性质

它既是道德义务，也是法律义务。因为它符合社会的道德准则，是由道德规范直接提升和转化为法律规范。

（三）违反忠实义务的表现及法律后果

违反夫妻忠实义务的行为主要表现为以下四种：(1)重婚；(2)有配偶者与他人同居；(3)有配偶者与他人通奸（如婚外情）；(4)卖淫嫖娼。重婚是指已经结过婚的人再结婚的行为，包括法律上的重婚与事实上的重婚。“有配偶者与他人同居”指有配偶者与婚外异性，不以夫妻名义，持续稳定地共同居住，又称为非法同居。根据《婚姻法》第四十六条，有下列情形之一，导致离婚的，无过错方有权请求损害赔偿：（一）重婚的；（二）有配偶者与他人同居的；（三）实施家庭暴力的；（四）虐待、遗弃家庭成员的。适用离婚损害赔偿的法定事由不包括通奸与卖淫嫖娼。其中重婚与非法同居两种行为较为严重，是婚姻破裂的法定事由，并会导致离婚损害赔偿；后两种行为被认为婚姻违法过错行为，但我国婚姻法中未有规定，其中卖淫嫖娼会导致行政法上的责任包括行政处罚与行政拘留。而现实生活中大量存在的“婚外情”行为不能得到制裁。

而对于离婚损害赔偿制度，由于司法实践中，一方当事人出轨的证据不好收集，且有可能涉嫌侵害他人隐私，因此，原告很难得到离婚损害赔偿（95％的案件未获赔偿，且数额较低），使损害赔偿制度的效果非常不理想。在当下我国离婚率居高不下，并且一直攀升的情况下，夫妻一方出轨在离婚事由中占了50％的比例。当人们对婚姻存在一种危机意识的情况下，忠实协议作为一种自救措施被广泛使用，用于预防一方的出轨行为，减少因离婚而造成的损失。

二、夫妻忠实协议的效力

（一）什么是夫妻忠实协议？

夫妻忠实协议，是指婚姻当事人在婚前与婚后，基于维护婚姻的愿望，对夫妻互负忠实义务所作的约定，违反约定将承担离婚损害赔偿及其他不利后果的协议。

忠实协议签订的时间可以在婚内，也可以在婚前，其目的在于约束双方的身份行为，维系夫妻婚姻关系的稳定。忠实协议一定是书面协议，口头协议无效。忠实协议从性质上，是一种兼具人身和财产双重性质的协议，通过财产补偿的方式约束婚姻当事人的人身行为。符合婚姻法的立法精神，有利于家庭的和谐稳定。

（二）忠实协议的效力

夫妻“忠实协议”无明确的法律效力。最高人民法院关于审理离婚案件的司法解释（三）的草案里，最初规定了忠实协议的效力，但因争议较大，未写入最终的司法解释条文中。

婚姻法司法解释三制定过程中，对“忠诚协议”效力的认定经过了三种观点的变化。起初在解释三（2008 年 12 月稿）草案中，规定：离婚时夫妻一方以婚前或婚后双方签订的“忠诚协议”主张权利的，人民法院经审查认为该协议系自愿签订且不违反法律、法规的禁止性规定的，应当予以支持。后来在草案（2010 年 5 月稿）中作出了与之前截然相反的规定：夫妻一方以婚前或婚后双方所签订的相互忠实、违反予以赔偿的财产性协议主张权利的，人民法院不予受理；已经受理的，裁定驳回起诉。在 2011 年最终出台的司法解释三中，最终对此问题未规定，主要原因在于学界争议较大。

“忠诚协议”问题是婚姻家庭司法实践中及理论上争议突出的问题之一。近年来，随着夫妻双方签订“忠诚协议”的增多，离婚时以违反“忠诚协议”为由要求对方履行的诉讼日渐增多。从两稿截然不同的表述即可看出，“忠诚协议”问题自2001年婚姻法修改后上海第一例此类案件出现后争论一直没有停止。

第一种观点认为，我国《婚姻法》第4条规定，夫妻应当相互忠实。《婚姻法》第46条规定，因一方过错导致离婚的，无过错方有权请求损害赔偿。应当予以支持。这不仅符合我国现行《婚姻法》第4条的精神，也符合民法的私法自治原则，并且，该协议既未违反社会公共道德，也未破坏社会的公序良俗，因此，人民法院承认该忠诚协议有关财产赔偿约定的效力，既符合婚姻法规定的精神，又符合社会主义婚姻道德的要求，也未破坏社会公序良俗，可以保障《婚姻法》有关“夫妻应当相互忠实”规定的实现，有利于弘扬夫妻相互忠实的道德风尚，有利于维护平等、和睦、文明的婚姻家庭关系，促进和谐社会的构建。目前婚姻法学界，多数学者坚持这一观点[①]。

反对观点是认为带有感情色彩的身份关系的协议不能简单按照民商事合同对待，如果赋予“忠诚承诺书”以法律效力，鼓励婚姻当事人在结婚前缔结这样一个协议，以“拴住”对方，势必增加婚姻的成本，也会使建立在爱情和相互信任基础上的婚姻关系变质，成为类似商人买卖中的讨价还价。

《婚姻法》解释三从第一稿的支持，到后来的否定，再到征求意见稿、正式稿的空缺，充分显示出了两方观点谁也没有占据上风，最高人民法院决定暂时搁置，留待实践中再去慢慢观察效果，

---

① 中国婚姻法学会的会长夏吟兰，副会长陈苇、蒋月均认为应当承认忠实协议的效力；最高法院吴晓芳法官也持肯定的态度。赵蕾，钱小敏．夫妻“忠实协议”难倒最高法院[N]．南方周末，2010—9—27；吴洪．对忠诚协议问题的探讨[A]．家事法研究(2013年卷)[M]．北京：社会科学文献出版社，2013．对忠实协议进行了全面的理论梳理，主张应有条件地承认其法律效力。

争取将来达成共识后再写进司法解释或立法。立法与司法解释的空缺,并不影响有关“忠实协议”的法律纠纷层出不穷,法官享有自由裁量权,具体案件具体分析。

婚姻法学界的主流观点认为,应当有条件地支持“忠实协议”的法律效力。理由在于:符合婚姻法第4条的立法精神,有利于婚姻和谐稳定,当事人自愿签订,内容合法,就应当承认其法律效力。

忠实协议有效的条件,主要包括三个方面:第一,双方自愿签订,不存在胁迫与欺诈。对于赔偿数额显失公平的情况,不影响忠实协议本身的效力,法官可根据当事人的收入状况,适当作出调整。比如说“净身出户”问题不一定必然无效,如果负担义务的一方有较强的经济能力,其意思表示真实的话,约定就是有效的。第二,协议内容合法,不得违反法律和公序良俗。比如:规定违反忠实义务的一方丧失孩子监护权,无权探视孩子等。这样的约定无效。再比如说,违反忠实义务的一方在郑州二七广场跪上一夜搓衣板等等。第三,以当事人离婚为前提,(以法院判决离婚为前提)在当事人不诉诸离婚的情况下,不适用该协议。因为我国婚姻法理论与实务上均不支持婚内侵权损害赔偿。

这里强调一点,不能把恋爱关系中的忠实协议与婚姻忠实协议相混淆,而前者是没有法律约束力的。因为恋爱关系不受法律规范,忠实协议当然无效。

(三)典型案例分析

案例一(2014年7月由郑州惠济区法院审理判决)“我保证今生只爱你一个人,无论在感情上还是身体上都做到不背叛你,若找情人的话本人的婚前财产归你所有……”这是婚前小付为小霞写下的保证书。这份保证书让小霞感动了好长时间,然而,一次不经意的QQ登录让小霞彻底失望了:看电影、吃饭、开房,QQ聊天记录完全曝光了小付与女网友们的来来往往。2013年12月,小霞拿着保证书,小付网上连载的文章以及相关证据一纸诉状把小付告上了法院。小霞请求法院判决离婚，并要求按照小付保证书的内容判决婚前财产归自己所有。

案例二（2002年上海闵行法院审理的案件）（全国“忠实协议”第一案）

贾某和曾某在婚姻期间签订协议约定，如果一方出现背叛另一方的不道德行为，必须赔偿对方的名誉损失及精神损失费30万元。协议签订不久，贾某就发现丈夫与其他异性有染。在之后的离婚诉讼中，贾某以曾某违反夫妻忠实协议为由要求上海闵行区法院判令曾某支付违约金30万元。

以上两个案例相同的地方是：夫妻中的男方违反忠实义务，女方提起离婚，并请求法院按照忠实协议的内容上男方承担法律责任。问题：夫妻“忠实协议”是否有效？以上两案，原告的请求是否会得到法院的支持？

（1）案例一：保证书完全符合以上三个有效条件，最后得到法院的支持，法院判决离婚，被告的房产与轿车都判给了女方。

司法实践中，有大量的忠实协议是以“保证书”的方式体现出来的。也就是男方多次出轨给女方造成严重精神损害的情况下签订的。只要是双方自愿，有效。

（2）案例二：忠实协议完全符合以上三个有效条件，原告请求得到法院的支持：法院判决离婚，并按忠实协议的约定，男方赔女方30万元。

（四）忠实协议的法律意义与现实局限性

法律意义在于事后的惩戒与补偿。忠实协议确实可以填补无过错方的财产损失和精神痛苦，同时也可以起到惩戒过错方的作用。引用法官与学者的原话：

“感情没了，经济上至少还能有一些保障！”（吴晓芳）“忠实协议的背后，女方有多少屈辱！”（夏吟兰）

其局限性也非常明显，忠实协议绝不是解决婚姻问题的“灵丹妙药”。因为忠实协议只能约束人们的行为及财产关系，而不能约束人们的“情感”。夫妻一方出轨，只要被法院认定为夫妻感情破裂，离婚是早晚的事。

婚姻的基础在于夫妻双方深厚的感情基础，靠一纸协议去维系婚姻是极不现实的。所以，在现实生活中，笔者并不主张大家采用忠实协议，除非你遇人不淑，比如，上面案例一中的小付，是一个花心的不负责任的男人，这时女方用忠实协议来保护自己的权益是十分明智的。婚姻法是夫妻关系的底线。“谁也没有被强迫去结婚，但任何人只要结了婚，就应该服从婚姻法”(马克思)，因为婚姻不仅仅是两个人的事情，婚姻是家庭的事情，是社会的事情。婚姻的基础在于夫妻双方的互信互爱，保护好感情才能保护好婚姻。

论离婚协议的法律效力

2016年中国离婚率连续13年不断攀升，[①]登记离婚由于具有高效、快捷、保护当事人隐私的优点，成为当下人们离婚的主要方式。2016年我国有300多万对夫妻办理了离婚登记手续。办理离婚登记时只需要携带“两证一书”，即结婚证、身份证及离婚协议书。其中，“离婚协议书”是一个焦点问题，因为它最容易发生争议。因为现实生活中，有一些当事人为了达到与自己配偶快速离婚的目的，会在签订离婚协议书时做出种种让步，而一旦离婚真正完成，便开始反悔。司法实践中因离婚协议的履行而产生的争议非常多。以下以一个典型案例的分析为视角剖析离婚协议的效力问题。

当事人夏某（女）和沈某（男）系夫妻，2003年10月双方登记离婚，离婚协议中约定：双方自愿离婚，沈某婚前购买的房产一套归夏某所有。后因沈某拒绝将上述房屋过户给夏某，夏某遂于2005年4月向常州市天宁区法院提起诉讼，请求法院判令被告沈某履行离婚协议，将约定房屋过户给原告。被告在一审答辩中的理由是：自己目前生活困难无房居住，撤销离婚协议中将房屋赠与原告的约定。离婚财产分割协议在登记离婚完成后能否撤销？问题的关键在于离婚协议效力的认定。

一、离婚协议的概念

离婚协议是夫妻双方就离婚及其后果所达成的书面协议。

---

① 去年346万夫妻离婚，半数坚持不到五年[N]. 新京报，2017-4-24.

《婚姻法》第 31 条:“男女双方自愿离婚的,准予离婚。双方必须到婚姻登记机关申请离婚。婚姻登记机关查明双方确实是自愿并对子女和财产问题已有适当处理时,发给离婚证。”

(一)离婚协议的目的

离婚协议的内容包括两个方面:首先双方应当就自愿离婚作出声明;其次是对离婚的后果财产分割与子女抚养问题作出约定,根据 31 条,离婚协议是登记离婚的前提。结婚是不用签协议的,为什么离婚要签协议?是因为夫妻双方的多年的共同生活中有了共同的财产和子女,在婚姻解除时,也就应该对财产分割和子女抚养问题作出约定,以避免日后产生纠纷,从而保护婚姻当事人的权益,保护子女的权益。

(二)离婚协议的性质

离婚协议从性质上说是一种契约,是婚姻当事人就离婚问题所达成的一致意见。由于离婚协议的目的在于就夫妻身份的解除及解除后果进行的约定,因此,它从性质上属于身份协议,不同于一般的民事合同。自然不能完全照搬合同法的规定。合同法第 2 条第 2 款规定:“婚姻、收养、监护等有关身份关系的协议适用其他法律的规定。”因此,离婚协议的适用法律是《婚姻法》及相关司法解释。

由于离婚协议要经过民政部门的审查,只有符合法定生效要件的离婚协议,才会受到法律的承认与保护。

二、离婚协议的生效条件

理论上,一般认为,离婚协议的生效条件有四个。

(一)主体适格

从主体要件上,离婚协议的双方当事人必须是完全民事行为能力人，而且是登记结婚的夫妻。精神病人所签的离婚协议是无效的，因其无完全的意思表示能力。事实婚姻的当事人因没有结婚证，无法通过到民政部门领离婚证的方式来办理离婚，只有具有结婚证的登记结婚的夫妻才可以通过领取离婚证的方式来办理离婚。

（二）协议真实、自愿

从意思要件上，离婚协议不能存在欺诈和胁迫。所谓欺诈就是指以隐瞒事实真相的方法作出一个虚假的离婚协议，以欺骗另一方当事人或民政部门。比如说，有这样一个案例：一方当事人为了达到与自己妻子离婚的目的，由于妻子不同意，他就找了个第三人，这个第三人与妻子长得很像，拿着妻子的身份证，又草拟了一个虚假的离婚协议书，瞒天过海，从民政部门骗取了离婚证。当然在这种情况下，妻子知道真相后，可以向法律起诉撤销该离婚证。所谓“胁迫”是指通过配偶及其亲属人身安全的方法，使配偶在违背自己真实意愿的情况下，签订离婚协议，这样的离婚协议也是可以撤销的。

（三）协议合法

内容要件上，协议内容不能违反法律的强制性规定。不能通过协议剥夺当事人所享有的法定之权。比如，双方当事人约定：孩子由女方抚养，男方不享有对孩子的探望权。这一约定很显然是违法的。因为探望权是婚姻法明文规定的未直接抚养孩子的一方所享有的法定之权，他人不可以协议的方式加以剥夺，否则会因侵害孩子的利益而无效。

（四）离婚登记完成

在离婚登记未完成时，协议不生效，也没有必要生效。因为双方还是夫妻关系，财产共享，子女共养，也没有必要分割财产，更没有必要给孩子确定一个直接抚养人，因为孩子是与父母双方共同生活的。

《婚姻法》司法解释(三)第十四条规定:“当事人达成的以登记离婚或者到人民法院协议离婚为条件的财产分割协议,如果双方协议离婚未成,一方在离婚诉讼中反悔的,人民法院应当认定该财产分割协议没有生效,并根据实际情况依法对夫妻共同财产进行分割。”该条间接规定了当登记离婚未完成时,离婚协议对之后的讼诉离婚不产生效力。

结合以上四个要件,我们可以分析得出:文中案例中,协议双方当事人主体适格,协议真实自愿,无欺诈胁迫情形,内容合法,而且登记离婚已经完成,很显然离婚协议生效了。《婚姻法》司法解释(二)第八条规定:“离婚协议中关于财产分割的条款或者当事人因离婚就财产分割达成的协议,对男女双方具有法律约束力。”生效的离婚协议,当事人就应该自觉履行,就产生了离婚协议的争议,一方不愿意履行,另一方又该如何保护自己的权益呢?

三、离婚协议争议的处理

离婚协议的争议主要包括两种情况。

(一)一方不愿意履行,另一方可否申请法院强制执行?

虽然,离婚协议已经经过民政部门审查,但这一审查只是形式审查,并不能保证这个协议是合法有效的协议。所以,一方不履行,另一方只能向法院提起诉讼。一旦法院认定该协议是合法的,法院的判决就具有了强制执行力,另一方必须履行。以本案为例,男方沈某不履行离婚协议,女方夏某有权向法院提起诉讼。

(二)一方可否就离婚协议行使撤销权、变更权?

婚姻法司法解释(二)第 9 条规定:“男女双方协议离婚后一年内就财产分割问题反悔,请求变更或者撤销财产分割协议的,人民法院应当受理。人民法院审理后,未发现订立财产分割协议时存在欺诈、胁迫等情形的，应当依法驳回当事人的诉讼请求。”根据该条规定：离婚当事人可以行使针对离婚协议的撤销权与变更权，但必须是基于在签订协议时存在“欺诈、胁迫”事由，且起诉的时间是在离婚后的1年内，这一期限是一个除斥期间，不发生中断和延长。本案当事人发生争议而起诉的时间已经超过了一年，而且，本案中不存在“欺诈、胁迫”事由。所以当事人不可以行使针对离婚协议的撤销和变更权。

对于本案，值得研究的一个问题是：被告认为之前其在离婚协议书将自己婚前房产约定为女方所有，是一种赠与，现在男方想基于对赠与合同的撤销来撤销之前的离婚协议书中的财产分割条款。男方的主张可否会得到法院的支持？对此，审理本案的法院认为，夫妻之间的赠与具有一定的感情色彩，是一种道德性质的赠与，不能撤销。对此，有学者提出了更为合理的观点[①]：一方在离婚财产分割协议中将个人财产约定为另一方所有，并不是无偿地赠与，因为离婚财产分割协议是一个“一揽子”解决方案，它从内容上暗含了“经济帮助、离婚补偿、离婚损害赔偿”等内容，这三种制度，学理上统称为“离婚救济制度”。离婚救济权是《婚姻法》明文规定的当事人享有的法定之权，当事人在离婚协议中一般不会对此作出具体约定，而是包含于离婚财产分割协议中。因此，离婚财产分割协议不是一个无偿的赠与，不能基于赠与合同而撤销。另外，从公平的角度来说，“离婚”与“离婚财产分割协议”是离婚协议的两个主要方面，二者是一个统一体，互为条件，不可分割。当事人在什么样的条件下同意离婚，是综合考量的结果，在离婚登记已经完成的情况下，撤销之前的离婚财产分割协议，很显然是非常不公平的。

四、离婚协议对第三人的效力

离婚协议是由夫妻双方签订的，主要目的在于解除双方的夫

① 许莉．离婚协议效力探析[J]．法学论坛，2011(1)．

妻关系，并就离婚后果作出约定。离婚协议的效力与夫妻双方关系尤为密切，但也会影响着第三人的利益。主要包括两种情况：一是离婚协议对子女的效力；二是离婚协议对债权人的利益。

（一）离婚协议对子女的效力

一般情形下，离婚协议并不对子女发生直接的效力，除非其涉及对子女权益的约定。比如，夫妻双方在协议中约定，一方将其个人财产约定为子女所有。当夫妻一方在离婚协议签订后拒绝向子女给付财产时，子女是否享有请求权？对此，有学者认为根据合同理论，判断向第三人给付合同之第三人有无请求权的根据，就是合同是否包含向第三人之允诺，无此允诺，向第三人给付合同就是“经由指令而为给付”合同，第三人无请求权，非受益人；有此允诺，向第三人给付合同就是利他合同，第三人有请求权，是受益人。[①] 据此，协议离婚后，一方或双方为协议允诺之给付，子女无请求权，但一方不给付，一方构成违约，另一方有权请求向子女给付。

（二）离婚协议对债权人的效力

离婚协议对债权人的影响表现在共同债务的实现上。《婚姻法》第41条：“离婚时，愿为夫妻共同生活所负的债务，应当共同偿还。”《婚姻法》解释（二）第25条：“当事人的离婚协议或者人民法院的判决书、调解书、裁定书已经对财产分割问题作出处理的，债权人仍有权就夫妻共同债务向男女双方主张权利。一方就共同债务承担连带责任后，基于离婚协议或人民法院的法律文书向另一方主张权利的，人民法院应当支持。”这就意味着离婚协议书中就财产分割的协议只对夫妻双方有约定力，第三人无对抗的效力。因离婚协议及法院判决都是在债权人没有参与的情况下做出的，有可能存在夫妻双方恶意串通损害债权人利益的情形，因

---

① 李锡鹤．民法原理论稿[M]．北京：法律出版社，2009，第217、218．转引自许莉．离婚协议效力探析[J]．法学论坛，2011(1)．

此对债权人未有对抗效力，从而有效保护债权人利益。即在夫妻一方离婚及死亡的情况下，债权人依然有权向生存配偶一方主张债务。

离婚协议作为登记离婚中的一个前提要件，随着我国离婚率的逐年攀升，在司法实践中围绕离婚协议产生的争议日趋频繁，原因之一在于我国《婚姻法》未对离婚协议的要件及效力作出具体明确规定。这直接影响了登记离婚的实施效果，影响了社会秩序的稳定，也造成司法资源的浪费。所以，未来我国在制订《民法典》时，应该对离婚协议制度进行全面系统的规定。

论夫妻共同债务

近年来,婚姻法学界最热点的问题,莫过于夫妻的共同债务。因为现行婚姻法司法解释有关夫妻共同债务的规定在司法实践中产生了诸多的问题,法律的实施效果相当严峻,直接影响到我国司法的权威,理论上有研究的迫切性,以为未来立法的完善提供铺垫。

一、问题的提出:从陈玲的遭遇说起

2016 年 9 月 20 日,陈玲的七个案子在长沙市芙蓉区法院再审开庭。当天早上,陈玲抬着几十斤重的证据材料到达法庭,结果被法院拒收。这让她想起了三年前,工资被法院冻结,她哭着跑到 28 层楼顶,"觉得看不到出路,想这么纵身一跃。" 2011 年 8 月起,陈玲收到第一份起诉书,其后几个月,其他七份传票接踵而至,起诉金额高达 337 万元,全部是前夫刘正"举债未还"的案子。此后,陈玲陷入寒冬,无法跨入春天。"最开始,八个案子全部按'24 条',判我共同偿还前夫的债务,有的案子银行转账流水都没有!"陈玲对记者说。从 28 层楼顶下来后,她开始走上了维权之路。三年来,陈玲跑了无数次法院,身上的八个案子经历了一审、二审、再审、发回重审。"今年六月,八个案子其中有一个案子已经改判。"

在陈玲的带动下,一个自称"反 24 条联盟"的群体开始聚集,他们包括来自湖南、江苏、浙江的 100 多人,当中 89% 为女性,共同点是认为自己基于婚姻关系"被负债"。

由此,引出的问题是我国婚姻法关于夫妻共同债务是如何规定的，为什么会发生陈玲的悲剧？现有立法有何不足？未来立法又该如何完善？

二、共同债务及其法律后果

夫妻共同债务是夫妻财产关系的重要方面。共同债务是相对于个人债务而言的。对共同债务的定性标准直接决定了共同债务的法律后果及夫妻双方当事人权益的保护。

（一）共同债务的认定

理论上对于共同债务的认定标准，主要有三种学说①：一是用途论；二是推定论；三是折中论。

第一，"用途论"的法律依据在于，《婚姻法》第41条规定："离婚时，原为夫妻共同生活所负的债务，应当共同偿还。"如何判定该债务是否"用于夫妻共同生活"，及举证责任的负担主体，《婚姻法》均未明确规定。理论上一般认为：夫妻一方或双方在婚姻关系存续期间为了夫妻共同生活所负的债务。具体包括维持日常生活需要、购置动产和不动产、教育子女、赡养老人、医治疾病、从事生产经营等所负的债务。② 在《婚姻法》司法解释（二）24条实施之前，司法实践中一般以此为依据，并将是否"用于夫妻共同生活"的举证责任加诸于债权人，导致债权人由于举证不能，其债权不能实现，甚至出现夫妻双方恶意串通损害债权人利益行为的出现。

第二，"推定论"，即适用《婚姻法》司法解释（二）第二十四条："债权人就婚姻关系存续期间夫妻一方以个人名义所负的债务主张权利的，应当按夫妻共同债务处理。但夫妻一方能够证明债权人与债务人明确约定为个人债务，或者能够证明属于婚姻法第十

① 杨晓蓉，吴艳．夫妻共同债务的认定标准和责任范围——以夫妻一方经营性负债为研究重点[J]．法律适用，2015(9)．

② 陶毅．婚姻家庭法[M]．北京：中国高等教育出版社，2006，第135页．

九条第三款规定的情形的除外。”由于中国老百姓的法律意识淡薄，现实生活中很少有夫妻适用约定财产制，而且举债人与债权人明确约定为个人债务的情况极少，即使有此情况，举债人配偶也难以举证，这就使得上述24条在司法实践中适用的机率极少。而事实上，“用途论”与“推定论”在共同债务的认定标准上是有冲突的，这就导致司法实践中，地方法院在认定共同债务标准上无所适从。江苏高院就此问题专门请示最高人民法院，最高人民法院在批复中写道：“在债权人以夫妻一方为被告起诉的债务纠纷中，对于涉案债务是否属于夫妻共同债务，应按照《最高人民法院关于适用〈中华人民共和国婚姻法〉若干问题的解释(二)第二十四条规定》认定。如果举债人的配偶举证证明所借债务并非用于夫妻共同生活，则其不承担偿还责任。”最高人民法院的这一批复一经出台，产生了明显的聚合效应。据学者针对婚姻法司法解释(二)24条的调查中，我们发现自2014年之后，利用上述24条审理夫妻共同债务的案件急剧上升。根据中国裁判文书网上的数据，2013年利用24条审理夫妻共同债务的案件只有17952件，而到了2014年，这个数据变成了80225件。最高人民法院的风向标，影响力不可谓不大。这些背景下，24条成了全国地方法院审理夫妻共同债务案件的主要法律依据。也就是说夫妻一方在婚内以个人名义所借的债务一般认定为共同债务，除非“举债人的配偶举证证明所借债务并非用于夫妻共同生活”。以提到的陈玲为例，由于陈玲不能举证证明前夫所欠债务未用于夫妻共同生活，最后承担了败诉的后果。而像陈玲这样的悲剧现实生活中还有很多。由此，我们得出24条所规定的“推定论”仅就司法适用的效果而言，就是值得反思的。

第三，折中论。鉴于用途论与推定论所存在的弊端，为避免在共同债务认定上存在过于保护举债人配偶或债权人一方的偏颇，有个别地方法院对共同债务认定所采纳了折中论。比如，上海高院对借贷纠纷中的债务的定性，除了适用司法解释(二)24条之外，同时还考虑两个因素：一是夫妻双方有无举债合意；二是该债务是否用于夫妻共同生活。这其实就是一个折中论的做法。这种观点，避免了对24条的滥用所可能导致的不公平的结果，但是对于夫妻合意这一意思要素及债务是否用于夫妻共同生活的客观要素之间的关系，并没有厘清。由于在现实生活中存在一种常见的情形就是举债时，确实是夫妻双方的合意，但是一方在使用债务时，并没有将其用于夫妻共同生活，而是用于其他与夫妻生活没有关系的事情上，甚至是用于赌博吸毒等情况。出现这种情况的原因在于夫妻双方在财产的控制能力与使用能力上不平衡，这会导致即使是夫妻合意的债务也可能用于非法的目的。在这种情况下，将该债务认定为夫妻共同债务，对于举债人配偶来说，很显然是不公平的。

综上，笔者认为，对夫妻共同债务的认定，采纳我国《婚姻法》第41条规定的“用于夫妻共同生活”这一标准才是比较合理的。

(二)共同债务的法律后果

《婚姻法》第41条规定：“离婚时，原为夫妻共同生活所负的债务，应当共同偿还。”很显然，夫妻共同债务由夫妻双方共同偿还，承担连带清偿责任。共同债务承担连带责任的主要原因在于：我国实行的法定财产制是夫妻婚后所得共同制，婚姻关系既是利益共同体，也是财产共同体，财产共有，风险责任共担，有福同享，有难同当，不因夫妻一方死亡、离婚而改变。

《婚姻法》解释(二)第25条：“当事人的离婚协议或者人民法院的判决书、调解书、裁定书已经对财产分割问题作出处理的，债权人仍有权就夫妻共同债务向男女双方主张权利。一方就共同债务承担连带责任后，基于离婚协议或人民法院的法律文书向另一方主张权利的，人民法院应当支持。”该条规定的立法理由在于：因离婚协议及法院判决都是在债权人没有参与的情况下做出的，可能会存在夫妻双方恶意串通损害债权人利益的情形。对债权人未有对抗效力，以有效保护债权人利益，在夫妻一方离婚及死亡的情况下，债权人依然有权向生存配偶一方主张债务。

共同债务承担连带责任还有一个原因在于夫妻双方所享有的日常家事代理权。《婚姻法》司法解释(一)第17条规定:"婚姻法第十七条关于'夫或妻对夫妻共同所有的财产,有平等的处理权'的规定,应当理解为:(一)夫或妻在处理夫妻共同财产上的权利是平等的。因日常生活需要而处理夫妻共同财产的,任何一方均有权决定。(二)夫或妻非因日常生活需要对夫妻共同财产做重要处理决定,夫妻双方应当平等协商,取得一致意见。他人有理由相信其为夫妻双方共同意思表示的,另一方不得以不同意或不知道为由对抗善意第三人。"根据该条,夫妻一方因日常家庭事务对外负债,夫妻另一方承担相应的偿债责任。对于非因日常事务的重大财产的处理,夫妻双方必须合意,才对第三方发生效力。该司法解释的规定比较周全地兼顾了夫妻双方权益和第三人利益的保护,即对外,日常家事发生的债务一律为共同债务;重大家庭债务,夫妻双方的合意才能对抗债权人。

三、夫妻共同债务的推定规则之反思

(一)规定规则及其立法理由

《婚姻法》司法解释(二)第二十四条:"债权人就婚姻关系存续期间夫妻一方以个人名义所负的债务主张权利的,应当按夫妻共同债务处理。但夫妻一方能够证明债权人与债务人明确约定为个人债务,或者能够证明属于婚姻法第十九条第三款规定的情形的除外。"该条中所书的两种情形极少运用,等同虚设。

婚姻法第十九条第三款:"夫妻对婚姻关系存续期间所得的财产约定归各自所有的,夫或妻一方对外所负的公务,第三人知道该约定的,以夫或妻一方所有的财产清偿。

根据民事诉讼法"谁主张,谁举证"的一般举证责任分配原则,大概债权人承担两个事实的证明,一是债务人对其负债,二是该债务用于夫妻共同生活。而由于家庭生活的私密性,第二个事实的举证，难度很大，为了保护善意债权人利益，维护交易安全，规定了夫妻共同债务的推定规则。

（二）24条的实施效果：效果差，被批评为“恶法”

自2004年4月1日施行以来，过去的12年里，法律学界和业界关于“24条”的争议一直没有停歇。实施效果是：虚假债务满天飞，非法债务合法化（如因赌博欠的债）。司法实践中，制造了“三多”（即申诉上访的多，检察院抗诉的多，再审改判的多）。原因在于该条违背了婚姻法规定的夫妻共同债务认定标准“因夫妻共同生活而负债”，无条件、无边界地保护了债权人利益，被虚假债务、非法债务钻了空子，极大地损害了举债一方配偶的利益。

比如：夫妻离婚后，丈夫与他人虚拟债务，债权人找妻子追债，妻子完全不知情，“被负债”如陈玲的悲剧。再比如：丈夫为赌博而举债，债权人让无辜的妻子承担连带责任。

（三）社会各界的声音：声讨第24条

根据中国裁判文书网数据，2014年、2015年、2016年运用第24条认定的夫妻共同债务的案件分别为8万，8.7万，10万件，从地域上以浙江、福建、江苏、广东较多，“被负债”的受害者87.1%为女性，80.6%受过高等教育，“24条”受害者可能就在我们身边。多数“被负债”的受害者离婚多年，债务压身，诉讼缠身，孤儿寡母生活陷入困境！

第24条所涉债权的特征：25.8%可能为经营性债务外，大部分债务为赌债、恶意挥霍、包养情人，或者为虚假债务。2016年10月8日澎湃新闻网报道“全国近百位妻子因前夫欠款被负债”，决定结盟维权，并发出“修改24条还婚姻清白，规范债权，共债共签”的倡议。

在社会的强烈反响之下，最高人民法院出台了对24条的补充解释。

四、最高人民法院对24条的补充规定

2017年2月28日，在《最高人民法院关于适用〈中华人民共和国婚姻法〉若干问题的解释（二）》第二十四条的基础上增加两款，分别作为该条第二款和第三款："夫妻一方与第三人串通，虚构债务，第三人起诉主张权利的，不予支持。

夫妻一方在从事赌博、吸毒等违法犯罪活动中所负债务，第三人起诉主张权利的，不予支持。"并发出配套通知《最高人民法院关于依法妥善审理涉及夫妻债务案件有关问题的通知》，从以下六个方面提出了法院审理夫妻债务案件的具体要求：强调增强法律的实施效果；保障未具名举债夫妻一方的诉讼权利；审查夫妻债务是否真实发生；对非法债务不予保护。保护被执行夫妻双方基本生存权益不受影响。

以下补充规定的内容其实是现有立法精神的应有之义！最高人民法院针对目前社会反响较大的24条作出的"及时雨"补充解释及配套通知，有利于地方法院在审理夫妻债务案件的严格审查债务的真实性及未具名的举债人配偶利益的保护。但仍有诸多不足。因为该补充规定即使未出台，非法债务与虚假债务也是不受法律保护，最高院的补充规定只是达到了督促地方各级法院严格审理此类案件，确保案件能有一个合理的审判结果，以提高法律的实施效果。而对于如何修改24条所存在过度保护债权人利益，忽视对举债方配偶利益保护的问题，该补充解释并没有给出具体的完善性的规定。

五、共同债务问题的立法展望

（一）24条的症结在于未合理分配举证责任

24条模糊了《婚姻法》第41条的规定"夫妻共同生活"这一共

同债务的标准。导致地方法院在审理有关夫妻债务案件时,不知如何适用。湖北省宜昌市中级人民法院法官王礼仁担任婚姻家事合议庭审判长15年,他认为不是当事人不分青红皂白将举证责任往自己身上揽,而是司法解释将举证责任强行往当事人身上揽。

2014年,最高人民法院民一庭就江苏高院如何适用24条,也就是关于婚姻关系存续期间夫妻一方以个人名义所负债务性质如何认定的答复在24条的基础上又进一步加重了举债方配偶的举证责任。其具体内容是:“在不涉及他人的离婚案件中,由以个人名义举债的配偶一方负责举证证明所借债务用于夫妻共同生活,如证据不足,则其配偶不承担偿还责任。在债权人以夫妻一方为被告起诉的债务纠纷中,对于涉案债务是否属于夫妻共同债务,应按照《最高人民法院关于适用〈中华人民共和国婚姻法〉若干问题的解释(二)第二十四条规定认定。如果举债人的配偶举证证明所借债务并非用于夫妻共同生活,则其不承担偿还责任。”根据上述规定,在举证责任分配上实行的是“内外有别”的规则。现实情况是,大多数举债方的配偶对债务不知情,在其举债不能的情况下,被法院判决承担连带清偿责任。这一规定严重损害了举债方配偶的利益,也在相当程度上打击了人们对婚姻的信心。所以,人们呼喊:“还婚姻清白,修改24条”。

(二)24条的完善

24条的缺陷在于片面地保护了债权人利益,忽视了婚姻的安全,增加了婚姻的风险。在司法实践中,多数案件根据最高人民法院的解释来审判案件。但不乏个别地方法院做出了相对公平的判决。比如:山东省高院就24条的审判精神是:夫妻一方以个人名义举债时,要从夫妻双方是否具有举债的合意和债务是否用于夫妻共同生活来加以判断。举证责任上,由举债方承担举证责任,证明债务用于夫妻共同生活,否则不能认定为夫妻共同债务,为举债方的个人债务。值得未来立法借鉴。

笔者认为对夫妻共同债务问题应当从两个方面去完善。首先就是明确共同债务的认定标准，在此基础上进一步完善举证责任分配。这里，必须强调一个理论基础就是：在制度设计上，要兼顾举债方配偶及债权人的两方面利益，不能顾此失彼。因此，笔者认为，共同债务的认定标准，对外，采取“合意说”或“用途说”，对内采取“用途说”。废除当前 24 条的“推定说”。在对外债务的举证责任分配上，坚持民事诉讼法上关于举证责任的一般标准“谁主张谁举证”。具体来说，如果债权人在向夫妻双方任何一方主张债权时，对于日常家务性的债权，不需要承担证明责任，债务基于夫妻日常家务事代理权，当然属于夫妻共同债务；对于非因日常家务的重大债务，债权人如果能证明是夫妻合意或者债务用于夫妻共同生活，就当然发生共同债务的连带责任效力。而夫妻双方内部享有追偿权，追偿权的依据在于在夫妻内部坚持“用途论”，举证责任适用“倒置”，即只要举债方不能证明债务用于夫妻共同生活，该债务不属于夫妻共同债务，举债方配偶在对外已经承担了偿还责任以后，可以向举债方进行追偿。这样规定既保护了交易安全，又不至于加重举债方配偶的举证责任，可以避免对举债方配偶利益的损害的发生。

希望未来民法典中的婚姻家庭法编能科学合理地界定夫妻共同债务的认定标准和范围，公平分配双方的举证责任，以最大限度地保护当事人利益，别让婚姻背负不能承受之重！别让陈玲的悲剧再重演！

论《婚姻法》中的男女平等原则

妇女解放运动已经过去了一百多年，中国女性地位已经发生了翻天覆地的变化，女人半天边已初步得到体现，男女平等已初步形成，20 年前，联合国第四次世界妇女大会在北京召开，中国女性地位更是跃入了一个新台阶。然而，与中国近 20 年经济的飞速增长相比，中国的男女平等的进步水平还相差太远。从全球视野来看，中国的男女平等指数处于中等偏下水平，与中国的经济发展水平明显不相称。男女是否平等，家庭地位是一个重要的衡量标准。中国家庭中男女不平等最明显的表现还在于户口本上家长的姓名往往是男性，而且子女的姓氏依然以父亲的姓氏为主。当前，中国经济社会正处转型期，从理论和实践两个层面去研究男女平等的实现具有重要时代意义。

一、男女平等的概念

男女平等是男女两性在政治、经济、文化、社会生活及家庭生活等各个方面享有平等的权利，承担平等的义务。在婚姻家庭中男女平等是指男女两性在婚姻关系中和家庭关系中处于平等地位，依法享有平等的权利，负担平等的义务。男女平等在家庭关系中主要是人格独立和地位平等，而不是权利义务的绝对平均主义。

坚持和倡导男女平等，首先要承认男女有别。因男女两性在生理上的差异决定了男女在婚姻家庭中的平等绝不能仅理解为形式平等，而是实质上的平等。由于男性在生理上具有明显的优势，再加上历史传统、文化制度等方面的诸多原因，为了实现男女

平等，必须突出对女性权益的特殊保护。

二、男女平等的理论依据

(一)男女平等是维持人类和谐生存和发展及维护人类尊严的需要

妇女的生理特点是人类种族传承繁衍的需要，男女两性生理上的差异不应成为男女不平等的依据和借口。男女两性在生命价值和人格尊严上是没有区别的。歧视女性，张扬男性，是对人类尊严的亵渎。男女平等必须是实质意义上的平等。比如，男女结婚年龄不同是由于男女两性的生理差异决定的。

(二)男女平等是人类社会政治、经济、文化和谐健康发展的需要

男女两性平等是一个国家文明进步的重要标志。男女平等是国际社会公认的道德准则和基本法律规范。一个歧视女性的国家很难受到国际社会的尊重。正如奥巴马所说："女性不能平等发展，将影响社会经济发展和国家的竞争能力。"女性在当今社会发挥着重要作用。女性在生态保护、社会治理、教育、医疗、维护社会正义等方面发挥着比男性更突出的作用。女性是劳动者、创业者，也是消费的主力军。现代社会，职业对体能的要求降低，服务业是国民经济的中坚力量，女性对消费的拉动作用直接促进了国家经济的发展。女性对经济的影响被命名为"她经济"。比如，现在电子商务的飞速发展与女性作为消费的中坚力量有很大关系。

(三)男女平等是建设和睦文明的婚姻家庭生活的需要

男女平等，夫妻才能相互尊重与信任，家庭关系才能和睦文明。女性权利得到尊重，有利于子女成长。"推动摇篮的手是推动世界的。"女性的健康与受教育状况对孩子的健康成长意义重大。"安"字说明"家中有女才叫安"，"家中有母才温暖"。

三、男女平等吗?

现实状况是男女不平等,这种不平等体现在多个方面。首先,女性在就业时会遭遇歧视,工资比男性低;其次是文化上的歧视,女性商品化现象严重。女性在政治上也处于不平等的弱势地位。造成男女不平等的因素有很多,这里笔者只说两点主要因素。

(一)制度原因

人类自进入阶级社会以来,男女就没有平等过。男女不平等体现在各个方面。衡量性别平等最关键的指标是:婚姻家庭领域男女是否平等?因为家庭是人生的开端,家庭是人的第一所学校,也是人社会化的第一个阶段,家庭是人与社会接触的重要媒介,一个人身上的烙印主要来自家庭,家庭对一个人的影响最大、最重要。

回望历史,放眼世界,婚姻家庭中男女性别不平等。从古罗马的《十二铜表法》到中国《唐律》再到中东《汉谟拉比法典》,所有法典都有很多歧视女性的规定。《十二铜表法》规定"妇女终身受监护",后来西方民法典的开山之作《法国民法典》虽倡导平等、自由、博爱,但法典中夫妻是不平等的。"夫保护妻子,妻子顺从丈夫""夫得以妻子与他人通奸为由诉诸离婚""妻得以夫通奸且于其婚姻住所姘居"为由起诉离婚。就是典型的男女在离婚事由上的不平等。现在有人认为打老婆天经地义,中国《唐律》中就规定:"夫殴妻,减凡三等"以上不合理的规定,指导二战后才被删除、改变。

新中国成立后,1950 年婚姻法,是一部反封建的婚姻法,一部妇女解放法,倡导婚姻自由,男女平等、一夫一妻等,为新中国婚姻家庭制度的基本原则奠定了两性关系的基本标准。婚姻法对妇女权益保护起着决定作用。毛泽东说:"时代不同了,男女都一样，妇女也能顶半边天。”毛泽东对中国1950年婚姻法的评价是：“婚姻法是一部关系于千家万户，男女老少，地位仅次于宪法的一部根本大法。”

1950年《婚姻法》实现了妇女从家庭到社会的解放，开启了妇女走向社会的大门，有利于当时社会生产的发展。因为当时新中国刚刚成立，百业待兴，需要通过解放妇女来解放和发展社会生产力。“时代不同了，男女都一样”，男子能做的，妇女也能做，号召女人做男人的事，但并未号召男人去做女人做的事，这是1950年婚姻法的不足。因此1980年的《婚姻法》应当补充上面的不足。但1950年改革开放刚刚起步，当时的政治口号是“拨乱反正”，人们在认识上存在误区，认为过去的制度就是好的，应该回头，所以1980年《婚姻法》是对1950年《婚姻法》的再重申和再强调，未增加进步的内容，这直接导致1980年《婚姻法》存在诸多不足，从它一制定就意味着将有很多问题不能适应现实生活的需要。

2001年《婚姻法》的修订，从内容上进步了许多，更加务实，针对现实生活中婚姻家庭的诸多问题进行了积极的规制和干预。20多年的改革开放和经济的发展，不仅增加了人们的家庭财富，也冲击了人们的婚姻家庭行为，婚姻家庭内部出现了大量违反道德伦理的不良行为，这就为《婚姻法》的完善提出了要求。修订后的《婚姻法》在第4条规定了“夫妻应当相互忠实……”的内容，“男女平等，一夫一妻、婚姻自由，保护妇女儿童权益”等原则得到再强调。但这依然不能改变婚姻家庭内生的几个错误趋向。第一是极端个人主义严重：婚姻中的当事人只强调个人权利和自由，只追求个人享乐，却给家庭带来灾难，如夫妻反目，父子绝交等情形就是典型体现。第二是财产关系反客为主。婚姻关系包括人身关系和财产关系，人身关系是基础，财产关系是附属，是由人身关系决定的。但现实生活中二者的关系被颠倒了，男女择偶的标准是“白富美”“高富帅”，“富”字当头，结婚为了钱，离婚为钱打得不可开交，这种现象严重破坏了婚姻家庭的和谐，使男女 不平等遇到更大的障碍。原因主要在于：婚姻当事人(以男性居多)道德沦陷，责任感缺失，纵欲无度，自私自利，各种出轨行为泛滥成灾；片面追求财产，婚姻被财产捆绑，“宁可坐在宝马中哭，不愿坐在自行车上笑”，女性心甘情愿做了金钱的奴隶。女性商品化现象严重，男女地位更加不平等，一夫一妻被颠覆，男女关系出现了历史的倒退。

面对婚姻家庭产生的诸多问题，我国现行《婚姻法》所存在不足也日趋明显，比如，对夫妻忠实义务的规范有待加强，离婚损害赔偿制度有待完善，离婚制度太宽松，市场经济法则冲击到婚姻家庭内部等等。因此，在我国正制订《民法典》的重要时机，《婚姻法》的修改完善正当其时。男女平等是在家庭内部处理好夫妻关系的核心所在。男女平等，家庭才能和睦文明。而性别平等的任务却相当漫长，从全世界的发展趋势来看，男女平等的实现具有必然性。

(二)观念原因

旧的错误观念影响着男女平等的实现。社会上还存在比较严重的“重男轻女”的思想。女性自身对自己地位的定位还比较落后。比如，有相当一部分女性认为“干得好不如嫁得好”“做好家务才是女性的本分”“女性应当以家庭为重，男性应当以事业为重”。这种陈旧的观念已经与现实脱节。因为随着科技进步，特别是信息时代的到来，女性在职场上的发展潜力丝毫不弱于男性，女性必须提高自己在家庭中的经济地位才能从根本上改变这种男女不平等的现状，所谓“经济基础决定上层建筑”，女性经济地位的低下在某种程度上是由女性的错误观念影响的结果。而社会上也广泛存在着对女性的歧视。比如，女性达到30岁，高收入、高学历、未出嫁就被称为“剩女”，这是对女性社会价值的贬低。而男性收入高、未婚，岁数再高却被称为“钻石王老五”。“女博士”被称为“第三种性别”，事业心强的女性被冠以“女强人”或者“女汉子”。很多女性以“美女”为头衔来找工作，以突出自己的相貌优势，态度“轻慢”，让人不舒服。在这个“看脸”的时代，“女性商品化”现象日趋严重，这无疑大大加大了实现男女平等的难度。

社会对女性的偏见与女性自身对自己角色定位失误，将严重影响到女性的觉醒与发展。现在社会离婚率很高，原因很多，其中一个原因就在于女性在家庭和社会中地位较低，女性没有被尊重，女性的社会价值没有充分显现。以“出轨”这一现象为例，其在某种程度上是因为女性在家庭中的经济能力较低，不被男性尊重，而社会上又有太多有依附心理的女性出现，所以在内外两种因素的驱使下，给了那些家庭责任较轻的男性以“出轨”的可乘之机，并近而影响到婚姻家庭的稳定。

四、男女平等是国家、社会与家庭的明智之选

（一）性别平等是企业发展的明智之选

对于企业来说，女性是重要的人力资源，女性人才关系到企业的竞争能力。有研究表明：在全球五百强的215个企业中，女性参与高管，企业利润提高20%到70%，女性在商品开发，客户服务，营销沟通等各个方面更有优势，提高女性高管比例，更有利于公司内部治理，企业更加包容、开放，企业的创新活力更足，企业的社会责任感及利润水平更高。

（二）性别平等是社会和谐、家庭和睦的明智之选

社会是由男人与女人两种性别构成的。在对女性进行歧视时，男性同时会遭受更大的压力。男女结婚，男方会被丈母娘要求买“婚房”，对于北上广这样的大城市来说，高额的房价是年轻的新郎官所承受不起的。男人为了买房买车，在职场上拼命，压力山大。男人因为打拼事业的压力，没有时间享受天伦之乐，跟妻子孩子缺乏交流，这不仅是家庭的缺憾，也是男性自身的缺憾。

终于男人们开始觉醒了，这才有了《爸爸去哪儿》一系列亲子节目的火爆。今天的人们可以这样说“你连陪孩子的时间都没有，你算哪门子成功?”，而社会研究也发现，让男人与女人一起休产假比单独延长女性的产假更能维护女性在就业方面的平等权利。

（三）实现男女平等的关键是消除落后的性别“观念”

杨澜说，男性与女性的权利都是人权，是相互依存的。女性的敌人不是男性，而是歧视女性的观念与制度；性别平等不是女人与男人做同样的工作，而是尊重性别差异，保障每个人的自由选择权和平等发展权。传统观念对男女的角色定位是“男主外，女主内”，这种观念必须改变。当女性没有自己的事业，没有经济独立做后盾时，女性在家庭中的地位是很难保证的。笔者认为，现代社会男女两性在社会中和家庭中角色在开始悄悄发生变化，男女两性的角色开始趋同，女性不仅要“下得了厨房，还得上得了厅堂”，一个全面发展的女性才会真正顶得起“半边天”，才能与男性平起平坐。当然，男性也必须转变观念，对家庭尽到和女性共同的责任与义务，这样才能消除女性拼事业的后顾之忧。实践证明如果一个男性对家庭尽职尽责，这样的家庭夫妻感情更加和睦，对子女的健康成长更有利。同时兼顾家庭与事业不仅应当成为女性的梦想，也应当是男性的追求。如此，男女两性在家庭中才能更加趋于平等。

追求性别平等不应当仅是女生讨论的问题，更应该成为全社会的话题。只有让男人与女人在家庭、职场和社会上成为真正的伙伴，而不是对手，性别平等才有可能实现。性别平等既然是全社会的事情，男性的声音和行动就比较重要。男女平等的实现是自进入近代以来，全球各个国家共同努力的目标，这个目标的实现有利于全球每一个家庭的福祉，需要全社会的共同探索和努力。

论未来民法典中婚姻家庭制度立法的基本问题

当前,启动民法典的制定是中国法治发展进程中最具有里程碑意义的重大事件。婚姻家庭制度是民法典分则中的重要一编,研究其制度的完善问题恰逢其时,具有重要的理论意义与现实意义。

一、立法名称、调整范围之探讨

根据全国人大的立法规划,我国要在2020年完成民法典的制定,2017年3月《民法总则》已经制定完成,接下来就是制定民法典的各编。目前,学界对于其中的五编:物权法、合同法、侵权责任法、婚姻家庭法、继承法是没有争议的。而对于人格权法及知识产权法是否入典还在争议中。那么婚姻家庭法这一编的立法名称,理论上有过争议。因为以《德国民法典》为代表的大陆法系多采纳"亲属法"这一名称,我国有个别学者从学理也坚持"亲属法"这一称谓。但多数学者还是认同"婚姻家庭法"这一概念,一方面它符合我国的立法传统,另一方面,英美法系国家多采用这一名称,从调整对象这个角度,"婚姻家庭法"的立法名称更能体现法律的立法内容,更准确。

我国现行《婚姻法》从立法内容上是名不副实的,因为它除了以调整婚姻关系为主以外,还次要地调整其他家庭成员之间的关系,具体包括父母子女关系、祖孙关系和兄弟姐妹关系。当然,《婚姻法》并未囊括所有的家庭关系,比如:基于收养而产生的养父母与养子女的关系,由另一部法律《收养法》规定的。现在我们要制定民法典,作为其中一编的"婚姻家庭法"从内容上要规定什么?要不要规定收养法?从严格意义上,收养也产生父母子女关系和其他家庭成员关系，那么收养制度也应当规定在未来的民法典中。我国现行《收养法》只有34条，规定该制度不会影响法律的形式完美。同时，从国际立法例上，《法国民法典》中未设“婚姻家庭法”专章，但其在“人法”中规定了结婚、离婚、父母子女、收养、亲权、监护等制度。以此为鉴，我国未来民法典中也可以考虑把《收养法》制度收纳进来。

另外，学者还有争议的一个问题，就是同居关系是否应当规定在未来的民法典中？这里的同居关系是指男女双方以终身共同生活为目的生活在一起，只是未领取结婚证。这种同居关系包括具有婚意的同居，还包括未有婚意的同居，前者中的当事人因为客观原因未领结婚证，后者指双方当事人以同居关系取代婚姻关系。此处的同居关系不包括有配偶者与他人同居的非法同居行为。随着人们婚姻家庭观念的开放，有一些年轻人选择不婚，同居关系由于少了现有婚姻法的约束，比较自由，也比较松散，成为一些年轻人的生活选择。同居关系也产生家庭，从理论上也应当属于婚姻家庭关系的范畴，应当由婚姻家庭法来调整。但是，在当下社会条件下，笔者认为，民法典中的婚姻家庭法编不宜正面规范同居关系。主要是避免对人们在结婚选择上产生误导，因为婚姻依然是人类迄今为止发现的最好的两性关系模式，婚姻家庭法只规范和保护婚姻关系，既符合中国几千年的婚姻伦理传统，也有利于以婚姻的稳定为社会的稳定奠定基础。

二、立法理念应当符合身份法的特征

婚姻家庭法以婚姻家庭关系为调整对象，婚姻家庭关系的自身属性决定了婚姻家庭法具有以下特征：婚姻家庭法在适用上具有极大的广泛性；在内容上具有鲜明的伦理性；在规定上多为强制性规范。[①] 其中鲜明的伦理性是婚姻家庭法区别于其他民事法

① 马忆南．婚姻家庭继承法学[M]．北京：北京大学出版社，2011，第30—31页．

律制度最突出的特征。婚姻家庭法从立法理念上最应当符合该特征。

(一)立法理念应当体现婚姻的伦理性

婚姻家庭法属于身份法,不同于民法典中的其他各编:合同法,物权法、侵权责任法、继承法等属于财产法。婚姻法调整的社会关系包括人身关系和财产关系,其中人身关系具有主导性,人身关系决定财产关系。因为婚姻家庭中一切财产关系的产生、变化根源于特定身份的产生和变化。婚姻法规范的是亲人之间的法律关系,而亲人之间人际关系的核心在于伦理亲情。因此,在婚姻家庭法的立法中,应该处理好情与理的关系。陈彤在《离婚律师》中说:“婚姻法只保护财产不保护感情”,这句话是错误的。准确地讲,婚姻法不规范人的感情,所有的法律都不可能去规范人的感情,因为感情属于主观意志的范畴,理性难于控制,法律更无法去约束。但婚姻法肯定是保护感情的,在现行婚姻法中这种保护主要体现在:其一,在诉讼离婚的标准中,必须存在感情破裂,如果夫妻感情没有破裂,婚姻的基础还在,法院不能判决离婚。其二,在离婚的后果中,如果一方有法定的严重过错,要给无过错方进行赔偿,另外,有过错的一方应该少分财产。但是,就目前婚姻法的现有规定来看,笔者认为,其对夫妻伦理亲情的保护是不够的。比如说,在离婚财产分割时,没有考虑婚姻的存续期限的长短,俗话说“一日夫妻百日恩,百日夫妻似海深”,婚姻存续期限越长,在财产分割时,应当财产较少的一方进行倾斜性地更多保护。再比如说,夫妻之间的赠与,多包含有感情因素,具有很强的道德成分,因此,不能参照合同法上的一般的赠与,由赠与人随意地行使撤销权。

(二)婚姻家庭法立法理念不同于财产法

坚持婚姻的伦理性,就必须处理好《婚姻法》与《物权法》、《合同法》的有关系。《物权法》、《合同法》均属于财产法,前者坚持的是物权神圣原则，后者体现的是等价有偿原则，二者都同时保护交易安全。而事实上交易安全与婚姻家庭权益的保护会发生冲突。比如说，婚姻法司法解释（三）第 11 条规定了夫妻一方擅自卖房发生善意取得的法律效力。该条体现了对物权公示效力及交易安全的保护。司法实践中在操作时，一般认为，只要夫妻一方擅自卖房时，房本上的权利主体就是法定的房屋所有权人，而忽视了婚姻法中我国的法定夫妻财产制所体现的婚后所得一般为共同财产的规定。这其实就会产生《物权法》与《婚姻法》的冲突。从而导致因为"善意"的认定太不严格而损害了夫妻另一方的权益。对此，未来婚姻家庭法应当将《物权法》与《婚姻法》的内容协调起来，严格"善意"的认定标准。

另外，我国《合同法》第 2 条第 2 款规定："婚姻、收养、监护等有关身份关系的协议适用其他法律的规定"，非常好地体现婚姻家庭领域合同的特殊性，那就是家庭领域的合同包含了很多感情的成分，不能照搬《合同法》。比如，婚姻家庭领域中，夫妻一方将家庭共有财产赠与"小三"时，这种赠与因违反了善良风俗，应当认定为无效。《民法总则》第八条规定："民事主体从事民事活动，不得违反法律，不得违背公序良俗。"该条文对于解决婚姻家庭中的许多法律难题大有裨益。

三、立法原则应当体现继承性与发展性

我国现行《婚姻法》有六大原则：婚姻自由，一夫一妻，男女平等，保护妇女、儿童、老人合法权益，实行计划生育，家庭和睦等。以上六原则，未来婚姻法修改时应当继续坚持，并相应的分则上的制度要具体完善。

婚姻自由包括结婚自由和离婚自由，总体上，我国的婚姻自由度还是相当高的，甚至这种自由度有演化成"自由主义"的倾向。我国自 2003 年修订《婚姻登记条例》以来，离婚率连续 14 年不断攀升，这和登记离婚制度的过分宽松有很大关系。由于登记

离婚的标准不同于诉讼离婚，民政部门不必审查夫妻双方是否感情破裂，只要双方有离婚协议书即可，而离婚协议书的有效件及法律效力现有立法缺乏明确规定，而且离婚程序上属于“当场申请，当场办理”，这导致在现实生活中有很多当事人属于冲动性的离婚，这种婚姻从本质上完全是可以被挽救的。再加上，近年来，有些当事人为规避国家的卖房限购政策，纷纷假离婚，民政部门对此“见怪不怪”，为其大开方便之门。这也纵容离婚率的上升，极大地影响了婚姻的严肃性，使很多缺乏真实离婚合意的婚姻“假离婚”演化成了“真离婚”。这些都是我国现行登记离婚的不足导致的，看似是为了保护“离婚自由”，事后变成了离婚自由主义，影响了婚姻的稳定与和谐。因此，笔者认为，未来婚姻法对于离婚行为，应当在现有的立法基础上，增加适当的限制。

一夫一妻原则，是现代婚姻制度的核心原则所在。婚姻只能是一个男人和一个女人组成的两性关系。人类几千年的发展历史表明，一夫一妻的婚姻制度是迄今为止人类发现的最好的两性生活模式。近年来，随着国外越来越多的国家承认同性婚合法化，加上我国同性恋人数的上升，有数据表明我国13亿的人口总数中，同性恋的比率是3%～5%，从保护同性爱者基本权利和维护社会稳定及全民健康的角度，有学者提出在我国立法中应当规定同性婚合法化。[①] 如果同性婚合法化，将导致一夫一妻原则被彻底颠覆。笔者认为，当前提同性婚合法太超前，一方面，它属于小概率事件，没有立法承认的必要；另一方面，同性婚不能生育，与传统婚姻伦理观强烈冲突。其合法化将会误导到人们，从而使人们的行为偏离一夫一妻的正常轨道，从而产生一系列的社会问题，并严重影响传统婚姻家庭社会“养老育幼”职能的发挥。

男女平等原则应当细化。我国《婚姻法》第15条规定：“夫妻双方都有参加生产、工作、学习和社会活动的自由，一方不得对他方以限制或干涉。”该条由1950年《婚姻法》第9条“夫妻双方均

---

① 李银河．关于同性婚姻的提案[EB/OL]．李银河微信公众号，2017－5－25．

有选择职业、参加工作和参加社会活动的自由”演化而来。《婚姻法》是新中国成立以后制定的首部法律，毛泽东在立法时讲道：“时代不同了，男女都一样，妇女也能顶半边天”，当时中国首先制定婚姻法有一个很重要的原因就是解放妇女，让妇女投入社会生活中去。从首部婚姻法到现在，60 年过去了，女性在社会的各个方面发挥了重要作用，女性的社会地位有了较大提高，女性的经济独立在逐步得到实现。当下的女性一方面承受着紧张的工作压力，另一方面还要承担繁重的家务劳动，又要为子女教育处心积虑。面对“婚姻出轨”热潮，女性们还要守护着风险重重的婚姻危机。可以说当下女性肩负着工作、身体、精神的三重压力。再加上国家全面二胎政策的出台，女性还要面临工作与生育两难的艰难选择。所以，婚姻法应该给女性解压，强化对女性权益的保护。婚姻法中的男女平等指的是男女在家庭中的地位平等，在家庭中的人格平等和经济地位的平等。1950 年的首部《婚姻法》给了女性出门工作的自由，但是却没有呼吁男性摒弃“大男子主义”回归家庭来分担女性所承受的繁重的家务劳动。60 年过去了，社会的教育观念逐渐趋于理性，人们更加认识到在家庭中爸爸的作用是全能妈妈所不能替代的，而男性所面临的社会工作压力也需要家庭的回归来得到消解。所以，从家庭和睦、子女成长、男女两性的平等等多个角度，笔者认为应当将《婚姻法》第 13 条“夫妻在家庭中地位平等”中增加一句内容“夫妻应当平等地履行家务劳动”。因为家庭地位的平等是男女两性平等的基础。

保护妇女、儿童、老人合法权益原则。妇女、儿童、老人是社会中的弱势群体，国家立法有义务进行倾斜性的保护，在家庭中的特殊保护是必然要求。然而残疾公民也是弱者，也需要给予特殊保护，在妇女权益保障法、老年人权益保障法以及未成年人保护法中均有相关的保护其在婚姻家庭中的合法权益的规定，唯独在残疾人保障法中未对残疾公民在婚姻家庭中的合法权益如何保护作出规定。因此，未来婚姻家庭制度应弥补这一缺陷，使残疾公民在婚姻家庭中的合法权益得到特殊保护。

实行计划生育原则应当继续坚持。计划生育是我国长期的一个基本国策,当前这一基本原则不能动摇。因为我国的人口基数还很大,虽然国民的生育观念较以前有所降低,但整体上,如果一下取消计划生育政策,人口总数会有一个大幅度反弹,还会产生新的经济和社会问题。我国人口结构虽然需要完善,只需要对计划生育的内容进行具体有针对性的调整即可。比如,新修订的《人口计划生育法》删除了"鼓励晚婚晚育"的规定,而婚姻法第6条"晚婚晚育应予鼓励"的规定,很显然已经与国家当前的计划政策导向在冲突,未来对此内容应当修正。

家庭和睦原则应当完善。该原则是由《婚姻法》第4条规定的:"夫妻应当相互忠实,互相尊重;家庭成员间应当敬老爱幼,互相帮助,维护平等、和睦、文明的婚姻家庭关系。"该条体现了《婚姻法》的立法宗旨,也体现了对婚姻家庭伦理亲情的保护,使婚姻家庭伦理道德直接上升为立法条文。但笔者认为,应当再增加一层含义就是"稳定"。因为家庭稳定是社会稳定的基石,家庭稳定是家庭和睦、文明的终极目的。

《婚姻法》作为新中国成立以后制定的首部法律,是中国目前的法律体系中资格最老的法律。自2001年修改《婚姻法》以来,中国的经济、社会、文化等发生了重大的变化,原有的规定内容不够全面,有的规定已经不能适应现实的需要。再加上最高院出台的《婚姻法》的三个司法解释有很多相冲突的地方,某些规定偏离了《婚姻法》作为身份法的特性,由此,对人们的婚姻家庭观念产生了一些误导,因此,有必要在制定《民法典》之机,进行及时的修改完善。

论计划生育政策的变化对未来我国婚姻家庭法的影响

2015年10月，中国共产党第十八届中央委员会第五次全体会议公报指出：坚持计划生育基本国策，积极开展应对人口老龄化行动，全面实施二胎政策。这一政策的颁布，对于中国社会具有划时代的意义，是中国实施了40多年的计划生育政策在新时期的新举措。法律法规方面，随着新政策的推出，《人口计划生育法》中的一些相关的制度也跟随全面放开二胎做出了相应的改变。

民众对于二胎政策的了解和支持是推进此政策实施过程中的重要因素。正值2015年10月全面放开二胎政策推行的新鲜期，关于“二胎政策对婚姻家庭法的影响”这一课题的研究时不我待。它不仅可以使普通民众更好地理解二胎政策与婚姻家庭的联系，也可以为将来我国《婚姻法》的立法及现有法条的修正有启发和指导的作用。这会让人们理解二胎政策会给普通民众的家庭生活带来什么样的影响与改变，自己能够行使的权利和需要承担的义务有哪些，从而使他们更好地融入法治生活。

一、我国计划生育政策的制度变迁

（一）计划生育是我国的基本国策

1. 计划生育的概念

在中国，计划生育一词最早出现在1971年由国务院下发的《关于做好计划生育工作的报告》中。计划生育的主要内容是：提倡晚婚、晚育，少生、优生，从而有计划地控制人口。计划生育政策作为中国的一项基本国策，在四十多年的时间里对中国社会产生了巨大的影响，对于中国的人口过多及人口发展问题都起到了很大的改善作用。

中国并不是世界上唯一和最早推行计划生育政策的国家。早在1951年，印度便开始推行其计划生育政策，它是世界上第一个推行计划生育政策的国家。到了1976年，在印度的马特拉施特邦通过了《限制家庭规模法》。到了1977年，印度政府又在全国范围内宣扬反对实施强制性的生育政策。美国也推行过关于世界人口数量的控制计划。20世纪七八十年代，人口问题已经成为了世界性的问题。“1965年，美国的长老会最早号召直面这个问题。‘美国政府要准备随时协助需要自愿计划生育的国家，用实用和人性化的手段来控制生育和人口增长。’于是长老教会在1972年呼吁各国政府‘采取行动来稳定人口规模’[①]。”除了印度和美国，世界上还有一些其他的国家也实施过计划生育政策。例如，1974年墨西哥颁布《普通人口法》，1983年，土耳其颁布《人口计划法》，1986年，秘鲁也颁布了《全国人口政策法》，1992年，印尼颁布《人口发展与幸福家庭法》。

2. 产生变化的过程

新中国成立后，我国经济恢复，社会安定，人民生活改善，人口死亡率尤其是婴儿死亡率大幅下降，人均预期寿命延长，人口快速增长。我国大陆总人口从5.4亿迅速增加到1970年的8.3亿，1980年的9.9亿，1981年达10.01亿，年均自然增长率高达20‰，广大人民群众在衣食住行、就学就医就业等方面的困难日益突出。20世纪70年代，为应对人口过快增长给国家发展、人民生活、资源环境带来的巨大压力，满足城乡群众对节育的现实需求，我国开始在城乡全面推行计划生育。

① 梁慧．美国世界人口控制政策的缘起(1969—1975)[D]．华东师范大学，2012.

关于计划生育政策的演变过程，是从1957年《人民日报》上刊登的一篇由马寅初写的《新人口论》开始的，说明从那时起，中国的一些学者就已经开始思考有关人口发展的问题了，是很有先见之明的。后来到了1963年10月，国务院召开了全国第二次城市工作会议，提出了在全国各地设立专门做计划生育服务与指导部门的设想。在这次会议之后，中国各省市陆续设立了“计划生育委员会”这个机构，为日后我国计划生育工作的顺利进行提供了很好的平台。1971年，国务院下发了一份《关于做好计划生育工作的报告》，它成为中国计划生育事业真正的开始，意味着计划生育政策从此成为我国国家计划的一部分。1980年，“计划生育”正式成为我国基本国策之一，并在1982年12月4日写入新修改的宪法。

进入21世纪，新的社会现实给计划生育政策提出了新的改革意见。2011年11月25日，随着最后一个实行“双独”政策的河南省文件的下发，中国在全国范围内实施夫妻双方都为独生子女可以生育二胎的政策。2013年11月15日，中共中央第十八届三中全会又进一步提出了“单独二胎”政策。最终，在2015年10月10日党的十八届五中全会上决定实施“全面二胎”政策。

3. 实行计划生育政策的原因

实行计划生育，是从我国社会主义初级阶段的基本国情出发从而制定的一项基本国策。我国是世界上人口最多的国家。人口呈现以下的特点：人口基数大，新增人口多，人口素质偏低，人口分布不平衡以及男女性别比例失调等。人口过多和过快增长，直接影响我国经济的发展和人民生活水平的提高。同时，人口问题也是一个国家发展的问题。所以，采取计划生育政策，无疑对中国的发展是有利的。就现在而言，二胎政策的出现并不意味着计划生育政策在中国退出历史舞台，相反，二胎政策在一定意义上是我国在新时期、应对新局面而采取的新计划生育政策的具体化措施。

（二）二胎政策的制定演化过程

1. 双独二胎政策

由于长期的“一胎化”政策，我国人口问题最突出的几个方面在于：男女出生性别比极度不平衡，人口老龄化严重，独生子女家庭中父母“失独”风险加大以及国家处于劳动年龄人口的匮乏。这些问题都成了制约中国社会经济发展和进步的障碍。所以，2011 年，中国政府推出了“双独二胎”政策，期望能对中国人口出生率上升以及人口结构的改善带来推动作用。

从全国实施“双独二胎”政策的先后顺序来看，山东、四川等 27 个省、市和区在 19 世纪末便率先成为实施此政策的领头羊。河南作为中国的人口大省之一，“双独二胎”政策的推行经历了一个漫长的准备和磨合的过程。终于，在 2011 年 11 月 25 日，河南省第十一届人民代表大会常务委员会第二十四次会议上表决通过了河南省人民代表大会常务委员会关于修改《河南省人口与计划生育条例》的决定。这意味着自 1985 年浙江省放开“双独二胎”以来，这项政策经历 26 年之久，终于在全中国范围内实现了覆盖。

然而，“双独政策”实施近两年的时间内，中国新增人口数量完全没有达到预期。拿河南省作为例子，全省每年将多出生 1.8 万人的预期被两年内仅有 600 多个家庭选择生育二胎的现实所打败。所以说，生育政策在普通民众中的推进与实施，仍然任重而道远。经过一段时间的准备和筹划，在 2013 年 11 月 15 日举行的中共十八届三中全会上宣布了实施“单独二胎”政策的计划。这标志着，我国可以生育二胎的限制再一次放宽了。

2. 单独二胎政策

2013 年 11 月 15 日，中共十八届三中全会决定启动实施“单独二胎”政策，会上提出，“坚持计划生育的基本国策，启动实施一方是独生子女的夫妇可生育两个孩子的政策”。随后,关于调整完善生育政策的决议由十二届全国人大常委会第六次会议表决通过,“单独二胎”政策正式实施。

单独二胎,即允许一方是独生子女的夫妇生育两个孩子。比较在2011年全面放开的“双独二胎”政策,夫妻可以生育第二个孩子的条件放得更宽了。但是,经过一年的时间,单独二胎的实施效果要远逊于预期。

在政策正式颁布以前,经有关机构预测,中国每年的新增人口数将达到100万到200万。而在2014年,也就是单独二胎政策实施一年之后,我国实际的出生人口数仅为1687万人,只比2013年新增了47万人。这样的现实与预测数据之间的巨大落差使得单独二胎政策的实施效果并没有达到预期。总的来看,中国的家庭不愿生育二胎的主要原因集中在:(1)家庭的育幼成本越来越高,负担不起。(2)生育二胎对于女性的职业安全、职业晋升和发展都很不利。虽然,人们生育二胎的积极性不高,但是,人口老龄化问题已经成为威胁中国社会顺利发展的重要问题,中国政府还是要进一步放开对于生育二胎的限制,去刺激人们的生育意愿,以达到增加中国社会人口数量的目的。所以,在2015年10月中国共产党第十八届中央委员会第五次全体会议公报上,关于全面实施一对夫妇可以生育两个孩子的政策提议应运而生。

3. 全面二胎政策

全面二胎政策,顾名思义就是任何夫妻都可以在法律允许的范围内生育第二个孩子。2015年10月,中国共产党第十八届中央委员会第五次全体会议公报上指出“促进人口均衡发展,坚持计划生育的基本国策,完善人口发展战略,全面实施一对夫妇可生育两个孩子政策,积极开展应对人口老龄化行动。”这是对人口和计划生育政策的一次重大调整,具有里程碑意义,为新时期人口和计划生育改革与发展指明了方向。

就我国目前的人口发展状况来看,人口出生率下降趋势十分明显，人口老龄化趋势愈发严重。一个缺乏新生力量的社会，经济发展能力和创新能力都会减弱，十分不利于我国处于国家地位上升期和国家发展关键期的社会现实。同时，老年人数量占人口比重逐年上升，家庭中的人口规模却趋于小型化，那么，家庭和社会需要在养老上投入的精力和金钱比重就会更大。从长远角度来看，这不是一个国家健康发展过程中应该具有的势头。

即便我国在推行“双独二胎”和“单独二胎”的过程中遇冷，但是，我们要有坚定的信心。计划生育“只生一胎”的政策在中国实施了40多年之久，对中国民众的生产生活观念都产生了深刻的影响。同时，在当代，女性对学历和工作的追求也体现在生育观的变化上。综合以上的原因，全面二胎生育政策的推行绝不是一蹴而就的，需要政府在合理的引导和完善计划生育服务管理工作的过程中逐步推行。人口的发展对无论是个人还是国家都有很大的意义，作为公民自身，我们也要树立现实与长远相结合考虑的生育观，为国家的人口发展蓝图贡献自己力所能及的力量。

（三）全面放开二胎与计划生育政策不矛盾

1. 二胎政策是我国计划生育政策的具体化

2013年，党的十八届三中全会作出了“坚持计划生育的基本国策，启动实施一方是独生子女的夫妇可生育两个孩子的政策，逐步调整完善生育政策，促进人口长期均衡发展”的决策部署。2015年，党的十八届五中全会作出了“促进人口均衡发展。坚持计划生育的基本国策，完善人口发展战略。全面实施一对夫妇可生育两个孩子政策”的总体部署。从这不断推进的政策可以看出，虽然我国对于生育二胎人员的标准正在渐渐放宽。但是，二胎政策仍然是新时代我国计划生育政策的一个部分。也就是说，全面放开二胎并不代表在中国实施了四十多年的计划生育政策退出历史舞台，而是说明新的时期计划生育政策有了相应的新的变化。全面放开二胎是对人口和计划生育政策的一次重大调整，具有里程碑意义，为新时期人口和计划生育改革与发展指明了方向。

2. 二胎政策对我国《人口与计划生育法》的影响

我国的《人口与计划生育法》于2002年正式实施，其中第18条规定，“国家稳定现行生育政策，鼓励公民晚婚晚育，提倡一对夫妻生育一个子女；符合法律、法规规定条件的，可以要求安排生育第二个子女。具体办法由省、自治区、直辖市人民代表大会或者其常务委员会规定。”按照五中全会公报提出的“一对夫妇可生育两个孩子”，上述规定将进行修订，“提倡一对夫妻生育一个子女”将被删除。在2015年12月27日中华人民共和国第十二届全国人民代表大会常务委员会第十八次会议上通过的新《人口与计划生育法》中，原来的第十八条修改为新的第十八条，即“国家提倡一对夫妻生育两个子女。符合法律、法规规定条件的，可以要求安排再生育子女。具体办法由省、自治区、直辖市人民代表大会或者其常务委员会规定”。这也意味着，在中国实施了36年的独生子女政策将从此退出历史舞台。

除了夫妻在生育二胎的权利上得到充分的保障以外，新旧《人口与计划生育法》的不同还体现在：①国家提倡二胎成为单独条款；②生一胎和生二胎均可获延长生育假；③失独家庭将继续获扶助；④《独生子女父母光荣证》不消失；⑤“禁止代孕”条款被删除。

二、全面二胎政策的出台对婚姻家庭产生的影响

（一）积极影响

1. 家庭的养老压力减轻

据数字显示，从1999年起，我国已经进入人口老龄化的状态。到2010年人口普查的数据显示，65岁以上的人口占到中国

总人口的8.87%。再到2015年,我国进入了人口老龄化迅速发展时期,预计到2030年,中国的人口老龄化程度将超过日本。然而,在中国的传统习俗中,一个家庭的老人若是无人赡养或是被送进敬老院,儿孙的颜面就会扫地,因为那是不孝的表现。所以,在中国,无论家庭中有几个老人,都是由夫妻双方亲自赡养,养老的压力可见一斑。

在我国颁布二胎政策之前,一个家庭的养老负担几乎全部落在一对夫妻的身上,这样的状况不仅对一个家庭来说是极为窘迫的,更不利于整个社会的进步和发展。在这样严峻的社会现实背景下,中国政府于2015年10月10日在党的十八届五中全会上推出了全面放开二胎的提议。二胎政策颁布之后,我国原有的"4－2－1"家庭模式正在逐渐向"4－2－2"这样的模式转变。所谓"4－2－1"就是,一对夫妻承担抚养双方四位老人和一个年幼孩子的压力。当转变成"4－2－2"模式之后,可以由这对夫妻已经长大成人的两个孩子和父母一起分担赡养家中四位老人的职责。这样的模式在很大程度上减轻了处在"上有四老""下有一小"的中年夫妻身上的重担,也就相对减轻了社会和政府在养老问题上投入的时间、金钱和精力。从微观的方面来看,一个家庭内部赡养老人的功能更强了,家庭也更和谐了。从宏观的方面来看,是全面二胎的政策让整个社会的机能得到最大化的发展和运用,社会也将更加和谐。

2. 夫妻"失独"风险减小

失独家庭,是中国实行计划生育之后的一个独特的产物。失独,是指一对夫妻的独生子女因为意外亡故,他们的养老送终问题得不到解决这样一个社会问题。一对夫妇,响应政府"只生一个好"的号召。一旦家中唯一的孩子因意外亡故,夫妻两人的生活便全部崩塌了。除了接受身心上的打击,还要考虑自己在年老之后的养老送终问题。实际上,在中国未放开二胎之前,失独家庭是中国社会上一个很严肃、亟待解决却又让人唏嘘不已的问题。因为，那些经历过80年代一胎限制的夫妻们，也早已失去了补偿生育的机会。

失独家庭背后的本质是独生子女政策。独生子女家庭在本质上就是高风险的家庭，面临着“失独”的风险。因此，实施“全面二胎政策”，可以有效地避免大量的非自愿只生一个孩子的家庭的出现，因此能够极大地减少因政策导致的独生子女生育给家庭发展带来的风险与脆弱性，从而相应地减小“失独家庭”出现的几率，增强家庭的稳定性和抵御风险的能力，强化家庭养老的功能[①]。

3. 家庭人际关系发生变化

家庭人际关系和谐与否在很大程度上能说明一个家庭的基本功能实现程度的好坏。在过去40多年受到计划生育“只生一孩”政策的监督，家庭的人际关系正在向逐渐简化的方向发展。我们常说的“三口之家”，就是夫妻二人和一个小孩。这样的家庭模式看起来很利于管理，其实上削弱了一个家庭最基本的尊老、爱幼等传统的功能。

但是，全面二胎政策颁布以后，家庭的人际关系将会发生一系列可喜的变化。具体表现在：(1)人际关系相对复杂化，家庭的稳定性得到巩固。在计划生育期间，普通家庭的模式是“4－2－1”，这样简单的家庭模式不仅会增加中年夫妻对家庭的赡养义务，也不利于家庭环境的和谐。在颁布了二胎政策以后，家庭模式可能会由“4－2－1”向“4－2－2”发生转变，家庭结构从倒三角到倒梯形的转变，在很大程度上能充分发挥一个家庭内部的和谐、团结的因子，对于整个社会的进步和发展也有极大的推动作用。(2)父母子女之间的“代沟”缩小。因为计划生育政策中的“晚婚晚育”导致很多女性第一次结婚和初次生孩子的时间都大大地向后推迟了。这样，便出现了很多家庭中父母子女之间的“代沟”，以及

---

① 宋全成，文庆英．我国单独二胎人口政策实施的意义、现状与问题[J]．南通大学学报，2015(01)．

孙子孙女和祖父祖母之间的隔阂。代际间隔太长，导致原来中国社会传统的子孙绕膝、尊长爱幼的风气逐渐弱化。弱化的同时，一个家庭的目光会很多地关注幼儿而不是老人，从而也会引发独生子女娇惯溺爱的问题。当全面二胎政策颁布以后，年轻的男女不必再遵从“晚婚晚育”的政策，他们可以在法律允许的范围内稍早一些结婚和生育。这样一来，父母和子女之间的年龄差便不会太明显，思维方式也可以更相似。从而减少了“代沟”，更有利于家庭内部的和谐。(3)中年夫妻的离婚率会有所下降。在计划生育“只生一个孩子”的要求之下，子女数量少，虽然有助于增加夫妻的相处时间。但是，如果夫妻之间早已没有什么感情，只是为了孩子才勉强维持婚姻。当孩子一旦成年了之后，中年夫妻会找尽一切理由去离婚，大大提升了离婚率。全面二胎放开，一个家庭可以有两个孩子，看似中年夫妻照顾孩子的任务加重、夫妻单独相处的时间减少，但正是在这样的家庭氛围中，才更有利于培养夫妻之间的感情。例如：在诸多闹离婚的夫妻中间，不乏有很多是因为想到孩子又放弃了离婚的念头。孩子，在一定程度上是维系夫妻感情的纽带。当孩子的数量增加，这种纽带的“捆绑”力量就更强了。所以说，二胎政策在一定程度上也能降低中年夫妻的离婚率。

4. 独生子女范围缩小

在中国实施了 36 年的独生子女政策所导致的主要后果有四个方面：(1)男女性别比持续偏高。根据调查数据显示，在 20 世纪 80 年代以前，由于没有计划生育的限制，社会上的性别比保持在正常范围。但是自 80 年代实施计划生育之后，我国的出生性别比呈逐年上升的趋势。到 2000 年第五次人口普查时，甚至达到了超出国际上可以容忍的最高警戒线。男女性别比例失衡，在短时间内可以通过婚龄差来调整，但是长时间后，就会导致男女婚配年龄失衡。这也就是为什么社会上那么多的“光棍”问题亟待解决。(2)独生子女的教养问题。长时间的独生子女政策使得孩子在一个家庭中处于中心地位,缺少和同辈群体的和谐相处。在长辈们的溺爱中,这些独生子女不但易于养成自私自利、情感脆弱等不利于个人成长和发展的习惯,更有甚者将这种不好的思想带入社会中,变成了自私冷漠的犯罪者。(3)独生子女的家庭问题。无论受到计划生育政策管制的家庭是农村家庭还是城市家庭,只有一个孩子,在一定程度上也说明这个家庭缺少足够的劳动力。劳动力缺乏,家庭的生产能力就会减弱。所以说,这也是为什么只有一个孩子的家庭会比孩子多的家庭成功的几率要低。尤其是在农村地区,劳动力的缺乏可能直接导致家庭难以致富。甚至有些更加贫穷的家庭,子女数量少,脱贫的几率也会较一般家庭小很多。(4)"失独"家庭产生的风险增大。因为失独家庭的背后本质上是受独生子女政策的影响。

基于以上四方面对于独生子女政策带来的弊端的解析,我们可以试想,在全面放开二胎的今天,独生子女的范围缩减甚至不见,这些问题就会被解决了。理想的状态是:(1)男女性别保持基本平衡,男女婚配问题顺利解决。(2)两个孩子在家庭中组建的同辈群体能够完善孩子们的个性和抗压、抗挫能力,更加健康地成长。(3)家庭,这个社会的基本单元,都可以焕发自己创造价值的活力。农村家庭能够脱贫致富。(4)失独家庭出现的风险降到最低。老有所养,老有所依。

(二)消极影响

1. 家庭的育幼压力增加

中国的父母自古以来就是"望子成龙,望女成凤"的典型代表。尤其是进入改革开放以来,中国的经济实力日益增强,中国的家长在孩子成长、教育方面的投入也是越来越多,毫不手软。在中国的父母眼中,如果让孩子比其他的同龄人少上一个辅导班,就可能输在起跑线上。所以,中国的孩子基本从学前就开始学习各种才艺,等升入小学之后,除去才艺,可能还会去补习英语、数学和语文等文化课。80 年代，在中国的独生子女政策的影响下，每个家庭中唯一的孩子就成了父母投入时间、精力和金钱去培养的目标。同时，随着孩子父母受教育程度越来越高，他们对孩子教育事业的重视程度也越来越高。在整个家庭的支出中，对于下一代的“教育、生活环境、健康和食品安全”等方面的投入占到了很大一个比重。也可以说，父母们努力工作赚钱的目的就是——“一切为了孩子，为了孩子的一切”。

以上的情况仅仅是放开二胎之前一个家庭可能会对孩子的成长、教育的投入程度。全面二胎政策颁布以来，很多的专家学者做过很多的预测，其中就包括一个家庭的育幼压力大大增加这一现实。例如，在一个“双独”或“单独”的家庭中，照顾家庭成员和处理家庭事务的责任就落在了没有兄弟姐妹的儿女身上。就全面放开二胎的长远意义来看，如果身为“双独”或“单独”的夫妻生育了第二个子女，当他们的孩子成年以后，就可以为他们分担更多的养老和照料家庭的责任。但是，孩子的孕育和成长都不是一蹴而就的，在这个过程中，夫妻不仅得不到来自成年儿女的帮助，还要在“上有四老”的情况下同时照顾刚出生的婴儿。或者，更糟糕的情况是，他们的头一个孩子也恰好处在学龄前年龄，那么，身为“双独”或“单独”的夫妻需要面临“三重照料风险”，即四位老人，尚未入学的第一个孩子和嗷嗷待哺的第二胎。试问，当今的社会竞争这么激烈，尤其是人们在拼工作效率的大环境下，一对夫妻承担这么多来自家庭的压力，他们的工作和职业前景是否会受阻？若工作不顺，家庭的正常运转也会受到影响。所以说，若再生育第二胎，对于一个家庭来说，最严重的后果之一就是育幼压力的增加。

2. 生育分歧冲击夫妻关系

在全面放开二胎政策背景下，夫妻之间可能会因为是否需要生育第二胎产生分歧，这就是所谓的生育分歧。生育分歧可能会导致夫妻关系不和睦，严重的话，甚至会导致夫妻关系破裂，最终走向离婚。

生育分歧产生的背景是夫妻的生育意愿。所谓的生育意愿是一种主观愿望，主要包括生育子女的数量，子女的生育质量，子女性别偏好，生育时间要求等几个指标①。在生育分歧中，女性不愿意生第二胎的占到很大比重。这其中有三个可能导致这样结果的原因：(1)女性适合生育的年龄问题。例如，首次生育年龄普遍推迟到30—32岁以后的女性，如果再生第二胎，那么她们的年龄就在34—36岁以后了。而科学的生育时间集中在女性的23—30岁阶段。34—36岁的女性如果选择再次生育，她们不仅承担了来自家庭内部的巨大压力，同时，对于她们的工作和职位晋升等方面也有较大的影响。(2)女性的生育愿望和动机不强烈。在中国的封建旧时代，传统的“不孝有三无后为大”，“积谷防饥，养儿防老”思想深深地根植在人们的脑海中。那个时代的女性生育孩子，尤其是生男孩，变成了必须完成的坚决使命。可是随着社会的进步，“生男生女一样好”的计生宣传标语渐渐成为人们行动的标杆，大多数女性也不会因为没有生育男孩而受到别样的对待和歧视，所以，女性对于生育孩子的观念也渐渐看淡了。即使现在，她们有机会可以再生一个孩子，因为之前生孩子的“任务”已经完成了，而且她们现在的生活过得很舒服，就没必要再去辛辛苦苦生一个孩子博得公公婆婆的欢心。(3)女性的受教育程度越高，他们生育二胎的意愿就会越低。

家庭进行生育抉择的过程实际上也是家庭成员之间相互博弈的过程，在这个过程中可能会引发夫妻之间、亲子之间以及与长辈之间的矛盾，在一定程度上影响家庭的和谐与稳定②。而在此过程中，作为生产孩子必不可少的两方，生育分歧对夫妻关系的冲击尤为强烈，这是全面放开二胎对家庭带来的弊端之一。

---

① 张天梅．单独二胎政策引发的当代生育观念变化[J]．北京财贸职业学院，2014(06)．

② 宋全成，文庆英．我国单独二胎人口政策实施的意义、现状与问题[J]．南通大学学报，2015(01)．

3. 生育风险增加家庭风险

全面放开二胎以后，如果一个家庭想要再生一个孩子，主要的生育风险会落在女性身上，而女性的生育风险最终带来的是整个家庭的风险。据数据统计表明，女性的最佳生育时间在23—30岁之间。但是，想要响应政策号召生二胎的女性，她们的年龄大部分已经超过30岁，在34—36岁之间居多。女性年龄越大，由于身体的各项机能都开始下降，怀孕时的风险也就越来越大。同时，女性在35岁以后，更容易怀上带畸形染色体的孩子，孩子可能会出现先天残疾，如兔唇和四肢残缺等状况。到了四十岁以后，这种概率还会加大。试想一下，一旦女性怀上身体先天残疾的孩子，而家庭又不愿意放弃生育二胎的宝贵机会，孩子一旦出生，他的治疗和康复将会给整个家庭带来沉重的经济负担和精神负担。等孩子长大成人以后，也可能会面临事业、婚姻上的阻碍，产生不良的情绪，以及抱怨命运的不公，这些无疑都会为家庭和谐和社会安定增添了很多不稳定因素。

女性在一个家庭中的作用不可磨灭。所以，当这么多生育二胎可能存在的风险摆在夫妻面前的时候，我们也要考虑一下，要二胎是否是自己家庭最佳的选择。女性承担传宗接代和养育孩子的大部分职责，如果生育的行为对女性的风险极高时，对整个家庭来说也是风险的一种累加。作为家庭成员的一部分，每个人都有义务将家庭的风险降到最低，而不是一味根据自己的喜好来安排家庭中的生产生活大事。

4. 女性权益保护更加紧迫

全面放开二胎政策下女性权益的保护更加迫切，主要表现在三个方面：(1)女性的生育自由权保护；(2)女性的健康权保护；(3)女性就业权和职业发展权保护。

(1)女性的生育自由权保护需进一步加强。我国《妇女权益保障法》第四十七条规定："妇女有按照国家有关规定生育子女的权利，也有不生育的自由。”客观上来说，由于女性天生与男性的生理构造不同，受孕后是否完成生育行为是女性对自己人身权利的一种支配。但是，现实往往是，丈夫和其他家庭成员如果不同意女性放弃完成生育行为的提议，女性的生育自由权就不能得到满足。涉及女性生育权的问题主要表现在三个方面：一是生育自由与国家权力的博弈此消彼长；二是家庭内部成员之间（两代人之间、夫妻之间），对生育二孩决定权的问题产生冲突从而损害女性生育权；三是政策本身的问题，可能导致不同年龄群体之间的女性在生育权实现上的实质不平等①。正是由于女性在生理构造上的弱势，使得在全面放开二胎之后对女性生育权的保护应该更加全面，才能实现两性关系的实质平等。（2）女性健康权的保护力度需要加大。从“双独二胎”政策到全面放开二胎，女性的生育自由权在一步步地扩大，但是，对于服从政策指导的高龄待孕女性来说，她们的健康权将会受到更大的挑战。科学研究表明，35岁以上的女性为生育的高危人群，不仅在受孕方面不容易成功，而且容易出现由怀孕引起的各种并发症和婴儿畸形等严重的状况。所以说，全面放开二胎之后，对于女性健康的关注需要进一步加强，为了避免出现一些不好的状况，产前的检查和监测也需要加大力度。这些方面的变化都会引起医疗资源的短缺或争夺，同时，对基层的计生服务、指导能力也提出了更高的要求。（3）进一步完善女性的就业和职业发展机制的任务加重。由于生育（包括抚育）行为主要由女性承担，生育政策放宽会直接影响女性的就业和职业发展。在市场经济日益成熟的今天，要求以营利为目的的企业承担全部生育成本，不仅缺乏依据，也不具有可行性。在一胎政策下，企业对女性员工休产假带来的损失是可以预期的。但在二胎政策颁布后，企业面临着女性员工第二次休产假的“风险”。所以，企业出于趋利避害的本能不愿选择女性，特别是正处于生育年龄的未生育女性。随着二胎政策的实施，针对女性

① 任虹阳．“单独二孩”政策对女性权利的影响研究[J]．广东财经大学，2012(09)．

的就业歧视现象，在今后一段时间可能会更加严重[①]。

三、二胎政策对未来我国婚姻家庭法的影响

（一）生育是婚姻家庭的重要职能

汉代《礼记·昏义》中写道："昏礼者，将合二姓之好，上以事宗庙，而下以继后世也，故君子重之。"它的意思就是说，结婚是一种礼仪，它能使两个不同姓氏的家族交好，对上告慰祖宗和家庙，对下又能延续家族的香火。所以，君子把婚姻当作大事。从这样的描述中我们可以得知，在古代，婚姻的目的和作用主要体现在祭祀祖先和传宗接代两个方面。其中，婚姻家庭生育方面的作用及功能又显得极为重要。就像孟子的那句名言里面说的："不孝有三，无后为大"，人们把不能为家庭带来子孙后代视为一种不孝和耻辱。由此可见，在中国传统婚姻家庭文化中，生育是婚姻家庭中很重要的一个部分。

生育包括生和育两部分，即生殖和抚育。生殖属于生物学范畴的概念，但是抚育又包含着一些人为和文化的因素。作为父母，如果只生了孩子却没有尽到自己应有的抚养义务，那么，就不算是标准意义上的"生育"。因为，生育是在家庭中进行的，所以，生育是婚姻家庭的重要职能之一。

在现代的婚姻家庭中，主要有三种家庭模式，分别是核心家庭、主干家庭和复合家庭。所谓核心家庭，就是典型的三口之家，夫妻双方和孩子。主干家庭的组成方式是：夫妻、成年的孩子及其配偶，孙子孙女。最后，是复合家庭，即指三代以上成员组成的大家庭。不论家庭的模式是怎样的，我们可以看出，一个家庭的组成在很大程度上是以生育为基础的，家庭中的各个方面都离不开后代繁衍和生儿育女这样的话题。所以说，生育是婚姻家庭的

---

① 许莉．生育政策对婚姻家庭的影响及对策[J]．中华女子学院学报，2015(12)．

重要组成部分和重要的职能之一。

（二）生育问题应当属于《婚姻法》的调整内容

婚姻家庭法是规定婚姻家庭主体身份关系的发生、变更和终止以及基于上述身份关系而产生的权利义务的法律规范总和。婚姻家庭中的主体关系，除了符合婚姻法规定的男女自愿结合产生的主体关系之外，主要就是家庭的生育功能起作用从而产生的新的主体身份关系。然而，想要保持良好的人口生育状况，单靠人本身的生物机能是不能完成的，还需要来自国家强制力的指导和约束。《人口与计划生育法》就是规范和指导我国生育问题的一部重要的法律，立法宗旨在于保护公民的生育权的实现并基于国家和社会的可持续健康发展制定合理的人口保障制度。我国《婚姻法》规定了“夫妻有实现计划生育的义务”。也就是说，在我国的婚姻家庭中，人们需要遵循《人口与计划生育法》的相关规定。《人口与计划生育法》和《婚姻法》的关系密切、相辅相成，所以说，生育问题应当属于婚姻家庭法的调整范围。

从我国《婚姻法》的调整对象来看，主要分为三大部分：夫妻人身关系、夫妻财产关系和亲子关系。其中，夫妻人身关系是夫妻财产关系的基础，只有符合法律规定条件的男女自愿合法结为夫妻，产生人身关系，才能继而产生合法的夫妻财产关系。夫妻的人身关系表现为夫妻双方在婚姻家庭中的身份、人格、地位等方面的权利义务关系，其中包括姓名权、自由权、同居义务、忠实义务以及生育方面的权利义务等内容。在生育权利义务方面，我国《婚姻法》第 12 条规定“夫妻双方都有实行计划生育的义务”。这是我国计划生育基本国策和宪法有关原则在夫妻关系中的具体体现，说明了生育问题属于婚姻法的调整内容。亲子关系，“亲”指父母双亲，“子”指子女，所以也称父母子女关系。亲子关系的内容包括父母子女之间的权利义务关系和他们在《婚姻法》中的法律地位等。亲子关系产生的基础是夫妻的“生”和“育”。所以，它也显示了生育问题属于婚姻法的重要内容。

（三）二胎政策对未来《婚姻法》的影响

1. 应当取消“晚婚晚育应予鼓励”的规定

1949年新中国成立，由于社会安定和经济快速发展，人们的生活水平渐渐得到了提高。在以往因为吃不饱、穿不暖而出现的新生儿死亡案例已经很少了，人们的人均寿命也得到了普遍的延长。在1970—1980年十年间，中国人口从8.3亿上涨到了10.01亿，年均自然增长率达到了20%。在人们为中国的社会发展速度惊呼的同时，人口增长过快带来的负面影响也层出不穷。一个家庭用于衣食住行的开支要平摊向更多的人口，导致人们可能又一次地“吃不饱”“穿不暖”。同时，人口增长过快带来的教育资源匮乏、环境破坏严重、资源短缺等问题使中国在长期发展的过程中困难重重。所以，20世纪70年代，我国开始在城乡全面推行计划生育政策以控制人口数量的过快增长。“晚婚晚育应予鼓励”也被写进《婚姻法》第六条，成为指导新婚夫妻生育行为的口号在全国范围内广泛践行。

从人口数据上来看，与1968年人口数为6.45亿相比，提倡晚婚晚育之后，总的生育率下降速度很快，在20世界80年代初已经接近2.1亿的替代水平了。同时，人口发展动力学研究结果也表明，计划生育政策对人口出生率降低的最小贡献为57.88%，对人口自然增长率的降低率贡献了61.21%，远远超过其他社会经济因素的作用[①]。总之，在我国实行了40多年的计划生育政策之中，“晚婚晚育”政策的提倡已经让我国的人口数量大幅递减，甚至出现了人口出生率过低，人口老龄化的现象。继续在《人口与计划生育法》中保留“晚生晚育”的条款已经失去了它的意义。所以，根据中国共产党第十八届五中全会关于“全面二胎”政策的部署，《人口与计划生育法》删去了晚婚晚育的规定，这是顺应社

① 包蕾萍．中国计划生育政策50年评估及未来方向[J]．社会科学，2009(6)．

会现实的一个好的改变，将对我国人口数量的增加起到很好的推进作用。国家卫生计生委法制司司长张春生表示，国家之所以不再鼓励晚生晚育，是因为男女的初婚年龄已经到了 25 岁左右，初育年龄达到了 26 岁以上。初婚初育的年龄太大，对于母婴的安全、保健，对于高龄产妇的身体健康等方面都不利。

综上所述，全面放开二胎可能对未来婚姻家庭法产生的影响就是：取消现行婚姻法中第六条关于“晚婚晚育应予鼓励”的规定。

2. 切实有效保护妇女生育自由权

生育自由权，是指生育主体在是否生育、何时生育、如何生育、不生育的方式、生育数量问题上，在法律允许的范围内进行自由选择做出决定的权利。生育自由权是生育权的核心，最能体现生育自由的实质。只有充分地确认生育自由权并切实加以保护，才能从根本上保护好生育主体的生育权①。

无论是医学还是人的普遍认知都可以了解，妇女怀孕、分娩是一项具有相当大风险的生理活动。不可否认，很多妇女为了生育而付出了一定或者相当巨大的身体健康代价，甚至因此丧失了生命，无论是从人类社会的可持续发展还是人道主义层面，都必须尽一切可能去保障母亲的健康②。男女的生理特点不同，决定了两性之间在生育自由权上不可能完全平等。保护女性的生育自由权，需要在政策上加以倾斜，才能达到两性之间实质性的平等。所以，在未来的《婚姻法》中应该增加对女性生育自由权保护的相关规定。

3. 增加规定“夫妻承担平等的家庭义务”

二胎政策推出以后，家庭中关于是否再生育一个孩子的讨论

---

① 王婧妍.《〈婚姻法〉司法解释（三）》研究[J]. 江西师范大学学报，2013(06).

② 任虹阳.“单独二孩”政策对女性权利的影响研究[J]. 广东财经大学学报，2012(09).

会更加白热化。但是,我们会发现一个现象,那就是,在中国,生育政策虽然放开了,但是,人们的生育意愿却急剧下降。其中,最多的反对声音来自于已经生育过一个孩子的女性或者达到适育年龄却没有生育的女性。人们对于生育政策不积极响应有多方面的原因,其中,对于女性来说,主要来自于育幼压力增加,工作岗位是否能保全和职业晋升等方面的压力。所以,要想推进生育政策的实施,必须做好它背后的各种保障工作。就家庭内部来说,在二胎政策的影响下,《婚姻法》需要增加的条款在于:"夫妻承担平等的家庭义务"。

从古代开始,中国社会就秉承"男主外,女主内"的思想,即男性承担家庭的主要经济来源,女性负责维护家庭的正常运转,包括养育子女、做各种家务,照顾家庭成员等。虽然,随着社会的发展,女性渐渐开始摆脱"主内"的形象,出去独立地工作和赚钱,拥有了一定的社会经济地位。但是由于长时间封建思想的影响,一个家庭中的女性仍然主要承担家务和照顾家人的责任。如果哪位女性恰好是个不服输的女强人,在社会上拥有一席之地,有自己的事业,那就意味着,她将同时承担家庭内部事务和自己在社会上的工作。长期的来自工作和生活的双重压力,对于女性生活幸福感的拥有和身心健康都是一种巨大的伤害。在一胎政策下,女性就承担如此巨大的压力。何况要让他们生育二胎呢?所以,很多的女性对全面二胎的放开并不"感冒"。

《婚姻法》第十五条规定,夫妻双方都有参加生产、工作、学习和社会生活的自由,一方不得对他方加以限制或干涉。我认为,这里说的自由暗示男女在家庭生活中地位平等。何为婚姻家庭中的地位平等?即夫妻在经济地位、社会地位和承担家庭抚育任务上的平等。所以,在《婚姻法》中增加"夫妻承担平等的家庭义务"是很有必要的。当男性更多融入家庭,与妻子平等地承担家庭的育幼压力及家务的处理,女性就会在身心上得到很大的放松,将更有利于夫妻关系的和睦。同时,有调查研究表明,在夫妻共同承担家务的家庭,更有利于小孩的成长,也有利于减轻社会对女性的就业歧视。总之，增加“夫妻承担平等的家庭义务”，既有立法上的创新，也有很强的现实意义。

4. 强化对未成年子女权益的保护

近年来，中国各地发生的儿童伤害案件屡见不鲜。纵观事件发生的原因，一大部分在于父母疏于照管，造成本来可以避免的惨案。根据过去发生的儿童意外伤害事件，大致可以分为两大类，几个小类：①家长独自留孩子在家造成坠楼。②夏天气温极高，将孩子独自锁在汽车内离开，造成孩子高温窒息死亡。③在家中或父母工作的场所，家长做自己的事，疏于对孩子的照料，孩子意外落入油锅、热水。④公路上的交通事故将孩子碾压或撞伤。⑤其他意外情况：被马蜂、狗熊、狗和蛇等动物咬伤。二、农村留守儿童意外伤害事件。综上所述，追究屡见不鲜的儿童伤害案件发生的原因，在很大程度上说明了我国在儿童保护方面相关立法的不足和缺失。很多国外的法律中，都有不允许家长把未成年小孩独自放在家中或者“不允许 12 岁以下儿童独处”的法律明文规定。更有一些儿童保护力度大的国家，如果有陌生人在街头看到一个孩子远离他的父母数十步之内，就会对这个家长发出警告，如果效果不明显，有可能直接报警来保障孩子的安全。在很多中国人眼中，这简直就是小题大做。但是在一个法律体系成熟的国家，幼儿的安全问题永远不是小题大做，而是一切问题的重中之重。因为，如果儿童没有一个安全有保障的童年，他的人生也一定不会幸福。

基于对中国近年来频频发生的儿童意外伤害事件和对国外儿童安全立法的分析和思考，我认为，在尤其是二胎政策全面放开，国家鼓励人们更多生育孩子的背景下，我国应该强化对未成年子女权益的保护。在立法方面，由于二胎政策的影响，《婚姻法》中相关法条也需要作出修整。例如：《婚姻法》中第二十三条，“父母有保护和教育未成年子女的权利和义务。在未成年子女对国家、集体或他人造成损害时，父母有承担民事责任的义务”。需要增加:“未成年人父母由于疏忽或故意不为之,造成未成年人遭受意外伤害的,承担相应的行政责任和刑事责任。情节严重的,可以剥夺父母对未成年子女的监护权。”孩子是整个国家希望,是最娇弱的花朵。在很多的儿童意外事故中丧生的儿童,如果可以接受更多来自父母的关注和保护,也便不会遭受那些惨剧。所以,为了祖国未来的健康成长,尤其是在国家鼓励人们生育二胎的情况下,我们更应该加大对未成年子女权益的保护力度,做出相应的立法改善。

(四)二胎政策对未来《收养法》的影响

在全面二胎政策正式实施之前,我国于2015年12月,在《人口与计划生育法》中已率先做出了调整,即提倡一对夫妇生育两个孩子。在这样的背景之下,与婚姻家庭密切相关的《中华人民共和国收养法》也应适时做出调整。

(1)《中华人民共和国收养法》第六条,“收养人应当同时具备的条件,(一)无子女”,应该改为:“收养人应当同时具备的条件,分两种,(一)有一个子女的,可以再收养一名子女。(二)没有子女的,可以收养两名子女。”

这样的修改是基于全面放开二胎之后对于每个家庭可以生育孩子的数量限制上的变化,即从一个上升到两个。生育政策发生变化,与生育政策相关的法律法规也应及时做出调整才能对政策的实施起到更好的推动作用。

(2)《中华人民共和国收养法》第七条,“华侨收养三代以内同辈旁系血亲的子女,还可以不受收养人无子女的限制。”改为:“华侨收养三代以内同辈旁系血亲的子女,还可以不受收养人有一名(至多)子女的限制。”

(3)《中华人民共和国收养法》第八条,“收养人只能收养一名子女”,更改为分两种情况:“一、收养人已有一名子女的,可以再收养一名。二、收养人没有子女的,可以收养两名子女。”

另,“收养孤儿、残疾儿童或者社会福利机构抚养的查找不到生父母的弃婴和儿童，可以不受收养人无子女和收养一名的限制。”改为：“收养孤儿、残疾儿童或者社会福利机构抚养的查找不到生父母的弃婴和儿童，可以不受收养人已有一名（至多）子女和收养两名的限制”。

（4）《中华人民共和国收养法》第十九条，“送养人不得以送养子女为理由违反计划生育的规定再生育子女。”改为：“送养人不得以送养子女为理由违反计划生育可以生育两名子女的规定。”

生育政策是一个国家公共政策的重要组成部分。生育子女也是婚姻家庭所承担的重要职能。生育行为会对婚姻家庭产生直接的影响。关于二胎政策的实施效果和可能对婚姻家庭法产生的影响不是一蹴而就的，需要在长期的实践和调查研究中才能逐渐实现。本论文从《婚姻法》角度探讨全面放开二胎可能对未来我国婚姻家庭法产生的影响，对于未来婚姻家庭法相关的立法和现有法条的修改都有很好的启示作用。同时，也期待《婚姻法》对未来生育权问题做出更加完备、合理的规定，让《婚姻法》体现出全面放开二胎后带来全新改变的样貌。

一 论我国婚姻法中的一夫一妻原则

一夫一妻制是我国现行婚姻法律规定的基本原则，是我国婚姻家庭领域遵循的基本规范，是调节社会关系、保持社会和谐的一项基础性制度。新中国成立后，一夫一妻制的确立和实施，成为我国社会发展中的一场重要的变革，促进了社会新秩序和道德新风尚的形成。随着经济的快速发展和社会的快速转型，东西方文化的交流碰撞，物质领域和精神领域相互影响，我国在婚姻家庭方面也面临着一系列新问题和新挑战，有的问题在一定程度上已经蔓延开来。例如，社会中一度出现了“包二奶”“养小三”“纳妾”“婚外恋”“一夜情”“出轨”等热门词汇和热点现象。更为严重的是，人们的婚姻道德观念也开始发生变化，一些不正确的思想和观点甚至堂而皇之地在社会上流传，一夫一妻制原则在现实中面临着严峻的挑战。

随着社会实践的不断变化，以婚姻法为代表的我国的婚姻法律规范也在不断完善，一夫一妻制原则在婚姻法的完善中都得到了继承和进一步的保障，比如，现行婚姻法就对重婚、有配偶者与他人同居以及夫妻忠实义务进行了规定。但是，与复杂多变的社会实践相比，我国现行婚姻法律规范在贯彻和维护一夫一妻制原则上还有很多问题，还存在法律模糊或不完善的地方。一夫一妻制是符合社会发展规律、符合我国国情的婚姻家庭制度，应当得到有力的坚持和保障。从法律的角度，应当进一步完善婚姻法律规范，强化法律的社会关系调节功能，维护一夫一妻制原则，维护婚姻家庭和全社会和谐稳定。

一、一夫一妻原则的产生与发展

婚姻制度，随着人类社会的发展，也经历了漫长的发展过程。学术界普遍认为，人类社会的婚姻制度主要经历了群婚制、对偶制和一夫一妻制等几种类型。而一夫一妻制，作为人类文明的重要标志，有其自身巨大的进步意义，成为当今世界各国普遍施行的婚姻制度。

（一）一夫一妻制的起源

婚姻与人类社会并不是一开始就相伴相生的，是在一定的历史阶段、特定的环境和条件下才产生的，马克思主义理论对此进行了深入的研究。在原始社会早期阶段，人类主要通过血缘家庭的形态结合在一起。血缘家庭虽然禁止不同辈分的近亲婚姻，但却没有禁止同辈亲人之间、比如兄弟姐妹之间的近亲婚姻，这种婚姻制度的弊端是显而易见的，也因此，经历了一段时间之后，人类进入群婚制的婚姻形态。

群婚制是人类进入氏族社会之后的婚姻形态，在这种婚姻形态下，婚姻规则仍然是原始的和混乱的。从繁衍和生育的角度看，人们可以确定孩子的母亲，但普遍的情况是无法确定孩子的父亲。家庭、族群和伦理关系是以女性为中心确定的，这是母系氏族社会的重要标志。

随着生产力的发展、氏族的人口规模不断扩大，群婚制的婚姻形态逐渐发展为对偶制。在这种婚姻形态下，婚姻相较群婚制已经比较稳定，子女的父母亲都是确定的，家庭关系、族群关系也随之比较稳定。但这种稳定也只是相对的，男女双方并不构成固定的婚姻关系。

适应畜牧和农耕业的发展，男性在社会生产中发挥的作用越来越大，地位越来越高，母系氏族社会逐渐过渡到父系氏族社会。社会生产的物品开始丰富起来，产生了私有制，产生了一夫一妻制家庭。正如恩格斯所说的"一夫一妻制的产生是由于大量财富集中于一人之手，并且是男子之手，而且这种财富必须传给这一男子的子女，而不是传给其他任何人的子女。"①

由此可以看出，一夫一妻制是随着社会生产力的发展，随着经济条件的改变，适应私有财产的占有和继承而产生的。在一夫一妻制的婚姻状态下，人类的两性活动和家庭关系更加规范，从低层次的本能需要逐渐过渡到更高层次的情感需要。正是因为一夫一妻制适应了社会的发展和人类的进步，才一直从父系氏族社会一直发展到今天还被普遍施行。当然，随着经济社会发展条件的不同，一夫一妻制的内涵也是发展变化的，当前的一夫一妻制是适应现代文明的婚姻制度形态。

（二）一夫一妻制的发展变化

在我国，一夫一妻从民间自发到法理确定，大体是从周代开始的。无论是在国家的礼制层面，还是法制层面，国家都开始认可一夫一妻制作为婚姻的正规形态。在秦汉之后，法律有明文规定禁止重婚。需要指出的是，封建时代的一夫一妻，主要还是在宗法意义上。在我国古代，妻妾有着不同的含义和地位。实际上的一夫一妻多妾制非常普遍。对于处于社会优势地位的男性而言，尤其对于上层的男性而言，在性意义上的配偶并不严格限定为一个。甚至，对于奴隶和封建统治阶级的上层而言，还可以合法地具有多个正妻。大体而言，在中国古代所施行的一夫一妻并不是严格意义上的一夫一妻，只是针对女性的一夫一妻，而男性可以有多个配偶，根本原因在于男女地位不平等。婚姻制度仍然和社会地位有着深刻的联系。对于这种婚姻制度下的补充形态，对于娼妓和通奸的定性也与礼法规定高度相关。对于娼妓，一般为官方所允许或为民间所认可。而对于通奸，所采取的惩戒措施往往是残酷的。这些都含有保护官方婚姻形态以及其背后的意

① 马克思恩格斯全集（第21卷）[C]. 北京：人民出版社，1965，第68页.

识形态、统治地位的考虑。总体而言，女性在这样的婚姻形态下是处于弱势的一方。

进入到近代之后，我国在政治、经济、文化、社会等各个方面都开始深受西方的影响，资本主义社会的一些价值观念深刻影响着中国。传统的封建宗法制度、婚姻制度等开始面临深刻变革，妇女解放运动随着社会革命蓬勃展开。特别是马克思主义思想的传入，为社会主义条件下的婚姻形态确立了指导思想。形式上的一夫一妻，向实质上的一夫一妻，在国内革命战争结束、新中国成立之后，正式完成了过渡。1950 年，新中国颁布施行《婚姻法》，奠定了今天一夫一妻制的法制基础。一夫一妻制作为正式的和唯一合法的婚姻制度，构成了婚姻法律关系的基本原则。

（三）一夫一妻原则的界定

一夫一妻，顾名思义，就是在婚姻关系中，一个丈夫只能娶一个妻子，一个妻子也只能嫁一个丈夫。今天所施行的一夫一妻制，在内涵上主要包括：婚姻自由、一夫一妻、男女平等、相互尊重。婚姻自由、男女平等，是蕴含在当今婚姻家庭关系中的价值基础，也是一夫一妻的制度基础。

我国当今的一夫一妻原则，主要包括以下几个方面的特点。一是无论任何人都不得同时拥有两个以上的配偶。不管其拥有怎样的社会地位、怎样的个人财富以及其他的任何条件。尤其对于男性而言，在此方面并不享有任何例外和特权。二是实行有前提和有条件的婚姻自由，个人可以选择离婚和再婚，但只要在某一个婚姻关系存续期内，就不能再进行结婚，除非另一方死亡或者已办完离婚手续。在婚姻关系存续期内，不仅另行结婚不被允许，同居形成事实上的婚姻也是被禁止的。三是无论何种形式的一夫多妻或一妻多夫，都是法律所禁止的。法律维护夫妻双方之间的忠实义务。四是法律对违反一夫一妻制原则要根据情况给予惩戒。刑法规定了重婚罪和破坏军人婚姻罪。其他违法情形，也应通过法律、行政、道德等手段给予惩戒和约束。

总之，我国当今所施行的一夫一妻制，是实质上的一夫一妻制，是我国家庭伦理关系的基础，符合社会文明进步方向，为我国社会主义法律和道德共同维护奠定了基础。

二、一夫一妻制的依据

人类社会发展到今天，世界上绝大多数国家和地区把一夫一妻制作为法定婚姻制度，这是有其内在合理性和公正性的。虽然现实中的一夫一妻制仍然不能说是最完美的婚姻制度，但应该是目前最适合规范和调节人类社会婚姻关系的制度。

（一）一夫一妻制符合人口生育规律

从人口繁衍的角度看，一夫一妻制符合人口生育规律，对于保障人类生育的数量和质量具有重要的作用。在古代，血婚、群婚等，由于混血关系的混乱，特别是不排除近亲婚姻，导致产生人口繁衍问题，比如新生儿存活率低、遗传病多、智力水平低下等，人口生育的数量和质量无法保证。一夫一妻制条件下，人类的性生活受到规范，提倡夫妻的相互忠诚和性生活的排他性，提倡优生优育，对于提高人口生育质量，乃至保障子孙后代良好的成长和教育环境，都具有重要的作用。从长期看，对于人类文明的进步、进化水平的提高都具有积极的意义。社会的发展和进步，必然要求文明的婚姻制度与其相适应，从这个意义上说，一夫一妻制有利于促进人类的长期健康发展。

（二）满足人类两性情感的需要

从历史上看，基于性的婚姻更多反映的是人类的本能和自然状态，这种状态不具有排他性和稳定性，是一种低级状态下的婚姻关系。而基于政治、社会地位等方面的婚姻，更多反映的是社会制度、经济实力等，这种状态也不具有稳定性，比如包办婚姻、政治联姻等。在旧的婚姻制度下，爱情并非占据主导的因素，也并不一定与婚姻相关联。发展到一夫一妻制的婚姻制度后，人类的性行为受到比较严格的规范，夫妻的婚姻关系和性关系相一致，并且十分稳定。在此状态下，夫妻生活的主要内容是相互扶持、共同生活、共育子女等，爱情成为两性关系中的主题。爱情既是婚姻关系的前提，也是婚姻关系的目的。在平等的、稳定的、排他的婚姻制度环境中，爱情的产生自然而然，人们追求的不再仅仅是简单的生理需求，而是更高层次、更持久的情感需求。人们的两性情感需要得到满足和生化，且不会泛滥和异化。

（三）有利于实现男女平等

历史上形式上的“一夫一妻”并不是一种对称和平等的婚姻结构。在特定的历史条件下，更偏向于强化男性的权利、加重女性的义务，男性在婚姻关系中处于优势地位。而女性，受到传统礼教中所谓“三从四德”“饿死事小、失节事大”等伦理和法律影响，人性受到很大的压制。我们今天所施行的实质上的“一夫一妻”，是建立在男女平等基础上的婚姻关系。这也是现代婚姻制度与传统制度最大的不同。在我国，妇女在国家政治、经济、文化、社会等方方面面享有与男性平等的权利，特别在婚姻关系中，女性也是平等的家庭成员，享有法律对其权益的保障。夫妻双方在人格上是独立的，而不是依附的，各方有权选择自己的职业、进行劳动创造、选择自己的兴趣爱好。双方在家庭中共同承担对家庭的义务，享有家庭的财产，共同培养子女和享受子女赡养。在法律和现实中，夫妻在婚姻中可以享有自己独立的姓名，子女可以随父姓，也可以随母姓。不论家庭境遇有何变化，夫妻要相互抚养。在一方过世的情况下，对方可以作为第一继承人继承遗产。在夫妻关系中，虽然双方的社会地位、经济状况、身体相貌等可能有很大的差别，但双方所享有的权利义务是均等的。施行一夫一妻的婚姻制度，首先促进了男女在婚姻家庭关系中的平等，更深层次地促进了男女在经济社会发展中各方面的平等。

（四）有利于人的成长

对于全社会而言，社会的进步是人类逐渐脱离愚昧、趋向文明的过程。对于个人而言，个人的成长是从生到死的自然过程和从无知到成熟的社会过程的统一。在此过程中，婚姻和家庭为个人的成长提供了重要的课堂。在人的成长过程中，如何扮演好在婚姻和家庭中的角色，是必经的阶段和必修的课程。在一夫一妻制的家庭环境中，儿童得到持续的、受保障的抚养和教育，夫妻受到持续的物质保障和心理支持，老年人得到精神慰藉和健康养护，虽然在其他婚姻制度下，这些情况也可能存在，但只有在现行的一夫一妻制度下，婚姻家庭中每个参与者的权利才能得到充分的保障，每个参与者的义务也必须得到应有的承担，这样才能促进每个人的成长和发展。

（五）是人类公认的家庭伦理道德

婚姻关系是全社会伦理关系的基础，由男女双方扩展到家庭，再扩展到家族，再扩展到社会，构成整个社会的伦理体系。如果没有稳定持久的夫妇关系，那么其他家庭关系就会受到影响。协调家庭伦理关系，首先是协调夫妻关系。一夫一妻制的婚姻制度，对于夫妻双方，对于社会中的每个婚嫁男女，是一种可以协调各方、为全社会普遍接受的制度，构成人们公认的家庭伦理道德，规范和约束人们的行为。夫妻关系区别于两性关系，围绕夫妻关系有一套复杂的、相互勾连的伦理体系。从我国的历史发展看，以夫妻关系为基础，构建一套完整的、普遍适用的家庭伦理规范，是在一夫一妻的制度建立之后。在我国，无论是道德还是法律层面把一夫一妻奉为家庭伦理准则，国外的绝大多数地方也是如此。人们认识到，推行一夫多妻，将普遍带来家庭的解体，继而是社会陷入不稳定，道德水平下滑，走向历史的回头路。

三、一夫一妻原则的贯彻

1950年我国颁布的首部婚姻法,明确提出了实行一夫一妻的婚姻制度。目前我国所实行的新婚姻法,是在2001年由第九届全国人大常委会通过的。现行《婚姻法》在秉承原有立法精神的同时,在法律内容上进行了补充和强化。特别是在家庭暴力、无效婚姻、重婚、夫妻财产制、可撤销婚姻、离婚损害赔偿等方面,进行了补充规定[①]。《婚姻法》是规范婚姻法律关系的基本法律,对一夫一妻制在实践中的贯彻起着根本的引导和规范作用。

(一)禁止重婚

重婚罪是由刑法明文规定的罪种,刑法第258条规定,重婚罪是指"有配偶而重婚的,或者明知他人有配偶而与之结婚的"行为。相关概念的把握,需要通过婚姻法以及有关的司法解释。

所谓有配偶,是指有具有法律效力的婚姻关系。在我国,法律承认的婚姻关系主要包括:一是已经按照程序办理了结婚登记,取得了结婚证书。二是在1994后《婚姻登记管理条例》颁布实施以前,未办理登记但形成事实上的婚姻夫妻关系,具体认定可以参照最高人民法院关于适用婚姻法的司法解释(一)。三是对于无效的婚姻或者可予以撤销的婚姻,在没有经过法定程序宣告无效或者宣布撤销之前的婚姻关系。

所谓重婚,是指在存在一个婚姻关系的同时,又与他人形成第二个婚姻关系。第一个婚姻关系必须是受法律认可和保护的婚姻关系,第二个婚姻则既可以是法律意义上的重婚,也可以事实意义上的重婚。即是说,可以按法定程序办理了结婚登记,也可以是虽未办理登记,但以夫妻名义共同生活的同居关系。

---

① 王一如. 浅谈新婚姻法的进步与不足[J]. 法制与社会,2012(05).

从法律的角度认定重婚罪，需要认定犯罪的主体、主观、客体、客观。重婚罪的犯罪主体既可以是后婚中的有配偶一方，也可以是明知他人有配偶的无配偶一方。需要指出的是，如果后婚中无配偶的一方，事先并不知道对方有配偶，则其不构成重婚罪的主体。重婚罪在主观认定上必须是直接故意，如果无配偶一方是受到隐瞒或者欺骗，则其不具有故意。反之，如果其事前知情，那么要与有配偶者一起构成重婚罪。在对犯罪客观的认定上，具有三种情形，一是有配偶的一方又与第三人登记结婚。二是有配偶的一方又与第三人形成事实婚姻。三是无配偶的一方明知对方有配偶，而与其形成法律婚姻或事实婚姻。

对于重婚罪的法律制裁措施，见之于刑法和婚姻法中，在刑事责任方面，刑法第二百五十八条规定，对于触犯重婚罪要处以两年以下有期徒刑或者拘役。在民事责任方面，立法体现了对婚姻家庭关系中无过错方的权益保护，婚姻法第四十六条规定，因重婚的或有配偶者与他人同居的，导致离婚的，无过错方有权请求损害赔偿。

(二)禁止有配偶者与他人同居

在法律和司法实践中，为确保一夫一妻制的贯彻实行，婚姻法在规定禁止重婚的同时，也明确提出禁止有配偶者与他人同居。

有配偶者与他人同居，主要包括几种情形：第一，有配偶者与第三人有相对固定的住所、长期一起生活的。第二，有配偶者与第三人虽然不用夫妻名义生活，但以其他方式公开一起生活的。第三，有配偶者与第三人以秘密形式共同生活的。可以发现，现实中常见的所谓“包二奶”“养小三”“地下情人”等，都属于有配偶者与他人同居行为。无论这种同居行为是公开的还是秘密的，都是受到法律禁止的。这些行为对一夫一妻的基本婚姻制度构成了破坏，严重影响婚姻中无过错方的权益，严重破坏婚姻家庭生活的稳定，在社会上也造成不良影响。当前，在贯彻一夫一妻婚姻制度的实践中，面临的大量问题和挑战都集中在这个方面。该领域属于法律和道德交叉的领域，法律的约束力还相对较弱。法律规定中的惩戒和救济措施还比较薄弱，例如，对于无过错方的救济，只规定了离婚后的请求赔偿权。而道德的约束还失之于软，很多时候不能发挥较好的规范作用。

（三）反对通奸

所谓通奸，是指有配偶者与第三人出于自愿发生性关系的行为。我国婚姻法第四条规定“夫妻应当相互忠实”。相互忠实的重要要求既是，夫妻双方不得与第三方发生性关系。在我国，夫妻相互保持性专一，即是社会主义道德和良好社会风尚的要求，也是婚姻法的要求。虽然通奸行为并不构成犯罪，但仍然容易对家庭的和谐稳定、婚姻关系的健康发展造成不良影响甚至巨大破坏，仍然是我国大力反对的行为。法律中所规定的夫妻相互忠实的义务，不仅仅禁止重婚行为以及有配偶者与他人同居行为，也反对通奸行为。在以往的实践中，对于通奸行为，更多依靠的是道德的规范和调节，随着社会生活的发展变化，通奸行为在一定程度上呈现增长和泛滥的趋势，新婚姻法及时增加了夫妻相互忠实的义务。并且在救济渠道上，对于婚姻关系中的无过错方，可以对不忠实的另一方发起侵权诉讼，要求侵权责任人进行一定的赔偿。这种赔偿主要包括精神赔偿和物质赔偿。如此一来，从法律的角度，对婚姻关系中的过错方构成了一定的警戒和惩罚，也对无过错方构成了一定的补偿和救济。应当指出的是，夫妻相互忠实，既是对婚姻关系中丈夫的要求，也是对妻子的要求，是双方共同相应的权利和应当承担的义务。

同时，为了发挥党员特别是领导干部在遵守社会主义法律和道德上的模范作用，中国共产党从党纪层面也对通奸行为严格禁止。新修订的党纪处分条例规定，党员与他人发生不正当性关系，造成不良影响的，根据不同情节，给予警告直至开除党籍的处分①。

① 丁枚．论现阶段中国对一夫一妻制的保护［J］．中国性科学，2001(2).

从执纪实践看，对一些受到处置的领导干部的违纪行为，背后都有生活作风上的问题。这也体现了执政党对社会主义良好道德风尚、对公序良俗的提倡和维护。

四、我国一夫一妻制面临的挑战及法律干预

（一）婚外同居及出轨现象严重

随着社会经济的快速发展和转型，东西方文化的交流碰撞，我国家庭领域的传统习惯和规范也面临着新的情况和新的问题，特别是作为婚姻民事关系基本原则的一夫一妻制，面临着严重的挑战。有关案例经常见诸舆论报端，甚至在相当一段时期，进入到人们的日常话语体系中。传统文化中的“执子之手、与子偕老”固然是人们依然追求的爱情和婚姻理想，但现实中的各种挑战和破坏婚姻家庭关系的行为比比皆是。

改革开放以来，一批人在物质境况得到极大改善的同时，精神世界也有了新的要求。有的人鼓吹要改变传统的婚姻道德观念。社会生活中出现了“包二奶”“第三者”“纳妾”“婚外恋”“一夜情”“出轨”“小三”等词汇。比如第三者插足行为，很多家庭中的男方，与第三者有通奸、姘居，甚至重婚等行为。而作为事实上破坏他人婚姻的插足者，有的固然是受到了隐瞒和欺骗，但也有相当一部分是有主观故意的。甚至高举着婚姻自由、爱情至上的道德大旗，对自身的行为理直气壮，却不知这样的行为破碎了很多个家庭，对于子女、老人等带来严重不良影响。有权威机构的信息显示，民事案件居首的案件类型是离婚案件，而离婚案件中最多最典型的就是所谓第三者插足的案件。除了第三者，现在还出现了第四者，这种人没有与有配偶者组建家庭的诉求，甚至在经济上也并不依赖有配偶者，他们往往具有自身的经济实力，仅仅追求的是肉体和精神上的慰藉，或者说仅仅需要一个合适的性伴侣。再比如所谓“包二奶”行为，很多取得原始资本积累的所谓成

功人士，以及一些权贵及其后后代，利用自身的经济资本，甚至有的利用自己的职务影响，在婚姻之外供养第三方异性，提供住房、汽车，定期不定期提供生活费用等。有的以其他名义长期保持不正当关系，甚至与多名异性同时保持不正当关系。又如“一夜情”行为，则是一种纯粹的婚外性行为，简单的金钱和性的交易，虽然相看似对婚姻家庭的破坏程度低，但这种行为因为隐秘性、普遍性，长此以往，更容易对道德风尚和婚姻关系造成更广范围的损害。

一夫一妻所面临的众多挑战，社会上存在的众多形形色色的破坏一夫一妻制的行为，跟当前整个家庭婚姻关系所面临的大环境和呈现的深刻变化相关联。就家庭形态来说，现在独身不婚者、同居不婚者、丁克家庭、再婚家庭、单亲家庭、隐婚家庭等等，渐渐成为在社会人群中占据相当部分、甚至人们习以为常的家庭形态。婚姻关系和性关系在一致性和排他性上面临巨大挑战，婚前性行为、婚后与第三方的性行为一定程度上呈现泛滥趋势。经过潜移默化的影响，道德和文化领域也滋生了很多消极的、不健康的思想，比如有的人不以包二奶为耻，反以包二奶为荣，有的人甚至标榜自己有多少个情妇。这些直接的、间接的，道德和文化层面的以及法律制度层面的问题和挑战，都应当引起相当的重视。近年来，层出不穷的名人出轨现象，如“文章出轨”“林丹出轨”“王宝强离婚”等；还有近期热播的电视剧《我的前半生》在手机上被刷屏，“出轨”成为当下全民话题。“出轨泛滥”，一夫一妻被破坏，值得人们认真反思，并应当从法律层面去寻找相应的解决对策。

（二）一夫一妻制受破坏之原因分析

1. 婚姻家庭伦理观念变化

新中国成立以来特别是改革开放以来，三十年左右的时间里，中国经济社会发展经历了翻天覆地的变化，无论是物质世界的面貌还是人们精神世界的面貌，都发生了巨大的变化，特别是社会的转轨、经济的转型、文化的交流碰撞，使人们的传统婚姻家庭伦理观念正在潜移默化中发生变迁。第一，在贞操观上，过去延续千年的固有的贞操观已经发生了很大的改变，旧的贞操观虽然严重束缚着女性的性自由和性权利，但也在一定程度上维系了婚姻家庭伦理的稳定性。同样，在今天的环境中，性自由的观念已在相当程度上深入人心，婚前或婚后的性行为已非常普遍，道德和法律很多情况下对此并不能施加影响，性解放的价值毋庸置疑，但同时，性行为的混乱也对一夫一妻制产生了冲击。第二，在夫妻观上，男女平等已经取得了长足的进步，女权的保障已经比较充分，以往男性在家庭和婚姻中占据主导地位的情况已经发生了很大改变，婚姻家庭中，男女双方共同承担责任和义务。甚至，女性在经济上不仅独立，还有可能超过男性。在此情况下，夫妻双方对彼此的物质依赖减退，精神上的独立性也大大增强。第三，在离婚观上，离婚已成为十分普遍的社会现象①。2013 年，全国办理离婚手续的夫妻有 350 万对，离婚率达到 2.6‰，而 2004 年这个数字还只有 1.28‰。北京市 2013 年离婚量为 5.4 万对，而 2011 年这个数字是 3.2 万对，短短三年将近翻了一倍。至于离婚的原因，有性格不合、感情破裂等等，不一而足，新一代年轻人对婚姻的观念较之老辈已经发生了很大的变化。

2. 婚姻道德及法律的调控机制弱化

对于婚姻道德的调控，主要依据的是法律和道德共同发挥作用，现有法律规范对婚姻领域能发挥的作用实际非常有限。比如，新婚姻法规定了禁止重婚、禁止有配偶者与他人同居、夫妻影响相互忠实，但从法律落实的角度，仅仅设置了重婚罪，而在民事方面，虽然对无责任方有一定的救济措施，但实际的运用有很多不足。依据婚姻是否破裂而判定离婚，一定程度上反倒给过错方

---

① 曹晗．试析一夫一妻制在新时代面临的挑战[J]．法制与经济，2012(5)．

提供了便利。法律对过错方的惩罚措施仍显不足。从道德的角度看,道德的标准原则已大幅弱化,主流的道德观念受到很大的挑战,私人生活领域的空间和自由度很高,别人也不会施加过多的影响。人们在对待婚姻的态度上,更加多元和个性化。一些腐朽的思想,也在侵蚀着人们的精神领域。总体上看,违背传统婚姻观念的行为所受到的外部环境约束越来越小,无论是法律还是道德的调控,都面临着较大的挑战。

3. 婚姻生活自主性增强

从居住方式看,现在条件下的居住方式较之传统已经发生了很大的变化。人们不再过城市大杂院和农村传统村落式的居住方式,城市里绝大多数都是独门独户,左右上下不相识,即便相识,也不如传统那样的深度。农村居民越来越多的进入城市生活,或者在农村当地过起城市式的生活方式。全社会逐渐由传统的熟人社会而发展为生人社会。人们个人的生活更加呈现私密性,比人对此无从知道或者漠不关心。来自乡邻、村居委会组织、舆论等环境方面的约束越来越小。从生活方式看,现代社会人们的个人生活越来越丰富,信息朝代的到来,使人与人的沟通交流方式更加便捷,人们选择的自由度越来越大,人们可以有很多机会和形式来拓展社交、接触异性、发展爱好等。在这种的环境中,人们容易在已经存在感情或婚姻对象的情况下,产生新的感情或婚姻对象,已经存在的婚姻关系很可能十分脆弱,旧的婚姻关系在破裂,新的婚姻关系在形成,人们对此已经习以为常。

(三)婚姻法之完善建议

1. 合理界定重婚的概念

重婚罪是我国法律所明确规定的罪种,但在法律实践中,对重婚的概念和内涵则并不十分清晰。特别是涉及事实婚姻、有配偶者与他人同居、通奸等概念时,容易产生混淆。法律对于重婚的概念口径并不一致和清晰,存在模糊地带。刑法里的规定是:“有配偶而重婚的,或者明知他人有配偶而与之结婚的为重婚”。但最高法院的司法解释是:“有配偶的人与他人以夫妻名义同居生活的,或者明知他人有配偶而与之以夫妻名义生活的,仍应按重婚罪定罪处罚”。仔细推敲两者的规定,发现会有所差别,主要是对没有办理结婚登记的事实婚姻的定性[①]。根据最高人民法院在《关于适用婚姻法若干问题的解释(一)》的规定去理解,1994年民政部《婚姻登记管理条例》公布实施以后,对于未办理结婚登记而以夫妻名义共同生活的男女,法律是不作为事实婚姻来认可的。但同年的司法解释中,法律又把这种事实上的婚姻纳入了重婚罪的范围,这样的规定或多或少会让人容易混淆或模糊。

在法律实践中,认定是否“以夫妻名义同居生活”本身非常复杂和困难,缺乏统一的标准。从另一个方面看,对于那些已经事实上同居生活,只是不用所谓夫妻名义的情况,则不纳入重婚罪,这样的规定很容易让很多人方便地进行规避。在现实生活中,很多人在有配偶的情况下,与第三方异性同居生活,但不进行婚姻登记,也不使用夫妻的名义,可能使用其他比较隐蔽的如亲戚、秘书、保姆等名义,这样的行为也严重违反了一夫一妻制的原则,在破坏性上并不低于可以纳入重婚罪的行为。

因此,应当从法律的角度,进一步明确和统一对于重婚的概念,婚姻法、刑法以及未来的民法典中关于重婚的概念、罪刑认定应当保持一致。同时,最高法的司法解释、国务院的行政法规的相关概念和解释也应保持一致。在重婚的定性上,笔者认为,考虑到行为的危害性,以及法律操作的便利性,应当把有配偶者与他人同居形成的事实婚姻明确纳入重婚罪的定罪范围,而不论这种事实婚姻是以夫妻名义还是非夫妻名义,是公开还是地下的。同时,在定性上也要注意和一般的有配偶者与他人同居、通奸等概念和行为明确区分开。而对于事实婚姻的认定,则应进一步明

---

① 赵东玉.重婚罪相关法律问题研究[J].现代教育,2010(04).

确标准，即从哪些方面、哪些情况可以认定构成事实婚姻，方便具体的调查取证和罪刑裁定。

2. 增设配偶权

现行的婚姻法规定，夫妻双方应当相互忠实，其实这已经是配偶权的范畴了。笔者建议，应当明确规定夫妻双方享有配偶权。所谓配偶权，属于人身权利的一种，是基于夫妻身份所享有的权利，具体包括夫妻拥有姓名权、生育权、住所权、贞操权、同居权、相互忠实的义务、相互抚养的义务、财产权等。配偶权是一种身份权，是权利和义务的相统一，在行使权利的同时也在履行义务。配偶权的关键是夫妻相互忠实的义务。夫妻要在性生活上保持专一，不得进行婚姻之外的性行为，夫妻不能弃对方于不顾，或为了他人利益而损害配偶的利益等。

在现行的法律规定中，仅仅规定了重婚和有配偶者与他人同居的行为，对于夫妻相互忠实的义务也只是做了一个原则性的规定，不具有法律上的可诉性[①]。配偶权是一种绝对权和对世权，规定了配偶权，就意味着所有以主观故意的心态来破坏他人婚姻家庭的第三方都应该承担侵权损害赔偿责任，这将有力地打击第三者插足的侵权行为。对于现实中大量存在的通奸、姘居、婚外恋等行为，不能仅停留在道德谴责的层面，应当将其纳入配偶权的范畴，从法律的角度进行规定，并从民事赔偿等角度，保障法律规定的可执行性。应当更好地用法律的手段保护当事人的合法利益，维护一夫一妻制原则和婚姻家庭的稳定。

3. 完善婚姻损害赔偿制度

在法律实践中，对于不构成重婚罪，但也违反婚姻相互忠实义务的非法同居、通奸等行为，规范的力度还不够。如果当事人是国家干部或在公共部门工作，约束性还比较强，可以采取行政

① 龙正凤．论现行《婚姻法》对夫妻忠实义务法律保护措施的不足与完善[J]．赤峰学院学报，2011(10)．

处分、批评教育等方式。但实际中有大量行为人是从事私营部门工作，无法采取行政制裁措施。在不能随意扩大刑事制裁范围、行政制裁又有限的情况下，笔者建议可以考虑从民事的角度，进一步维护一夫一妻制的婚姻原则。

应当完善婚姻损害赔偿制度，包括婚内和离婚时的损害赔偿。现行婚姻法实施中的一大弊端就是，只有在婚姻中无过错方离婚的时候才能主张赔偿的权利。有的夫妻，虽然配偶一方发生了对婚姻不忠实的行为，但实际上还没有达到感情完全破裂以致必须要离婚的程度，婚姻中无过错的一方可能仅仅在心理上希望得到道歉和一定补偿。对于有过错一方来说，现实中很多人可能正好以所谓感情破裂为借口和契机，实现从原来的婚姻中脱身的目的。因此，应当从法律的角度规定婚姻损害赔偿制度，根据无过错方的需要，可以在婚内进行损害赔偿，也可以在离婚时进行损害赔偿，从而更好保护无过错方的权益，加大另一方违法成本，树立维护婚姻的良好导向。

应当加大破坏一夫一妻制原则的过错方，包括实施共同侵害行为的第三方的损害赔偿义务。婚姻中的无过错方可以要求配偶方和第三方共同承担侵权责任。在实际情况中，应当区别主观故意和非故意两种情况，对于主观故意的，应当保障无过错方享有财产和精神损害赔偿的权利，停止侵害行为、赔礼道歉、恢复名誉的行为。

从人类发展和文明进步的角度看，一夫一妻制历经数千年的发展，成为全世界范围内普遍认同和施行的婚姻制度，有其合理性、正当性和必然性。无论是从理论还是实践的角度看，一夫一妻制可能并不是尽善尽美的，但作为一项基础性、普适性制度，其价值、作用和意义是毋庸置疑的，是构成婚姻家庭伦理乃至整个社会规则体系的基石。现实中产生的问题和挑战，应当从多个角度加以研究和完善。期待我国未来婚姻法中的一夫一妻制度能够日臻完善，并能为构建和睦文明的婚姻家庭关系发挥重要作用！

一 论生育权

生育行为是人类传宗接代、延续香火所必须的前提，繁衍生息是人类生命最自然的期盼和最天然的行为，因此，人类的生育权也是生命个体所应享有的最基本的自然权利，尊重生育权也就是尊重人类自身。生育权是人身权中出现相对较晚的一个权利，在国内外研究的历史都不长。对于生育权的理论研究，各个国家仍处于探索阶段，除了在相关国际文件中就生育权的某些基本内容达成一致外，有许多内容还有待于进一步研究。我国对生育权的研究起步较晚，理论界广泛引起对生育权的重视始于 1998 年一位丈夫状告妻子擅自作引产手术侵犯其生育权的案件，对于这位妻子是否侵犯了丈夫的生育权问题引起了理论界的激烈讨论，之后，又出现了非婚同居夫妇生育权的讨论、死刑犯的生育权的讨论，随着近几年来生育权纠纷的增多，以及计划生育制度的变化，学者们对生育权的研究也不断深入。但关于生育权的立法在我国几乎空白，随着二胎政策的开放，生育权又成了我们关注的问题。生育权是公民最基本的权利之一，其制度的创设与完善，具有现实意义。

一、生育权的界定

在 19 世纪中后期女权主义者就提出了“生育权”一词。我国《妇女权益保护法》中这样定义生育权：妇女有按照国家有关规定生育子女的权利，也有不生育的自由。在《人口与计划生育法》中规定：公民有生育的权利，也有依法实行计划生育的义务，夫妻双方在实行计划生育中负有共同的责任[①]。我国《婚姻法》当中也明确了计划生育是每对夫妇的义务。目前,学者基本对生育权的概念达成共识,即自然人拥有的依法决定是否生育子女以及如何生育子女的一种资格或自由。

(一)生育权具有自然性

生殖意义上的生育是一切生物繁衍后代、延续生命现象的自然过程。生育过程是指从精卵结合开始,经过卵裂和囊胚形成、着床、胎儿在母体内发育成长,直到胎儿从母体内娩出,一个新的生命形成一系列复杂且不可逆的生物演变过程。因个体身体的自然状况的差异,生育过程并非人人都能得以实现。但随着科学技术的发展,生殖技术取得了重大进步,人工授精、体外受精和无性生殖技术可以代替部分甚至全部生育步骤。费孝通先生指出,"生殖细胞的成熟,性爱的冲动,雌雄交配,生殖细胞的结合,新个体的产生——这一串在较高级的生物中是共有的现象,既属生物就无所逃于这一连串注定的连环,虽则我们还不太明白这连环是靠了什么这样配合着的。种族绵续是这连环所造成的结果,所以可以说是一件素白的生物事实。"[②]无论是自然生育还是人工生育,生育都是一种生物活动。于是生育权就具有自然性。

生育也是一种社会行为,生育权同时也具有社会性。

(二)生育权具有社会性

人类起源的时间在440万以前,在这漫长的时期中史前文化(原始社会)占据了99%以上的时间,而真正能体现人类两性关系的婚姻家庭制度的出现则只有短暂的几千年。生育成为一项权利,是近代发展的必然产物,也是人类共同努力的结果。作为权利,生育权的发展是一个较为漫长的历史过程,不同时代的人们

---

① 《中华人民共和国人口与计划生育法》第17条第一款,公民有生育的权利,也有依法实行计划生育的义务,夫妻双方在实行计划生育中负有共同的责任。

② 费孝通. 乡土中国生育制度[M]. 北京:北京大学出版社,1998,第103页.

对于生育的认识不同，不同国家的政治制度、经济发展、社会文化等因素不同，都影响着生育权的演进发展。与其他权利相比，生育权的发展过程更为明显的受到人口因素的影响。一般而言，理论界一般认为生育制度的确立及生育的权利化大致经经历了自然生育阶段、生育义务阶段、生育权利三个阶段[①]：

1. 自然生育阶段

在人类社会早期社会生产力与生产水平低下，人们不了解生育与性的关系，并且由于生育与性在人们观念上的分离，导致人们没有意识也不可能通过一些措施来控制生育[②]。在当时，生育只是人的一种本能，它处于无序状态，无所谓自由，也无所谓限制。人类此过程的生育更多的体现出了自然的属性。在早期，原始社会是人类生育的自然阶段过程，没有权利与义务之分。

2. 生育义务阶段

随着社会规范的逐渐形成和社会生产力发展的需要，生育脱离了无规范无控制的状况，同时被赋予了更多的社会意义，逐渐形成了一种社会制度。私有制的出现，社会生产力的提高，对于生育行为，人们有了新的认识。恩格斯认为："在整个古代，婚姻的缔结都是由父母包办，当事人服从。古代所仅有的那一点夫妇之爱，并不是主观的爱好，而是客观的义务，不是婚姻的基础，而是婚姻的附加物[③]。"生育成为家族与宗族内的大事，根深蒂固的生育观念强化了个人的生育行为的义务。生育成了传宗接代、财产继承为主要目地的一项义务，夫妻本身就成为实现生育职能的工具，他们显然在家族中没有选择权。封建社会，女性可能因为没有生男孩而被指责甚至被丈夫遗弃。

---

① 樊林．生育权探析[J]．法学，2000(9)，第32－34页．

② 费孝通．乡土中国 生育制度[M]．北京：北京大学出版社，1998，第105页．

③ 马克思恩格斯选集(第4卷)[C]．北京：人民出版社，1972，第37页．

3. 生育权利阶段

生育从义务走向权利是社会发展的必然选择。当生育可以按照个人的意愿进行选择,可以生育、不生育,并且这种选择受到法律的确认与保护时,生育便进入了权利时代。原因主要有[①]:(1)生产力和生产方式的交互作用,引起了社会经济结构的深刻变化,农业文明被工业文明所代替。(2)人们对环境容量的有限性有了新的认识;(3)人权观念的广为传播和深入人心,特别是19世纪女权运动,强化公民权利已成为一种社会发展的潮流。(4)医学技术的提高,生育不只是意志自由的问题,而且在技术上成为现实,具有更大的操控性,从而为生育自由提供了更广阔的保障空间。(5)生育保险制度的建立与完善,一定程度上减轻了"养儿女防老"的迫切性。

(三)生育权是宪法权利与民事权利的融合

1. 生育权是宪法权利

宪法权利,是指受到宪法规定的国家不可侵犯或有义务保护的一种活动能力[②]。其实质是指宪法所规定的权利目的主要是为了保障人的基本权利不受国家机关的侵害,其效力位阶高于普通的法律。宪法性质决定其解决的主要问题是公民权利不被国家侵犯,国家负有责任与义务保护公民基本权利,而不是解决每个公民个人的权利怎样被其他公民个人侵犯等问题。宪法权利是国家权力的基础与源泉,国家权力是人民授予的,国家权力存在的目的是为了保障宪法权利。一切国家权力都是宪法权利派生或转化而来的。

---

① 姜玉梅. 中国生育制度的研究[M]. 成都:西南财经大学出版社,2006,第22—23页.

② 李步云,邓成明. 论宪法的人权保障功能[J]. 中国法学,2002(3).

我国宪法第49条规定，夫妻双方有实行计划生育的义务[①]。根据权利义务相统一原则，有义务必然享有权利，因此生育权是宪法规定的公民基本权利之一。生育权属于人权内容，并且它与宪法的关系是密不可分的。宪法保障人权，人权是创设宪法的核心价值和终极目标。生育权提升为宪法权利是当前我国生育权基本状况所决定的。众所周知，在我国社会实践中公民生育权利的行使最需要防范国家公权力的侵犯，尤其是立法权、行政权，它们对公民权利的侵害是巨大的。生育权作为一项保证人类社会得以可持续发展的基本人权，它应当从宪法的高度加以规定与落实，应以宪性权利的身份处于法律构建的权利体系之巅[②]。生育权在大部分国家宪法中并没有明文规定，我国宪法亦是如此，但我国的《妇女权益保障法》和《人口与计划生育法》却做了相关规定，将生育权作为一项法定权利予以保护。所以，我们可以说生育权性质是宪法权利，国家公权力不得侵犯。

2. 生育权是民事权利

生育权既是宪法赋予公民的基本人权，也是受民法保护的基本民事权利。尽管我国目前主要由宪法性法律来调整生育权问题，但生育权本质上是一种民事权利，作为“权利法”的民法更是用特殊的民事救济手段担当起了实现公民财产权和人身权的重任，只有将其确立为民事权利，才能更好地保护公民的生育权。社会上公民以侵害生育权为由提起民事诉讼的案例有很多，一般多表现为女方未经男方同意私自流产，被男方以生育权受侵害为由起诉要求赔偿。

关于生育权的性质，大致有以下几种学说：基本人权说、民事权利说、人格权说与身份权说等。生育权是自然人与生俱有的一项基本权利，与特定主体的人身不可分离、不可转让，且不具有直接的财产内容。因此，生育权是一种人身权。这点在理论界并不

---

① 《中华人民共和国宪法》第49条第一款，夫妻双方有实行计划生育的义务。

② 赵君君．生育权性质之辨[J]. 重庆科技学院学报(社会科学版)，2009(10).

存在争议，但生育权属于人身权中的人格权还是身份权，学者们众说纷纭。笔者认为“人格权说”更符合现代生育权的本质。原因大致有：(1)人格权是自然人与生俱来而固有的法定权利，是人之所以为人的神圣权利，是人格尊严的重要体现，作为自然人与生俱来的生育权当然为人格权。(2)生育权的实质渊源是人类生存的必然，与夫妻身份无关，生育权与婚姻家庭权并不存在必然联系，也不非要以婚姻家庭作为前提和基础，二者是并列关系，而非从属关系。(3)社会性文化的演进和生育技术的发展使得男方双方对生育权都有了更多的主动权，生育权不仅限于婚姻之内才能行使。社会进步的必然结果导致了人类身份权向人格权大量的转移，生育权也不例外。(4)如果确认生育权为身份权，夫妻互为权利义务主体，当生育权行使发生冲突时，社会作出价值选择进行合理取舍是非常困难的，而确认生育权为人格权就能从根本上避免法律设计上的权利冲突。

生育权是自然人的一种民事权利，并且属于人身权中的人格权的范畴，并能为民法体系中的身体权和健康权所涵盖，生育权不是夫妻之间的身份权，因此，夫妻一方未经对方同意堕胎，或未经对方同意采取或不采取避孕措施以至不生育或生育，或未尽告知无生育能力的义务等只是对配偶一方的不尊重，其行为并不具有不适法性，因此不构成侵权，如果双方不能就此达成谅解可以离婚。同样，医院应患者的要求为其做终止妊娠手术而未经其配偶同意或未要求配偶在手术通知单上签名也不构成对配偶一方生育权的侵权。因为生育主体有决定自己是否生育的权利，医院根据其要求，实施终止妊娠手术，完全是遵循其意愿，这并不为我国法律所禁止。

生育权既是宪法权利，也是一种民事权利，这并不存在矛盾。面对社会上越来越多的生育权纠纷的现实，我们必须明确生育权的主体。

二、生育权的主体

生育权的主体是指能够对生育过程进行控制和支配的人，包括男性和女性。生育权最主要的主体是婚姻关系中的夫妻，但其他未婚生育者仍应拥有生育权。

（一）已婚夫妇

1. 女性主体说

持这种观点的学者认为，女性是生育权的唯一主体。新中国成立后，国家着力保障妇女的生育权利。虽然现行《婚姻法》未将其明确，但《妇女权益保障法》第51条规定，“妇女有按照国家有关规定生育子女的权利，也有不生育的自由。”这一观点即女性主体说与《妇女权益保障法》是一致的。纵观整个自然生育的全过程，由于生理上的自然差异，男子的性权利和生育意愿必须通过女性主体才能实现，任何违背女性意志的男性强权都是违背妇女人权的违法行为[①]。从受孕、怀孕、生产和哺养，女性承担几乎全部的风险，在抚养子女过程中，女性通常会投入更多精力，且多数女性愿意承担起这份责任。然而此过程耗时耗力，女性因此降低了社会竞争力，在就业等方面处于劣势。在这种情况下，婚姻中男女两性所持社会资源不对等。因此，按照权利义务一致的观点，法律应赋予更多的权利于女性，给予女性更多的法律保护。如果给予男性生育权，男性会将自己的权利强加于女性，女性可能因此失去对生育的真正自由。

这一观点考虑了男女间实际的生理差别与女性的弱势地位，但是没有考虑现实因素，女性不可能独立完成生育过程，男性也不可能没有作为基本人权的生育权。生育是所有人都具有的一

---

① 樊林．生育权辨析[J]．法学，2000(9)，第34页．

种生理功能,是自然属性,不能抹去,也不因为法律的不承认而不存在。目前,持有这种观点的人已不多,但是该观点还是受到很多女权主义者的拥护。

2. 夫妻主体说

具有夫妻关系的自然人是最常见的也是最主要的生育权主体,夫妻之间合作行使生育权成为人类繁衍不息的主流,其行为和结果也是社会稳定、家庭和睦的重要因素。由于女性在生育方面所具有的天然优势,因此理论上存在一种只有女性才享有生育权的误解,如全国首例“丈夫索要生育权案”虽两审均告败诉,但“丈夫也有生育权”的观念却在此案长达数年的诉讼中深入人心。近年来许多学者提出,男性不仅是生育权的主体,而且与女性具有平等的生育权。理由主要有:

(1)生育权的基本人权、人格权属性,决定了男性当然享有生育权

作为一项基本人权,生育权平等地赋予了每个自然人。同时,生育权是一种人格权,是人之尊严的重要体现,是自然人所固有、不可转让、不可剥夺的权利,只要是自然人,即当然享有生育权。若夫妻一方要满足生育需求,则配偶是其唯一合法合情的诉求对象。尽管现今社会家庭生育职能被淡化,但夫妻间生育要求是合理的,这是对配偶双方权利的尊重。既然生育需要夫妻共同参与,那么二者也应均享生育权。同时,现有的国际公约和我国法律均确认了男性享有生育权。《德黑兰宣言》以及后续的人权文件均规定生育权为“夫妇享有”的基本人权。

(2)生育行为需要男女的合意与共同参与,男性也应当享有生育权

人类的生育,无论是自然生育还是人工生育,都属于有性生殖,需要男女双方的共同参与才能孕育成生命,无性生殖(克隆)在技术上还属于试验阶段,与现有法律和伦理道德也存在相悖之处。因此,离开了男性或女性任何一方的参与,生育都不可能完

成，生育行为是男女双方合意和共同参与的结果，因此男性同女性一样也应当享有生育权。

(3)男性享有与女性平等的生育权，不存在优劣、先后之分

我国《婚姻法》第 2 条规定："实行婚姻自由、一夫一妻、男女平等的婚姻制度"，第 13 条规定："夫妻在家庭中地位平等"。夫妻作为平等的主体，女性在享有生育权的同时，男性当然享有生育权。"男性生育权不是女性生育权的附属物，不能因为男性与女性在性别和生理功能上的自然差异和生育过程中所起作用的不同就认为男性的生育权应服从于相对方的女性权利人①。"另外，在未放开二胎政策前，法律允许再婚夫妻中一方已生育子女而另一方未生育的情况下，可再生育一胎。所以法律允许再婚夫妻中一方已生育子女而另一方未生育的情况下，可再生育一胎。这也是对丈夫生育权的肯定。

综上所述，已婚夫妇享有平等的生育权。两性生育权并无实质差异，二者在形式和实质上都是平等的，均受到法律的平等保护。

(二)未婚生育者

由于目前我国法律和学术界普遍认为生育权的主体只能是基于合法婚姻的夫妻，所以未婚者不享有生育权。但结合实际情况我们可以发现这种观点是不科学、滞后于现实的，是建立在单一生育方式基础上的认识。作为宪法权利或人格权性质的生育权，其权利能力意义上的主体显然是所有自然人，这是宪法性法律或人权的性质决定的。笔者认为，生育权属于基本人权，不能因公民是否结婚而有所改变。公民有婚姻自由权，可以结婚，也可以不结婚，不能因公民拒绝结婚而剥夺他的生育权。且随着现代科学技术的发展，客观上也为无配偶者实现生育权提供了辅助手段。《人口与计划生育法》第 17 条规定"公民有生育的权利"，

① 苏海健．论两性生育权的平等[J]．菏泽学院学报，2005(6)，第 57 页．

而并不是规定“夫妻有生育的权利”，那么应理解为公民无论是否已婚都享有生育权。此外，随着时代的发展，女性走入社会，女性的社会地位越来越高，思想也得到改变。传统的“丈夫是女人的职业，没有丈夫就等于失业”观念早已被打破。越来越多的女性选择经济独立，家庭关系独立，部分女性没有并在未来也不打算缔结严格法律意义上的婚姻关系，但是她们并非绝对地拒绝恋爱关系，她们仍有男(女)朋友。黑格尔说存在即合理，作为一种客观的社会现象，必然具有其存在的社会基础，这些人不选择婚姻生活，但并不代表其没有生育、延续后代的需求，只要其行为不会侵害他人的合法利益，法律就不应当过度地干涉其生育子女的权利，社会公众也应当予以理解和尊重。

针对徐静蕾透露她曾于 2013 年前往美国冷冻卵子事件，大量网友的支持与官方的观点出现分歧。“央视新闻”官方微博发布《我国单身女性不能使用冷冻卵子生育》新闻，依据是卫生部《关于修订人类辅助生殖技术与人类精子库相关技术规范、基本标准和伦理原则的通知》(卫科教发〔2003〕176 号)的规定：“医务人员必须严格贯彻国家人口和计划生育法律法规，不得对不符合国家人口和计划生育法规和条例规定的夫妇和单身妇女实施人类辅助生殖技术。”自 2003 年 10 月 1 日起执行的《人类辅助生殖技术规范》明确将“禁止给不符合国家人口和计划生育法规和条例规定的夫妇和单身妇女实施人类辅助生殖技术”列入实施技术人员的行为准则中。她虽然是未婚生育，但不是早育，而且已经达到法律规定的婚龄，并没有违反我国计划生育政策。我国已经建立了精子库为不能生育的夫妇提供生育的可能，为什么这种合情合理的请求无法实现呢？原因就在于夫妻生育权说的滞后性：①这种观点是在单一生育方式的背景下提出来的，当时的社会生育只能通过男女两性性行为才能完成，未能预见到人工生育方式所带来的变革。②未能真正认识到生育已由义务过渡到权利，对于妇女的生育自由权的认识仍然只是停留在生育义务的阶段，没有真正尊重妇女的生育自由的权利。③未能正视性自由权利。

废止单性别禁止规定是大势所趋。2002 年《吉林省人口与计划生育条例》第二十八条第二款规定："达到法定婚龄决定不再结婚并无子女的妇女，可以采取合法的医学辅助生育技术手段生育一个子女。"此条例得到了众多单身女性的支持，因为她们享有法律赋予的生育权，并且没有违背计划生育的意愿。尊重与我们生活方式不同的人的选择权，这是历史发展的不可阻挡的潮流。因此，在当事人之间达成协议的情况下，人工授精和代孕行为并没有侵害第三方或社会的利益，而是一种尊重人权、符合人性的措施，法律应当允许，当然也应对其从制度和程序上做出相应的规范。

（三）生育权与计划生育并不冲突

生育作为一种权利，以义务为前提，以救济为保障。我们享有的生育权并不是无条件无限制的，认为享有生育权即意味着爱何时生就何时生，爱生多少就生多少的观点是错误的。对生育权进行合理的限制，要求个人在行使权利时必须承担相应的义务是必要的，这样才能在个人的生育权同他人、集体、社会的权利之间实现平衡，维护社会秩序。生育是一种必须受到国家干预的行为，因此，公民的生育行为不能违反国家计划生育制度。

西方发达国家在 19 世纪就开始有了家庭生育计划，以法律手段调节人们的生育，历来为各个国家所看重，印度尼西亚制订了《人口与幸福家庭发展法》，土耳其制订了《人口计划法》，1994 年联合国（开罗）国际人口与发展大会则把"计划生育"作为专门一节的内容写入《行动纲领》。在中国，抑制生育动力的直接力量就是计划生育政策。计划生育是我国的一项基本国策。履行计划生育义务是夫妻双方及每一个公民的责任。两性间的生育不只是人类自然属性的体现，也是关乎人类生存和发展的重要社会问题。我国人口基数大，社会发展与人口增长的矛盾比较突出，为保证人口与经济、社会、资源、环境协调发展，《婚姻法》和《人口与计划生育法》都对公民的生育问题做出规定。中国的计划生育是对世界人权事业的重大贡献。根据联合国人口基金的统计，1995年世界人口已达到57亿，如不加控制，到2050年将达到119亿，世界将面临人口爆炸危机。中国实行计划生育，使中国的“12亿人口日”推迟了9年[①]。处于法律最高位阶的宪法对计划生育有两条规定，第二十五条规定“国家推行计划生育，使人口的增长同经济和社会发展计划相适应。”第四十九条第二款规定“夫妻双方有实行计划生育的义务。”在中国，人口形势的紧迫性和人口增长所带来的压力是世界各国所罕有的。1980年《中共中央关于控制我国人口增长问题致全体共产党员共青团员的公开信》指出：“中华人民共和国建立以后的三十年中，出生了人口六亿多，除去死亡，净增四亿三千多万人。人口增长得这样快，使全国人民在吃饭、穿衣、住房、交通、教育、卫生、就业等方面，都遇到越来越大的困难，使整个国家很不容易在短时间内改变贫穷落后的面貌……解决这一问题的最有效的办法，就是实现国务院的号召，每对夫妇只生育一个孩子[②]。”因此，计划生育就有必要成为宪法义务。

宪法确定计划生育义务作为一种基本义务，这一基本义务的自然事实前提是生育自由，计划生育义务条款为生育自由提供了内在的限制，使其成为一项有着重要义务负担的自由，并且计划生育义务只是在一定程度上限制了生育方面的选择权，是相对的限制，是有条件的限制，以保证更重要的价值得到保护。这一义务的强度可以随着人口形势的缓和、法律规范限制的放宽而得到调节。这是理解计划生育义务规定需要注意的，也是计划生育法制应当贯彻的根本精神。因此，我国的计划生育政策与公民生育权的保护并不冲突。

---

① 1995年12月《中国人权事业的发展》。

② 《中共中央关于控制我国人口增长问题致全体共产党员共青团员的公开信》1980年9月25日。

三、生育权的内容

目前，关于生育权的内容（也称“权能”①），学界有两类权利说（包括生育自由和不生育自由）②、三类权利说（包括是否生育的决定权、如何生育的决定权、如何不生育的决定权）③、四类权利说（包括选择婚后不生育子女、选择婚后什么时间生育第一个子女、选择婚后什么时间生育其他子女、选择婚后生育几个子女的权利）④和五类权利说（包括生育决定权，生育方式的决定权，决定生育次数的自由，决定生育时间的自由，决定获取生育所需知识、教育、方法和帮助的自由）⑤等。生育权的内容广泛，主要介绍生育权的以下内容：

（一）生育请求权

生育请求权是指权利主体有请求对方帮助自己生育的权利⑥。根据生育的自然属性，完成生育的过程必然要求有男女自然的结合，并且生育过程需要男女双方形成合意、在不违背双方意愿的条件下实现。选择自然生殖方式生育子女的，有权向对方提出通过性交受孕生育的意思表示；选择人工生殖方式的，有权向对方请求同意借助人工生殖的方式生育子女。作为生育权主体的夫妻一方只能向对方提出生育请求，而不能选择婚姻关系以外的第三人作为生育关系伙伴。如果因为某种原因不能生育、需

---

① 孙科峰．生育权范畴论析[J]．学术探索，2004(2)．

② 吴国平．夫妻生育权冲突的法律救济[J]．政法学刊，2007(4)．

③ 张燕玲．生育自由及其保障范围——兼论人工生殖的理论基础[J]．中南民族大学学报（人文社会科学版），2007(5)．

④ 刘引玲．论生育权的法律限制[J]．甘肃政法学院学报，2005(6)．

⑤ 蒋梅，罗满景．生育权基本问题研究[J]．湘潭师范学院学报（社会科学版），2006(3)．

⑥ 马强．论生育权——以侵害生育权的民法保护为中心[J]．政治与法律，2013(6)，第16－24页．

要采用人工生殖方式的，双方应共同向特定的医疗机构做出生育请求，一方不能不经另一方同意而提出请求，否则就构成了对另一方生育权的侵犯。

(二)生育决定权

生育决定权是指公民有权决定自己是否生育的权利①。包括自主决定生育的权利和自主决定不生育的权利。生于决定权是生育权的核心内容，是公民依法享有的最基本的权利之一，不受其他任何人的干预。它从某种意义上来说是和生育请求权相对应的一项权利，当一方行使自己的生育请求权向另一方提出生育请求时，另一方做出意思表示的法律行为实际上就是在实现自身的生育决定权，而提出生育请求一方也正是对自己生育决定权的积极行使。但生育权主体行使该权利时应受到相对的限制，符合人类安全的要求以及子女生存和发展的需要，例如人口计划生育法对超出计划生育限制的公民进行缴纳社会抚养费的行政处罚。生育决定权主要由夫妻共同享有，但在不生育问题上女性有最终的决定权，包括决定不生育以及为实现此目的而采取避孕及流产措施，女方的不生育决定是法律赋予女性的专有权利②。有必要说明的是，《最高人民法院关于适用〈中华人民共和国婚姻法〉若干问题的解释(三)》第 9 条规定，夫以妻擅自中止妊娠侵犯其生育权为由请求损害赔偿的，人民法院不予支持。

(三)生育选择权

生育选择权包括生育数量选择权、生育质量选择权和生育方式选择权。生育数量选择权是指决定子女数量的权利，包括生育的时间、子女的间隔等。生育质量选择权即通过优生优育，确保健康婴儿的出生。生育方式选择权是指男女双方依法享有

---

① 石悦．论生育权[D]．黑龙江大学硕士学位论文，2004.

② 依据《中华人民共和国妇女权益保障法》第 41 条之规定，妇女有按照国家规定生育子女的权利，也有不生育的自由。

选择自然生育方式或人工生殖技术方式生育子女的权利[①]。生育质量选择权主要包括以下几个方面：第一，孕前借助医疗手段保障孕育健康胎儿的权利。随着科技的进步，公民有权在怀孕之前借助医疗手段规避遗传性疾病的发生，从而孕育健康胎儿；第二，借助医疗手段治疗胎儿疾病的权利。通过医疗手段最大程度避免畸形、遗传病胎儿的生育；第三，怀有不健康胎儿是决定终止妊娠的权利。如果胎儿不健康，父母有权选择终止妊娠。学界一般主张基于：医学、优生学、伦理学、经济上的原因以及不愿意怀孕等原因可以终止妊娠。生育主体有权依据自身情况选择自然生育或人工生育方式生育子女，并且可以选择自然生产或者剖腹生产。

（四）生育保障权

生育保障权是指男女在进行生育的过程中，有获得国家提供保障的权利，其包括孕产期和哺乳期不被解雇权、产期休假权、劳动时间哺乳权和特殊劳动保护的权利；享受生育社会保险的权利；孕产期和哺乳期对男方离婚诉权的限制以及同等条件下，丧失生育能力一方的优先抚养子女的权利等[②]。国务院发布的《计划生育技术服务管理条例》规定了国家给予生育权的保障服务措施的责任与义务。

四、生育权的行使冲突

生育权是公民最基本的权利之一，任何人不得以任何方式侵犯生育权，但现实生活中生育权的行使并不是一帆风顺的。

---

① 马强．论生育权——以侵害生育权的民法保护为中心[J]．政治与法律，2013(6)，第16－24页．

② 王旭霞．夫妻生育权的实现与救济[J]．甘肃政法学院学报，2009(103)，第145－150页．

(一)生育权冲突的类型

从时间阶段来看,生育权冲突分为女方怀孕前冲突和怀孕后冲突,也就是是否生育以及生不生的冲突。

1. 是否生育的冲突

怀孕前生育权的冲突主要有以下两种情形:

(1)一方向另一方隐瞒关于生育方面的真实信息,如婚前患有不孕症婚后未及时告知对方,这损害了对方的生育知情权。我国婚姻法第七条中规定患有医学上认为不应该结婚的疾病的情形禁止结婚。第十条中规定有婚前患有医学上认为不应当结婚的疾病,婚后尚未治愈的情形的,婚姻无效。虽然婚前患有不孕症并不是医学上认为不应该结婚的疾病,不能导致婚姻无效,但是不告知对方患有不孕症是严重影响夫妻感情和婚姻关系是否维系的重要因素,导致夫妻生育权发生冲突。夫妻双方应在相互信任、相互尊重的基础上协商解决。协商不成,可以自愿离婚或者提起诉讼离婚,法院可以依据婚姻法第三十二条中“其他导致夫妻感情破裂的情形”判决离婚。

(2)夫妻双方思想观念的冲突,如女方或男方的丁克思想而不愿意生育。从人类发展和社会发展的规律来说,孩子是家庭组成的必要条件,没有孩子的家庭是不完整的家庭。然而随着女性地位的提升和现代社会的快速发展,人们的思想意识也发生巨大的变化。“养儿防老”“无后为大”等观念慢慢淡化,丁克文化生根发芽。但随着年龄的增长和父母长辈的劝导,夫妻一方如有一方迫于社会的压力而改变原先的想法,配偶一方要求生育而另一方则仍保持原有不生育的打算,就会导致生育权的冲突。一个要求生育,一个不想生育,理由都是“生育权”,此时应如何裁决学者们观点不一,有学者认为:作为一名成年公民想要生育下一代的要求是合理的。男女皆然,如果配偶没有生理上的原因或其他正当理由便不应拒绝，男性对女性的要求如此，女性对男性亦然[①]。还有观点认为，“生育权是夫妻共有权，权利共有的一方在处分权利时，应当告知另一方，取得另一方的同意。一方未告知对方或双方没有协商一致而擅自处分其权利，都是违反法律的，相应的，法律应当给予制裁[②]。”

2. 怀孕后生与不生的冲突

夫妻生育权冲突主要集中于女方怀孕后，由于夫妻双方均享有生育权，相互独立，女方怀孕后，男方又反悔，要求女方终止妊娠；女方怀孕后，女方又反悔，私自终止妊娠。夫妻双方的生育权必然发生冲突。主要表现形式有以下几个方面：

（1）一方与第三人有婚外性关系并生育子女。夫妻之间有相互忠实的义务，夫妻在婚内自然生育子女是双方忠实的表现。夫妻一方与婚外第三人生育子女，是严重侵犯夫妻生育权的行为，并且妨害另一方生育权的实现。在婚姻关系存续期间，妻子一方出轨的行为导致受孕，或者丈夫一方不忠的行为导致婚外女性受孕，这两种行为更多的是受到道德和社会风俗的调整，法律在此方面未有明确规定，夫妻无过错一方只有在提起离婚诉讼时得到相应的救济。由于夫妻之间相互忠诚的义务，所以夫妻一方的婚外生育是一种过错行为，不仅妨碍了另一方行使生育权，还应向无过错一方负相应的民事责任。夫妻双方感情破裂、协商无果的情形下，夫妻中无过错一方可以依据婚姻法的规定提起离婚诉讼，一并请求离婚过错赔偿。

（2）妻子单方终止妊娠对丈夫生育权的侵害。妻子一方无正当理由，长期隐瞒男方私自采取避孕措施，或私自堕胎、流产并不告知男方，导致丈夫的生育权不能实现，损害了男方的生育知情权。近几年这种情形在现实生活中和司法实践中发生的几率呈增长趋势，由于社会生存压力的增大，女性对于自身事

---

① 马慧娟．生育权：夫妻共同享有的权利[J]．中国律师，1998(7)．

② 刘作翔．权利冲突：一个应该重视的法律现象[J]．法学，2002(3)．

业的考虑或顾忌自己的身材，妻子一方私自堕胎的情形越来越多，这不仅损害夫妻之间的感情，同时也导致夫妻间冲突的发生。

(3)丈夫单方意愿侵害妻子生育权。

男方为了生育子女的目的强迫女方进行生育，或者男方坚持不生育要求女方堕胎，这两者都是损害妻子生育权益的行为。生育权本质是天赋人权，这就决定了无法强制公民是否生育，只能适当的限制生育权的行使。根据夫妻双方享有平等的生育权的原则，夫妻一方在行使生育权时，不能侵害对方权利，损害对方利益。夫妻双方在是否生育，何时生育等问题上无法达成一致意见时，其中任何一方都不能强迫对方接受自己的意志，夫妻双方应在相互信任的基础上，尊重彼此的意见。男女双方享有平等的生育权利，才能使生育权的行使符合法律要求，符合当事人期待的结果。

(二)解决冲突的原则

1. 妇女权益优先保护原则

生育权平等，并不是对等[①]。在整个生育过程中，女性在生育孩子方面履行更多的义务，在这期间比男性更加辛苦，且生产的危险系数也高。妇女不仅要忍受生理上的痛苦还要承受怀孕上的精神压力。在生存竞争日益激烈的今天，怀孕、生产、哺育子女还可能因为这丧失工作岗位和发展机会。依据民法中权利义务相一致的原则，相应的权利也要对等，女性在生育问题上享有更大决定权。在我国现阶段社会中，由于深受几千年的封建思想的影响，男尊女卑的传统思想依然存在。男女地位的不平等使女性饱受其害。在夫妻关系中，男方可能基于某种原因强迫女方怀孕或者强迫女方堕胎。一些学者认为，妊娠直接关系着女性自身的

① 邢玉霞．现代婚姻家庭中生育权冲突之法律救济[J]．法学杂志，2009(7)，第79—81页．

身体、健康、生命，在是否生育的问题上，应当优先考虑女方的利益。美国最高法院的法官通过一系列的判例确认了妇女的堕胎权，否定了丈夫对妻子流产的同意权，明确指出，在父亲的利益和母亲的私权冲突时，法院倾向于保护后者[①]。我国司法实践中，对女方未经男方同意的流产行为，一般不认为是侵害男方生育权，因为生育权的行使与女方关系最为密切，妻子有权单方决定生育权的行使。结合之前的论述，我们可以看出女性在生育中的特殊地位以及其权益保护的原因，因此，在夫妻生育权冲突的解决过程中遵循妇女权益优先保护原则，可以使女方避免沦为生育工具，从而提升女性的地位，实现男女平等。

2. 儿童权益保护原则

1959年11月联合国《儿童权利宣言》序言称："鉴于儿童身心尚未成熟，在其出生前和出生后均需要特殊的保护及照料，包括法律上适当的保护"，这一说法将子女利益的法律保护前延至出生之前。对生育权的权利主体应当在婚前进行身体检查，排除可能遗传的疾病给子女。对为人父母者，应当主动负责地送行婚检，不适宜生育的则不生，需要治疗的则及时医治，不把缺憾留给下一代。另外，生育权的主体有义务给予子女同其他人一样正常生活和发展的机会。子女的养育过程是辛苦而耗费时间、精力、物力和财力的。生育权利人在生育之前理应考虑自身的情况决定是否生育、何时生育、生育子女的数量等问题。子女的数量不同，单个子女获得的资源也不同。少生才能优生、优生才能优育，子女的利益的权衡是为人父母者应尽的义务，一切都是为了子女的身心健康和长远发展。

3. 协商一致原则

生育行为是夫妻内部共同的意思表达，必须夫妻双方相互配

---

① 夏吟兰．美国现代婚姻家庭制度[M]．北京：中国政法大学出版社，1999，第87页．

合，相互协助，在合法婚姻关系内的夫妻双方共同平等地享有生育权，都有决定是否生育的自由。夫妻均享有生育权，这是夫妻双方共同享有的基本权利，也是男女地位平等的体现。另外，在婚姻关系中，夫妻双方的意思表达不可能永远一致，必然存在冲突，在生育权方面表现即为夫妻生育权的冲突。任何一方都不能损害另一方生育权来实现自己的生育权，原因有：(1)夫妻对生育的共同参与。生育权的自然属性决定生育权的行使需要双方的配合，即使一方想生育后代，也不能强迫不愿意生育的另一方配合，不能侵犯其生育权；(2)夫妻对子女抚养的共同义务。我国现行《婚姻法》规定："父母对子女有抚养教育的义务"，"父母有管教和保护未成年子女的权利和义务。"生育行为的直接结果就是子女的出生以及对子女抚养、管教等亲权的产生。因此，生育行为必须是双方共同的意思表示。

对于夫妻生育权的冲突法律不能强制解决，但同时若夫妻一方或双方诉诸法律时，司法机关应在公平公正的基础上，依据权利义务相一致的原则，考虑到女性承担了更多的义务和风险，适当地向女性倾斜，兼顾男方的生育利益。适当向女性方面倾斜并不代表女性占完全支配地位。夫妻生育权的行使必须体现夫妻双方的共同意志，考虑到丈夫的生育利益，符合公平公正的法律要求。

五、生育权的立法保护

生育后代不仅是个人生命的延续、家庭生活的需要，也是民族、种族和国家发展的需要。因此，任何一个现代国家的法律都必须承认和保障人的生育权。无论是实行计划生育并为此立法，生育权都是生育法律规范的基点，而且被认为是基本人权之一。

(一)我国生育权的历史沿革及相关立法

我国的法律从来都确认生育权。《宪法》第 49 条规定："夫妻双方有实行计划生育的义务”,现行《婚姻法》对这一义务也做了相应的阐述,其涵义是:夫妻双方有权生育,但是必须有计划。宪法强调夫妻在生育上的计划义务,是在有权生育的基础上,赋予夫妻以生育权,之所以强调计划生育的义务,是国情使然,目的是使人口增长同经济和社会发展相适应,最终实现国家、民族的繁荣昌盛,个人、家庭的富裕幸福。1992 年 4 月通过的《中华人民共和国妇女权益保护法》中第 47 条第 1 款规定:“妇女有按照国家有关规定生育子女的权利,也有不生育的自由”,第一次在法律上从生育权的角度保护公民的权利。并且该法第 25 条第 2 款规定,妇女在经期、孕期、产期、哺乳期受特殊保护。第 35 条规定,妇女的生命健康权不受侵犯①。相关法律、法规对生育权基本上采取同样的表述方式。2002 年 9 月实施的《人口与计划生育法》第 17 条规定:“公民有生育的权利,也有依法实行计划生育的义务,夫妻双方在实行计划生育中负有相同的责任”,进一步对生育权进行了规定。《母婴保健法》第 10 条规定:“经婚前医学检查,对诊断医学上认为不宜生育的严重遗传性疾病……经男女双方同意,采取长效避孕措施或结扎术后不生育的,可以结婚。”这些散见于法律、法规的规定,认为男性在计划生育以及优生优育方面与女性享有同等义务。在其他政府文件中则表达了生育权观念,如《中国人权事业的进展》指出:“国家尊重妇女的生育权,保护妇女的生育健康②。”而《中华人民共和国人口与发展报告》则重申了我国对 1994 年《国际人口与发展大会行动纲领》③的承诺:“个人和夫妇自由地、负责地决定生育子女数、生育间隔以及选择适当避孕方法的基本人权必须受到尊重”。

---

① 1992 年《中华人民共和国妇女权益保护法》第 47 条,第 25 条,第 35 条。

② 《中国人权事业的进展》第 6 条,保护妇女、儿童合法权益,国家尊重妇女的生育权,保护妇女的生育健康。

③ 1949 年 9 月《国际人口与发展大会行动纲领》,原则 8,所有夫妇和个人都享有负责地自由决定其子女人数和生育间隔以及为达此目的而获得信息、教育与方法的基本权利。

（二）生育权的立法完善

1. 在《人口与计划生育法》中扩大生育权的主体范围

在人工生殖技术逐渐发展的条件下，生育方式有了新的突破，原有的依据单一生育方式所制定的法律法规也应相应地做出调整，以适应变化了的社会现实。我们可以得出结论：生育权的主体应该是所有达到法定年龄的有生育意愿的公民。只要不损害国家、社会和第三人的利益，所有达到法定年龄的公民，不分性别、民族都可以成为生育权的主体。而《人口与计划生育法》中明确了"公民"都可以享有生育权，但因计划生育的影响，该法不仅对生育权的行使进行了限制，在生育权主体认定方面还有不足。建议《人口与计划生育法》第 17 条完善为"达到法定年龄、有生育意愿的公民，不分性别、民族都享有生育权，并且有依法实行计划生育的义务，夫妻双方在实行计划生育中负有共同的责任。"

2. 在《婚姻法》中明确夫妻生育权冲突时的解决原则

在我国生育权主体立法尚未出台的形势下，为应对频繁出现的生育权纠纷，并且为了更有力地保障生育权主体合法利益，应尽快出台相关司法解释，明确夫妻生育权冲突的解决原则。妇女跟儿童在大多数情况下属于弱者，在面临冲突时其生育权很难得到完善的保障。因此，建议在《婚姻法》分则中明确生育权的内容，并且明确解决冲突时应遵循的原则，即优先保护妇女和儿童的权益并协商一致。在夫妻间侵害生育权的情况下，如果不能协商解决，且双方感情确已破裂，此时可以通过离婚的方式来解除对生育权的侵害。

3. 在侵权责任法中的完善

对于侵害生育权的行为，国家必须制定针对性强的损害赔偿制度，切实实现生育权的法律保障与司法救济。在我国《侵权责任法》第二条中规定侵害民事权益，应当按照本法承担侵权责任，然而这里的“民事权益”并没有明确地把生育权包括在内，当公民生育权遭到侵害时，在侵权责任法中明确保护生育权很有必要。因此，建议我国《侵权责任法》第二条完善为：“侵害民事权益，应当按照本法承担侵权责任。本法所称民事权益，包括生命权、健康权、姓名权、名誉权、荣誉权、肖像权、隐私权、婚姻自主权、生育权……”

生育权问题的切入点很多，在此着力探讨生育权性质、生育权主体，研究中尽量引入实证分析与比较研究等多元方法，旨在拓宽对生育权主体的认定范围，最大程度地给予特殊主体以有效保护，并期待我国完善生育权法律体系的构建，切实保护公民的生育权。但由于生育权主体研究涉及多门学科知识的交叉，如社会学、伦理学、经济学等，笔者学力有限，知识储备不足，虽已尽最大努力试图就主要问题进行深入探析，但还留有不少问题有待继续研究与不断充实，比如生育权主体的历史演进、特殊生育权主体的涵盖不够全面、特殊主体保护机制的革新、生育权冲突中儿童权利的保护等。生育权主体的研究，不仅需扎实的理论知识，还需要丰富的实践经验，以及对国际与他国法律法规的系统研究。本研究深度有限，仍需日后更为深入的思考与延伸。

论我国夫妻财产制中的个人财产

现行《婚姻法》(2001)已经修订并实施了十七年,虽然引入了个人财产的规定,一定程度上满足了当今中国社会经济发展和婚姻、家庭关系的需要,但随着我国社会经济的发展,家庭成员就业渠道、生产经营方式和社会财富分配机制和财产来源日趋多样化,财产呈不断增长和丰富的趋势。我国《婚姻法》关于个人财产的相关规定凸显不足,主要表现为对夫妻个人财产的规定过于笼统与概括,不具体、不全面,不能适应实践的需要。近年来,我国离婚率居高不下,离婚财产分割的焦点之一就是界定夫妻财产的归属,为公平高效地解决纷繁复杂的离婚财产纠纷,切实保护婚姻当事人的合法权益,依法维护婚姻的和谐稳定,对夫妻个人财产的研究非常具有理论意义与现实意义。

一、我国夫妻财产制度概述

夫妻财产制又称婚姻财产制,是关于夫妻婚前财产和婚后所得财产的归属、管理、使用、收益、处分以及债务的清偿、婚姻解除时财产清算的根据等方面的法律制度。[①] 夫妻财产制调整夫妻财产关系,是《婚姻法》第三章"家庭关系"的主要内容。主体体现在现行《婚姻法》第 17 条、第 18 条、第 19 条规定中,我国现行的夫妻财产制包括法定财产制与约定财产制,约定财产制优先于法定财产制的适用。其中,第 18 条规定的是法定财产制下的个人财产的范围。同时,根据第 19 条约定财产制的规定,夫妻双方可以

---

① 陶毅 . 婚姻家庭法[M]. 北京:高等教育出版社,2006,第 123 页 .

以约定的方式来确定个人财产的范围。

(一)法定夫妻财产制

法定夫妻财产制指依据法律规定而且直接适用的夫妻财产制,其适用的前提是夫妻双方未就财产问题作出约定或者约定无效。我国《婚姻法》实行的是以个人特有财产为补充的有限制的婚后所得共同制。

1. 有限的共同财产制

有限的共同财产制即除了法律规定属于夫妻个人所有的财产以外,其他婚后所得的财产均为夫妻共同财产。有限的共同财产制是相对于一般共同制和婚后所得共同制而言的,比前两者所规定的共同财产的范围更窄。《婚姻法》第 17 条[①]是关于法定夫妻财产制中共同财产制的规定,共同财产制符合中国婚姻传统中"同居共财"的理念,有利于实现男女平等,对维护家庭和谐稳定有重要意义。

2. 个人特有财产制

夫妻特有财产,与共同财产相对应,是夫妻婚后实行共同财产制时,依法律规定夫妻保留的个人所有财产。2001 年修改后的婚姻法第一次明确规定了夫妻个人特有财产制度,它以共同财产制为前提,其设定是对夫妻婚后所得共同制的补充和限制。根据现行《婚姻法》第 18 条,有下列情形之一的,为夫妻一方的财产:(1)一方的婚前财产;(2)一方因身体受到伤害获得的医疗费、残疾人生活补助费等费用;(3)遗嘱或赠与合同确定只归夫或妻一方的财产;(4)一方专用的生活用品;(5)其他应当归一方的财产。

---

① 《婚姻法》第 17 条规定:夫妻在婚姻关系存续期间的下列财产,属于共同财产:(1)工资、奖金;(2)生产、经营的收益;(3)知识产权的收益;(4)因继承或赠与所得的财产,但遗嘱或赠与合同中确定只归夫妻一方的财产除外;(5)其他应当属于共同所有的财产。

立法规定个人特有财产制体现了个人本位，有利于个人财产权保护，有利于调动人们创造财富的积极性，也体现了公平、效率的立法理念。

（二）约定夫妻财产制

约定夫妻财产制是相对于法定财产制而言的，指由婚姻当事人以约定的方式，选择决定夫妻财产制形式的法律制度。《婚姻法》第19条[①]对约定夫妻财产制有专门规定。从法律效力上，约定财产制优先于法定财产制适用。婚姻法作为身份法，具有明显的强制性，但婚姻法又属于私法，应当体现意思自治。就夫妻财产关系而言，赋予当事人一定的自由处分权，有利于实现婚姻自由和婚姻当事人权利的保护，从而提高婚姻的质量，促进婚姻的和睦稳定。

二、我国夫妻财产制中的个人财产

（一）法定夫妻财产制中的个人财产

1. 规定夫妻个人财产的立法意义

第一，规定夫妻个人财产是权利时代权利本位在婚姻领域的体现。法律规定个人财产主要是为了弥补共同财产制对个人权利和意愿关注不够的缺陷，防止共同财产范围无限延伸，不利于保护个人财产权。[②] 婚姻是一个家庭伦理共同体，虽然强化夫妻

---

① 《婚姻法》19条规定："夫妻可以约定婚姻关系存续期间所得的财产以及婚前财产归各自所有、共同所有或部分各自所有、部分共同所有。约定应采用书面形式。没有约定，或约定不明确的使用本法第17、18条的规定。夫妻对婚姻关系存续期间所得的财产以及婚前财产的约定，对双方具有约束力。夫妻对婚姻关系存续期间所得的财产约定归各自所有的，夫或妻一方对外所负的债务，第三人知道该约定的，以夫或妻一方所有的财产清偿。"

② 中华人民共和国婚姻法注释本[M]. 北京：法律出版社，2011，第11页.

之间的义务更有利于家庭成员的团结和睦，但不能因此否认家庭成员中夫妻双方财产权利的相对独立性。从历史角度来看，夫妻人身关系早已经实现了从古代夫妻一体主义到近代夫妻别体主义再到当代夫妻平等主义的转变。实现夫妻平等就必须尊重夫妻双方各自的财产独立自主权。确定夫妻一方独立的个人财产权，有利于调动人们创造财富的积极性，有利于整个社会经济的发展进步。对夫妻财产关系的规范，不能脱离我国目前的基本国情和经济发展状况，在坚持法定共同财产制为主导财产制的前提下，规定夫妻个人财产权既是夫妻人格独立的必然要求，也体现了经济基础对婚姻家庭制度的制约影响作用。

第二，明确个人财产的范围，有助于高效解决离婚案件中夫妻之间财产分割纠纷。财产分割作为离婚的后果是离婚案件审理的两大焦点之一，由于当前立法对夫妻个人财产所有权的归属规定不清，导致离婚案件的审理难度和审理效率较低。根据司法审判需要，我国婚姻法明确夫妻个人财产的范围就等于明确了夫妻共同财产范围和个人财产界限，既可使婚姻当事人明确财产权益的范围，在日常生活中合理合法地行使自己的权利，又可以为离婚诉讼时裁决夫妻财产权益争议提供法律依据，提高司法审判的效率。

第三，规定夫妻个人财产符合世界婚姻家庭立法发展的趋势。规定夫妻个人财产在域外立法中有广泛的立法例。如《法国民法典》第 1404 条①，《瑞士民法典》第 198 条都有关于夫妻个人财产的规定。

2. 我国《婚姻法》规定的夫妻个人财产的范围

2001 年，修正后《婚姻法》对夫妻财产制作了重要改进，其中最重要的一点，与有限共同财产制相对应，明确界定了个人所有财产。对于夫妻一方个人所有的财产范围，我国《婚姻法》第 18

① 白俊玲．法定夫妻财产制中的个人财产研究[D]．复旦大学学位论文，2008.

条作出了不完全的列举性规定。具体包括婚前财产、个人受伤的医疗费、特有遗嘱和赠与的财产及个人专用生活用品等。因为这些财产从发生原因上和发生的目的上与一方关系密切，而与夫妻另一方没有关系，规定为夫妻一方的个人财产才符合公平正义的理念。由于家庭财产的多样化与复杂化，加上婚姻法本身具有较强的概括性和凝炼性，避免挂一漏万的弊端，上述18条对个人财产作了一个兜底条款的规定“其他应当归一方的财产”，并为后来的司法解释所进一步明确化。《最高人民法院关于适用中华人民共和国〈婚姻法〉若干问题的解释（二）》（下文称《婚姻法解释二》）第13条[①]、该解释第22条第1款[②]、《婚姻法解释三》第5条[③]有细化的规定。婚姻法及相关司法解释对个人财产范围的规定仅限于此，除此之外，再无其他具体规定。

3. 我国法律规定夫妻个人财产的特征

我国法律规定的夫妻个人财产具有以下几个特点：

第一、夫妻的个人财产是与夫妻共同财产相对应的一个概念，其发生基础是婚姻关系的产生。如果夫妻关系不成立，那么个人财产前面就没了“夫妻”二字。

第二、由法律直接规定是夫妻法定个人财产取得的方式。我国法律上所认定的夫妻个人财产是对夫妻一方通过自己独立劳动所获得的财产或者是从发生根据上与夫妻另一方无关联的财产，这些个人财产的权利归属，是被法律所直接肯定的。

第三、夫妻个人财产的权利主体是夫妻一方。所有权是一种支配权，所有人对他所拥有的一切财产具有完全的支配权利，可以通过使用、占有、收益等法律上所允许的方法展示自己对该物

---

① 《婚姻法解释二》第13条规定：“军人的伤亡保险金、伤残补助金、医药生活补助费属于个人财产”。

② 《婚姻法解释二》第22条第1款规定：“当事人结婚前，父母为双方购置房屋出资的，该出资应当认定为对自己子女的个人赠与，但父母明确表示赠与双方的除外。”

③ 《婚姻法解释三》第5条规定：“夫妻一方个人财产在婚后产生的收益，除孳息和自然增值外，应认定为夫妻共同财产。”

的特有的权利。所有权必须是依法确立的，法律一旦承认了某物的所有权，那么该物的所有人在同时也会具有其他的一些物权。

4. 法定夫妻个人财产制中的不足

《婚姻法》第 18 条对夫妻个人财产的规定具有高度概括性。在司法实践中遇到各种情况，尤其在离婚案件的处理中财产分割比较复杂。不能直接运用法条解决问题，加大了难度。首先，一方婚前财产的认定存在争议，比如，用婚前财产在婚后购买的财产，或者把婚前财产变现后在婚后所购买的财产是否属于夫妻个人财产就是一个问题。其次，对一方专有生活用品的判定标准不明。目前妇女专用的装饰类首饰，一件玉器首饰可能是一个家庭全部财产也买不来的，如果笼统地认为一方专用生活用品都归女方所有，这样难免有失公平。所以，对一方专用的生活用品必须有明确的界定条件。另外，婚姻关系存续期间取得保险金、一方婚前知识产权的收益、房产产权和彩礼嫁妆等财产问题的归属上缺少明文规定。由此看来，现有法律关于个人财产的规定已经不能满足当今司法实践的需要，需要更进一步的完善。

(二)约定夫妻财产制中的个人财产

1. 我国现行约定夫妻财产制之解读

根据《婚姻法》第 19 条的规定，夫妻双方可就婚前财产与婚后财产的归属作出约定，约定的类型包括各自所有的分别制、共同所有的共同制及部分共同部分各自的混合制。该条对约定的财产制类型不属于强制性的硬性规定，而是一种引导式的授权性规定。当事人可以选择其中的某一个类型，也可以另外创设其他的类型。对约定中未涉及的财产或者约定不清的财产适用法定财产制即《婚姻法》第 17 条和 18 条的规定。另外，婚姻法第 19 条还规定了夫妻财产约定的效力只对夫妻双方有效，在第三方不知情的情况下，对第三方无效。

2. 夫妻财产约定制度的不足及理论分析

在约定财产制有效的情况下，约定的内容直接决定了夫妻个人财产的范围。因此约定的有效要件是决定夫妻财产约定效力的重要问题。《婚姻法》第 19 条未规定夫妻财产约定的有效要件，也未规定夫妻财产约定可否撤销和变更，夫妻财产约定是否直接发生物权变动的效力。上述规定的不明确直接导致司法实践中相关案例中当事人争议非常大，案件的审理在不同法院产生同案不同判的现象较为明显。

从理论上，夫妻财产约定应当适用合同法的基本原理，笔者认为约定有效的要件包括以下几个方面。第一，约定主体合法，即完全民事行为能力人。夫妻财产约定是为了解决婚前及婚后的夫妻财产关系，并以规范婚姻成立后的夫妻财产关系为主，因此，约定成立的前提是婚姻有效。如果婚姻法事人因违反结婚的实质条件导致婚姻无效的话，约定自然就无效。夫妻财产约定可以发生在婚前或者婚后，如果是在婚前约定的话，夫妻财产约定必须在婚姻成立后才能生效。第二，夫妻财产约定必须双方意思表示真实，不能存在欺诈与胁迫的情形，否则应当可以撤销和变更。第三，夫妻财产约定不能违反法律的禁止性规定，不能损害国家利益与他人利益，否则约定无效。此外，通说认为：一般情形下夫妻财产约定不能单方撤销和变更。因为夫妻财产约定属于双方就夫妻财产达成的合意，合法有效的合同受法律保护，不能单方无故撤销和变更，除非双方重新达成一个新的合意。夫妻财产约定不同于夫妻之间的赠与，赠与是可以适用合同法依法单方撤销，但夫妻财产约定必须要双方重新达成一个协议才能变更。

夫妻财产约定在夫妻当事之间有效，对第三人的效力仅在第三人知情时才有效。就夫妻之间的法律效力而言，约定是否直接在夫妻之间产生物权变动的效力，现有立法未有规定。就对外效力而言，立法只规定了夫妻若约定分别财产制，夫妻一方对外所欠债务只有第三人知道时,才有对抗效力,否则依然属于共同债务。由于夫妻财产约定均未有登记,所以不产生对第三人的公信力,第三人与夫妻一方所发生的债务关系是以登记为对抗要件的,以登记作为产权的表征,夫妻一方不能基于夫妻双方的约定对抗第三人,这样的规定有利于维护交易安全。我国《婚姻法》第19条对夫妻约定财产的对外效力规定不全面,且没有具体规定基于夫妻约定的财产变更与《物权法》上规定的物权变动之间的法律关系,实践中多数法院适用《物权法》来判断财产归属,而忽视了夫妻财产约定的适用,这些直接导致夫妻约定财产的效力大大降低,这与立法确定夫妻财产约定制度的初衷相违背。

(三)夫妻个人财产权利的行使

对于夫妻双方个人私有财产的规定,对社会的稳定具有非常重要的意义,因为这不仅仅关系到婚姻关系中两个人的财产处理和利益关系,还涉及整个社会的财产安全问题。《婚姻法》中并未对夫妻个人财产权利做出明确的规定,因此根据《民法》中对于财产的描述,夫妻双方对其私有的财产具有的权利也就是物权的内容体现,即占有权、使用权、收益权、处分权。在民法规定中,夫妻双方之一对自有的私有财产具有处分权,所谓处分权指的是财产所有者对于自己的私人财产具有事实上和法律上的处分权利,前者描述的是个体对于财产实体的改变和变更,后者描述的是该权利所有者的变更。在《民法》的规定中,财产私有者对于自身财产的处分行使无需得到婚姻中另一方的许可,也不受对方的反对和阻挠。但是如果一方在行使处分权的过程中对另一方的利益或者生活造成了一定的影响,就必须受到控制。

从财产权利的归属上,对于夫妻个人财产,显而易见,夫妻个人享有占有、使用、收益和处分的权利。这里,值得强调的是夫妻一方所有的财产,另一方是否有占有、使用、收益和处分的权利,表面来看,可能会得出否定的答案,但认真分析婚姻的目的,婚姻是夫妻双方以终身共同生活为目的的伦理共同体,如果一方对另一方所有的财产无任何占有、使用、收益的权利，无疑不利于家庭生活的和谐，也是违反婚姻善良风俗的。所以，笔者认为，婚姻中的夫妻一方财产所有权，最具有决定意义的是处分权，而占有、使用、收益可以双方共享，当夫妻双方就使用个人财产发生争议时，应当优先尊重和保护所有权人一方的权益。但如果夫妻一方对个人财产权处分直接影响到家庭的稳定，立法就应该对这种处分进行限制。

三、关于夫妻个人财产范围的争议问题

（一）个人财产婚后孳息的归属

孳息是指从原物中所出的收益，分为天然自孳息和法定孳息两种。前者指果实、动物的生产物以及其他的自然属性而取得的利益。后者则是因法律关系所获得的收益，比如出租人根据租赁合同所取得的租金、贷款人根据贷款合同取得的利息等。

我国学者对其归属主要有四种观点：[①]观点一，孳息属于从物，从物的权利随主物，主物是个人财产，孳息也应该认定为个人财产，增值财产也一样。观点二，不论是天然孳息，还是法定孳息，都应该根据双方是否投入了时间和精力来确定是否属于共同财产，若一方没有投入时间和精力，则仍属个人财产。观点三，在婚姻家庭法领域，受有限共同财产制的限制，婚前财产在婚后所生的孳息虽仍属原物所有人收取，所有权归属于夫妻双方。观点四，对孳息的归属，按照性质不同，应区别对待。对于经常消费的天然孳息，如果实、粮食等应属于共同财产；而对不需要投入时间、精力的法定孳息，如利息、股权分红等应归为个人财产；对双方都投入了时间、精力后取得的孳息则应属共同财产。归根结底，根据夫妻双方是否对不同的孳息的产生投入了时间和精力来

① 白俊玲．法定夫妻财产制中的个人财产研究[D]．复旦大学硕士论文，2008.

确定权利归属。上述观点对孳息归属的理论依据主要有二:一是根据主从物关系确定孳息归属,二是根据劳动付出与否确定孳息归属。根据《婚姻法解释二》第11条所规定的"一方以个人财产投资产生的收益"属于夫妻共同财产。因此可以推论得出我国最高人民法院否定了以主从物标准来认定孳息的归属,而以是否投入劳动来认定孳息的归属。

《婚姻法解释三》第5条规定除孳息和自然增值外,夫妻一方财产婚后产生的收益属于共同财产是有失严谨的。笔者认为应该考虑孳息产生的过程中夫妻双方是否投入了时间和精力。如果婚后个人财产产生孳息的过程中对方同样付出了劳动和时间,此时再把孳息归属为个人财产是违反公平原则的。因此,类似果实、动物生产物等自然孳息往往有夫妻双方的共同劳动,应当规定为夫妻共同财产,即将自然孳息排除在个人财产之外。

(二)婚姻关系存续期间所得的保险金的归属

1. 婚姻关系存续期间所获得的财产保险金的归属

财产保险坚持的是损失填补原则,有损失才有赔偿,财产的归属直接决定了财产保险金的归属。夫妻个人财产的保险金应当属于夫妻个人财产。

2. 婚姻关系存续期间所获得的人身保险金的归属

夫妻一方因受到人身伤害所获得的保险金被认定为一方的个人财产,因为人身伤害的保险金具有严格的人身属性,主要用途是受害一方今后的生活保障。有争议的地方在于夫妻一方作为他人人身保险合同受益人而获得的人身保险金的权利归属。主要有"个人财产说"和"共同财产说"两种不同观点。前者认为保险合同受益人的指定体现了投保人与受益人的特定关系,表明了保险金的专属性,作为夫妻共同财产处理,违反了投保人或者被保险人的意愿。[①] 在夫妻一方被指定为他人人身保险收益人的情况下，将保险金作为夫妻共同财产处理不利于道德风险的防范，实际上造成另一方配偶未经被保险人指定或同意直接成为受益人。[②] 后者认为夫妻中的一方以收益人的身份所获得的保险金作为夫妻共同财产。因为作为受益人取得的保险金与夫妻双方在人身上没有什么密切的联系。[③] 笔者认为，人身保险金"个人财产说"更加合理。这样即尊重了投保人的意愿，也有利于规避保险的道德风险。

3. 婚姻关系存续期间所获得的社会保险金的归属

社会保险主要包括养老保险、工伤保险、医疗保险等险种，对应的保险金有养老保险金、医疗保险金、工伤保险金等其他社会保险金。养老保险金是国家通过保险机构向退休职工发放的生活费，其养老保险金的取得以职工已经向社会保险机构缴纳了养老保险费为前提条件，养老保险费一般由企业从职工工资中代扣代缴。因此养老保险金具有工资的属性。根据《最高人民法院关于适用〈中华人民共和国〉若干问题解释(二)》第 11 条第三项规定："男女双方实际取得或应当取得的养老保险金、破产安置补偿费是夫妻共同财产"。学界对此养老保险金的归属几乎没有争议，这项规定对婚姻关系的稳定发展有积极作用。

医疗保险、工伤保险等社会保险的主要功能在于保障功能，其不具有储蓄性质，其中的资金不能去除不能退保，因此不能分割保费也不能予以现金分割。医疗保险、工伤保险设计的目的在于保障投保人在患病及工伤时可以获得及时救治，其具有极强的人身专属性。《婚姻法》第 18 条规定："一方因身体受到伤害获得的医疗费、残疾人生活补助费等费用"属于夫妻个人财产。因此，

---

① 刘学圣．离婚财产分割中的若干问题(下)[J]．山东审判，2002(4)，第 50 页．

② 但淑华，白鹏飞．离婚财产分割中的人身保险问题探析[J]．保险研究，2010(3)，第 104 页．

③ 唐左平．离婚案件涉及家庭保险若干问题研究[J]．人民司法，1999(4)，第 17 页．

可以推理得出：实践中夫妻一方因罹患疾病、遭遇工伤等获得的医疗保险金、工伤保险金属于个人财产。[①]

（三）一方知识产权收益的归属

对于知识产权收益的归属以往学者有以下三种观点：

第一，期待利益说。在婚姻关系存续期间，夫妻一方就其知识产权尚未与他人订立使用合同，该项知识产权的经济利益只是一种期待利益，该项财产权利不能归夫妻共有。[②] 第二，共同财产说。该观点认为，夫妻一方在婚姻关系存续期间所得知识产权所产生的经济利益，无论是现实已经取得，还是期待利益，均应属于夫妻共同财产。[③] 理由就是该知识产品的财产权是在婚姻关系存续期间取得的。[④] 第三，知识产品共有说。此观点也认为在婚姻关系存续期间所得知识产权的收益应视为夫妻共同财产，无论是否现实取得，理由是婚内完成的知识产品属于夫妻共有。[⑤]

《婚姻法》第 17 条第三项规定：夫妻在婚姻关系存续期间所得的知识产权的收益归夫妻共同所有。《婚姻法解释二》第 12 条规定：婚姻法十七条第三项规定的"知识产权的收益"，是指婚姻关系存续期间，实际取得或者已经明确可以取得的财产性收益。

根据婚姻法和《婚姻法解释二》的规定，知识产权的收益是以是否在婚姻关系取得为标准的。知识产权的收益具有不确定性，倘若一个人在婚前取得知识产权并与他人签订使用合同，却在婚后实际取得收益。根据婚姻法和司法解释的规定，这样的收益属于共同财产。然而，这样的情况对知识产权人是不公平的。而上述学者的三种观点也各有偏颇之处。"期待利益说"把知识产权

---

① 孙国鸣．离婚纠纷法律精解判例分析与诉讼指引[M]．北京：中国法制出版社，2012，第 178 页．

② 王洪．婚姻家庭法[M]．北京：法律出版社，2003，第 131 页．

③ 陈苇．婚内所得知识产权的财产期待权之归属探讨[J]．现代法学，2000.

④ 余延满．亲属法原论[M]．北京：法律出版社，2007，第 125 页．

⑤ 徐超．离婚案件中知识产权本身问题研究[J]．科技情报开发与经济，2007(28).

的收益一概定性为“期待利益”显然是以偏概全，因为有一些知识产品一经产生即可发生收益。“共同财产说”不管知识产品的产生是否在婚内，把所有的知识产权收益都规定为夫妻共同财产，无疑扩大了共同财产的范围，不利于对知识产品创造人的权益的尊重与保护。“知识产品共有说”其实质是婚内知识产权所产生的收益为夫妻共同财产，并认为婚内知识产品共有。这一学说也有不周全之处，因为如果知识产品是在婚前产生的，但婚后夫妻双方共同进行了经营行为，此时再将婚前知识产权的收益定性为个人财产就不合理了。同时，像作品这样的知识产品，根据著作权法规定的“著作权属于作者”的原则，“知识产品共同说”明显是违反著作权法鼓励作者创作的基本精神的。因此，笔者认为《婚姻法解释二》关于知识产权收益的归属有待进一步完善。

（四）一方专用生活用品的归属

理论上，“生活用品”界定为“个人专用的衣物、化妆品、药品和装饰品”，但是不包括“一方经常使用，但服务于家庭共同生活的财产（摄像器材等）”。[①] 也有学者认为“一方专用的生活用品”应该包括两类，即一类是供夫妻一方专用的日常生活用品；另一类是供夫妻一方专用的职业用品。[②] 从这两种观点可以看出，一方专用的生活用品是根据其使用目的和财产来源两个因素决定的。《婚姻法》第18条第四项规定一方专用的生活用品为夫妻一方的财产。现实中生活用品的广泛性使得立法的规定是非常模糊的，不便于司法适用。特别是当下家庭中的奢侈品越来越多，专用生活用品如果规定得过于宽泛，可能会导致离婚财产分割的不公平。因此《婚姻法》中作出有关“专用生活用品”的性质和范围需要明确规定。

---

① 杨大文．亲属法[M]．北京：法律出版社，2007，第134页．

② 张胜旭．论夫妻一方专用生活用品的所有权归属[J]．辽宁警专学报，2013(5)．

(五)房产产权的归属

当下是一个“无房不婚”的时代,结婚时必须要有属于自己的房子这一要求并不是道德说教可以改变的。在高房价成为社会焦点问题,房子成为女性择偶的重要条件的今天,是否买得起房子代表了一个男人的能力和经济实力。然而,房子这种昂贵的生活必需品并不像一般消费品谁买单那么简单。不动产物权登记的公示效力往往掩盖了购房的真实目的,房产上登记的名字可能没有出资,出资了可能没有出现在房产证上。支付房款的行为从婚前延续到婚姻关系存续期间甚至到离婚后,付款时间长决定了离婚后分房的难度。因此,房产的归属成为离婚案件财产纠纷的焦点问题。我国《婚姻法》未直接规定房产的归属,司法实践中,为解决纠纷,房产问题成为最高人民法院在司法解释中重点规范的对象之一。目前,有争议的主要是下面两类房产。

1. 按揭贷款房产的归属

按揭就是有抵押借贷,按揭人将房产产权转让按揭,受益人作为还款保证按揭人在还清贷款后,受益人立即将所涉及的房屋产权转让按揭人,过程中按揭人享有使用权。按揭买房成为较为普遍的社会现象,其产权归属及分割问题成为离婚纠纷中争议的焦点。[①]

一方贷款购买的房产产权归属。婚前一方支付了首付或部分贷款,婚后用夫妻共同财产还贷,房屋登记在支付首付方名下,依据《婚姻法解释三》第 10 条[②]由此,一旦离婚,贷款的房屋大数

① 孙国鸣.离婚纠纷法律精解判例分析与诉讼指引[M].北京:中国法制出版社,2012,第 99 页.

② 《婚姻法解释三》第 10 条的规定:“夫妻一方婚前签订不动产买卖合同,以个人财产支付首付并在银行进行贷款,婚后用夫妻共同财产还贷,不动产登记于首付款支付方的名下的,离婚时该不动产由双方协议处理。依前款规定不能达成协议的,人民法院可以判决该不动产归产权登记一方,尚未归还的贷款为产权登记一方的个人债务。双方婚后共同还款支付的款项及其相对应的财产增值部分,离婚时应根据《婚姻法》第 39 条第一款规定的原则,由产权登记一方对另一方进行补偿。”

会判归登记一方所有。由于现实生活中大多数情况都是男方付首付，这一规定使男性的离婚成本大大降低，不利于女性权益保护。《婚姻法解释三》根据登记主体确定房产归属只是机械地采纳《物权法》的登记主义，并没有考虑按揭买房中买房的目的，按揭买房还贷时间长短及共同还贷的比例，以及房价飞速上涨时期非首付方所付出机会成本的损失等等。因此，将首付款方规定为按揭买房的产权归属主体有失妥当。

目前对于这问题，司法实践中存在两种看法，一种看法是贷款按揭一方用婚前财产支付了首付款或偿还了部分银行贷款，这部分财产确实是婚前个人财产，不因婚姻缔结转化为共同财产。与房屋所有权取得时间没有关系。尽管登记在一方名下，房屋的价值应由按揭一方的婚前首付款或偿还的贷款和婚后夫妻共同偿还的贷款构成。所以，婚后取得房屋是婚前个人财产和婚后共同财产的混合体。另外一种看法是贷款方已经通过贷款方式向开发商支付了全部购房款，已经履行完买卖房屋的合同义务。婚后获得房产的物权是财产权利的自然转化，分割财产时应认定为一方的个人财产。现实生活中，通常会将购房合同签订时间视为产权取得时间，婚前一方所购的住房在双方不能协议处理的时候，应当认定为个人财产。考虑女方婚后参与还贷，并由此失去了最佳买房的机会，一般会对女方出资部分做出补偿。

就夫妻双方贷款购买的房产产权归属问题，第一种情况，婚姻关系存续期间已经完全取得房屋所有权，此时的房产是夫妻共同财产；第二种情况，离婚后取得房屋权属证书。这种情况下，根据《婚姻法解释(二)》第 21 条[①]的规定，房屋获得所有权应当视为一方取得所有权，人民法院在离婚时没有判决房屋所有权的归属，并不代表房屋的全部价值就属于一方所有，房屋取得完全所

---

① 规定："离婚时双方对未取得所有权或者尚未取得完全所有权的房屋有争议且协商不成的，人民法院不宜判决房屋所有权的归属，应当根据实际情况由当事人使用。当事人就前款规定的房屋取得完全所有权后，有争议的，可以另行向人民法院提起诉讼。"

有权之后，夫妻的另一方可以另行向人民法院提起诉讼要求对增值价值和共同偿还的贷款进行补偿。

总的来说，我国《婚姻法解释三》中对按揭买房的产权归属规定得不尽全面、明确。

2. 婚后接受父母赠予的房产产权归属

《婚姻法解释三》第七条[①]的规定与《婚姻法》第十七条[②]的内容有明显的冲突。婚姻法司法解释只能对《婚姻法》未规定或规定不清的进行补充，不能作出违反婚姻法的解释。否则这种解释就是无效的。而司法实践中，法官适用法律时，参照条目不同，判决结果就有差异。因此，笔者认为无论从解释的效力上，还是立法的科学性角度来说，《婚姻法解释三》第七条的规定都是一个败笔，因为该条规定过度地干预了婚姻生活，违反中国婚姻传统风俗，差强民意，应当进行修正。

（六）彩礼和嫁妆归属

中国人结婚时，男方给女方彩礼、女方要带嫁妆是从古至今的一种婚俗。现如今，人们的攀比心理越来越严重，彩礼给得越多，嫁妆带得越来越大。同时，返还纠纷也越来越多。因此，确定彩礼和嫁妆的归属越来越重要。彩礼并不是法律概念，而是长期形成的一种习俗，但也有特定含义。是指男方为了和女方缔结婚姻给付给女方的财物。彩礼制度经过了上千年的发展和演变，逐渐被赋予丰富的含义。新中国成立以后，《婚姻法》要求建立的婚

---

① 《婚姻法解释三》第7条规定："婚后一方父母出资为子女购买的不动产，产权登记在出资人子女名下的，可依据《婚姻法》第十八条第（三）项规定，视为只对子女一方的赠与，该不动产应认定为夫妻一方的个人财产。由双方父母出资购买的不动产，产权登记在一方子女名下的，该不动产可认定为双方按照各自父母的出资份额按份共有，但当事人另有约定的除外。"

② 《婚姻法》第17条第1款第4项规定："夫妻在婚姻关系存续期间，因继承或赠与所得财产应属于共同财产，遗嘱或赠与合同中明确只归夫妻一方的财产除外。"

姻关系是以爱情为基础的新型婚姻关系。[①]《婚姻法》未规定彩礼的归属。随着彩礼纠纷问题的频繁出现，确定彩礼的归属成为司法实践中亟待解决的问题。

最高人民法院关于适用《中华人民共和国婚姻法》若干问题的解释(二)第10条[②]对彩礼返还请求做了相关规定。对彩礼的性质和返还归纳起来主要有两种观点[③]：第一种观点认为不应当返还，把婚约财产视为民事赠与。这种观点认为，在婚约存续期间，男女双方互赠财物是一种普通民事赠与行为，应当依照民法的相关规定处理。即财物一旦交付，受赠人就享有财物所有权，且无须因婚约解除而返还财物。在农村婚约关系中，男方给付彩礼大多迫于习俗而非自愿赠与，男方往往倾其所有甚至借债，这与民事赠与的自愿特征显然不符，如依此观点处理农村婚约的彩礼纠纷，会引发更严重的社会矛盾。第二种观点认为婚约财产应当返还，因婚约给付的财产是一种附解除条件的赠与。如果婚约未解除，赠与行为继续有效，婚约财产归受赠人所有。如果婚约解除，则赠与行为的解除条件成立而使赠与失去法律效力，当事人之间的权利义务关系消灭，婚约财产返还赠与人。两种观点认为给付彩礼是一种赠与行为，只要赠与成立，即为受让人所有，由此可以推定彩礼是个人财产。

虽然司法解释在解决实际问题中起了很大作用，但是并没有从根本上解决问题，对彩礼的性质、种类、范围都没有明确的规定。虽然经济的发展、社会的进步、地域的辽阔以及民俗的多样性造成了对彩礼的界定的困难，然而我们还是不断完善我们的法

---

① 郭丽虹．冲突与平衡：婚姻法实践性问题研究[M]．北京：人民法院出版社，2005，第103页．

② 《婚姻法解释二》第10条规定：当事人请求返还按照习俗给付的彩礼的，如果查明属于以下情形，人民法院应当予以支持：(1)双方未办理结婚登记手续的；(2)双方未办理结婚登记手续但确未共同生活的；(3)婚前给付并导致给付人生活困难的。适用前款第(二)、(三)项规定的，应以双方离婚为条件。

③ 夏吟兰，龙翼飞．家事法律研究[M]．北京：社会科学文献出版社，2012，第313页．

律制度,减少纠纷,维护社会稳定发展。

作为自古以来的婚姻习俗,嫁妆是女子出嫁时由其亲属赠送的各种物品或货币。嫁妆同彩礼一样经历了上千年的发展。当下,在结婚时为女儿置办嫁妆的风俗仍然盛行。嫁妆多是出于父母对女儿的赠与,属于女方的个人财产。该笔财产在婚后与夫家的财产并不混同,在丧偶、离异等特殊情形出现时,嫁妆仍应该归女方所有。离婚时应当从共同财产中析出。

四、我国夫妻财产制中个人财产的立法完善

对于夫妻个人财产的归属,我国现行的《婚姻法》虽然做了一些规定,但仍有不全面不合理之缺陷。随着经济快速发展,不断出现新的财产形式,其立法也需要跟随社会的进步和经济的发展。在对我国夫妻财产制中的个人财产进行界定时,不仅要结合我国现实国情,也要借鉴其他国家或地区的相关法律。特别是我国进行民法典编纂,婚姻法是其中一编,其中对于夫妻个人财产的规定应在现行婚姻法及相关司法解释基础上进行整合完善。

(一)合理规定法定夫妻个人特有财产的范围

夫妻个人的特有财产是相对于夫妻共同财产而言的,在确定个人特有财产范围时,也应当相应对共同财产的规定进行部分修正。

第一,夫妻个人财产归属依据。明确夫妻共同财产与个人财产的区分标准。夫妻在婚姻关系存续期间所得的财产,除个人特有财产外,均归夫妻共同所有。在界定共同财产和个人财产时需要注意:(1)婚姻登记时间。财产取得时间在婚姻登记之后为共同财产,除此之外为个人财产。(2)财产出资。婚姻关系存续期间以个人财产购买并取得财产权利的依然是个人财产。(3)不动产登记时间。不动产登记时间在婚姻关系存续期间的可视为全

部共同财产或部分共同财产，但夫妻一方婚前购买并全部还清贷款的除外。

第二，确定个人财产婚后孳息和保险金的归属。我国《婚姻法》未规定夫妻个人财产产生孳息的归属。《婚姻法解释三》第5条的规定不尽合理，考虑到婚前财产在婚后的投资收益属于共同财产，那么自然孳息由于也有夫妻双方的共同劳动，也应当排除个人财产之外。所以，笔者建议把《婚姻法解释三》第5条修改为："夫妻婚前财产在婚后产生的收益除法定孳息和自然增值均为夫妻共同财产。"如此一来，对夫妻双方不仅公平，也有利于婚姻关系的稳定。保险金的归属，应当区别对待：财产保险金根据财产归属来确定，人身保险金、医疗及工作保险金是个人财产、养老保险金是共同财产。

第三，合理界定知识产权收益归属。知识经济背景下，知识产权成为家庭中的重要财产权。确定知识产权的收益归属首先要保护知识产品创造者的权益，其次，也要兼顾对夫妻另一方协作劳动的适当保护。笔者认为应当将《婚姻法解释二》第12条修改为：婚姻法十七条第三项规定的"知识产权的收益"，是指婚姻关系存续期间，实际取得或者已经明确可以取得的财产性收益，但婚前产生的知识产权，知识产权人之外的夫妻一方在婚后就收益的产生未付出协作劳动的除外。

第四，明确一方专有生活用品的范围。关于专用于一方的生活用品需要考虑以下几个方面：(1)个人的专用品。一定是夫妻一方的专用，且任何时候都是一方专用。比如说衣服、首饰。(2)一定是生活用品。这个物品只能是动产，且不属于职业工作用品。(3)不能属于价值过高的投资品。准确来讲是"一方生活消费品"，如果购买的目的不仅是供夫妻一方专用，同时有投资的目的，就不能认定为一方的专有的个人财产。随着我国居民生活水平的提高，奢侈品的投资行为日渐频繁，成为家庭财产的重要组成部分。因此，未来立法需要对"一方专用的生活用品"作缩小解释。

第五，合理界定房产产权的归属。首先，夫妻财产制中房产产权的归属不能根据房产证上登记的名字来确定。夫妻双方用共同财产购买房子但房屋登记在一方名下的，依然是夫妻共同财产。在夫妻房产的归属上不能适用《物权法》的规定，对此，未来《婚姻法》应当作出专门的规定。其次，在夫妻一方按揭买房的产权归属不能一概确定为购房首付方所有，而应当综合考虑婚姻存续的时间、夫妻双方的实际情况，待房产产权证书确定后，由双方协议，协议不成再酌情判决。最后，《婚姻法解释三》第七条第一款的规定完全没有尊重当事人的意思自治，且与婚姻法第18条有冲突之嫌，因此应加上“当事人另有约定的除外”。

第六，对彩礼和嫁妆等传统婚姻习俗中的财产作出明确合理规定。增加相应的法条或司法解释，明确给付彩礼是一种附条件的赠与行为，并对彩礼的范围进行界定，消耗性的彩礼比如烟酒肉之类，不存在返还的问题，其他如现金、非消耗性实物彩礼可以有条件返还。彩礼的返还应当考虑婚俗及现实，一方违约及双方有婚前同居行为时，不应支持返还彩礼。这样规定既符合婚姻习俗，也有利于女性权益保护。嫁妆也是一种婚前赠与行为，彩礼和嫁妆均为妻子一方的个人财产。

（二）约定财产制下的个人财产的完善

根据上述夫妻约定个人财产制的不足，对我国约定个人财产制的完善提出如下几点意见：

第一，在《婚姻法》明确规定约定的有效要件。从约定时间、约定内容、约定主体和约定形式四个方面做出明确规定。主体方面，主体必须是具有缔约能力的婚姻当事人，约定时间可婚前或婚后，约定的内容必须基于双方意思的真实表达，不得违反法律和公序良俗。约定的形式必须是书面形式。

第二，明确约定的效力。财产约定的对内效力，约定于夫妻的双方才能发生法律效力。在对外效力上，第三人知道约定的，对第三人有对抗效力，不知道的，不产生对抗效力。为了提高夫妻约定的对外对抗效力，笔者认为可以借鉴国外立法经验，对夫妻财产约定增加登记对抗制度，比如可以在婚姻登记部门就夫妻的约定财产制进行登记公示。

第三，应当允许夫妻双方对财产约定进行协议变更与撤销。夫妻财产约定不同于夫妻之间的赠与，不能单方撤销，但应当允许合意撤销。婚姻当事人的经济状况、财产状况和对婚姻的态度随时发生变化，这一定会影响到夫妻双方的财产约定，财产约定作为一种的财产行为，变更与撤销夫妻财产约定符合契约自由、意思自治的民法精神，立法应明确规定变更与撤销的要件。男女双方在婚前变更或撤销婚前财产约定不需要进行公示。婚后，夫妻双方签订财产协议后，家庭财产状况发生了变化，婚姻当事人可以在达成合意的基础上变更或撤销财产协议，如果协议上不成，主张变更或撤销的一方基于法定事由可以向有管辖权的人民法院提起诉讼。无论何种情况，婚姻当事人都应当经过原婚姻登记机关书面登记公示才产生对抗第三人的法律效力；同时，夫妻双方或者一方在与第三人交易时履行书面告知义务的，对交易第三人也产生对抗效力。

（三）明确夫妻个人财产权的行使

夫妻个人财产权，所有权主体属于夫妻一方，夫妻个人享有占有、使用、收益和处分的权利。但是基于婚姻的目的是夫妻双方共同生活，一方享有所有权的物品，夫妻另一方基于共同生活的需要，应当给予帮助和协作，授予夫妻另一方享有占有、使用、收益权利，这样有利于家庭生活的和谐，也符合婚姻的善良风俗。对于夫妻一方个人财产的处分权，只有产权人一方才能行使，且这一权利的行使不能影响到家庭成员的基本生存与稳定。否则就违反了婚姻法保护婚姻和睦文明的立法宗旨。

夫妻财产制度在婚姻法中占据重要的位置。现行《婚姻法》及司法解释在夫妻个人财产方面的规定存在诸多缺陷。在此重点分析总结了我国婚姻法中关于夫妻个人财产归属中具有争议的几个问题，并结合自己所学知识提出立法建议。期望夫妻财产制的个人财产能在今后的立法中不断获得修正和完善，以确保婚姻家庭的稳固和夫妻双方正当权益，以科学公平的法制为我国婚姻家庭的和谐文明保驾护航！

论夫妻财产中知识产权及其利益的归属

21世纪的中国进入一个经济空前发展，体制全面转型，国家和平崛起的知识经济时代，知识成为创造社会财富的首要因素，知识产权的规范与保护无疑是知识经济时代国家立法的重要方面。知识产权本质上属于私权，其权利主体为民事主体。知识产权作为夫妻法定财产之一，在夫妻财产制中的地位日益明显和突出，特别是在离婚案件中，知识产权及其利益的归属已经成为某些离婚案件争议的焦点。而我国在《婚姻法》中，在处理知识产权的归属上存在着不合理和模糊性，使得在司法实践中处理相关问题有一定的困难。完善知识产权及其利益之归属制度是完善我国夫妻财产制度的应有之义。

一、夫妻财产中的知识产权及其特殊性

（一）知识产权概说

知识产权是民事主体基于创造智力成果及工商业标记依法享有的权利之统称。知识产权有广义和狭义之分，狭义知识产权主要有著作权、专利权、商标权，广义知识产权的范围由WTO的TRIPS协议确定，范围很宽，笔者只就现实生活中常见的知识产权进行阐述。就夫妻知识产权的取得来说，包括夫妻的婚前取得，也包括夫妻的婚后取得，取得方式包括原始取得和继受取得。所谓原始取得就是指夫妻一方或双方基于自己的研究和创新获得完成的智力创造成果，所谓继受取得包括夫妻一方或双方通过买受或继承所得的知识产权。因篇幅所限，在此仅探讨知识产权

属于原始取得的情形。

一般认为，知识产权相对于其他财产权，具有专有性、地域性和时间性的特点。这三大特点在知识产权权利归属上并不具有特别的意义。有特殊意义的地方主要体现在以下三个方面：

（二）影响知识产权权利归属的特性

1. 知识产权是综合性权利

（1）知识产权的财产性

知识产权是综合性权利，知识产权具有财产权和人身权双重特性。知识产权作为一种无形的财产有其特殊性，不能完全等同于有形财产进行处理。这些特殊性表现在：知识产权的客体是智力成果，准确地来说是一种非物质性的信息，也有学者认为是一种知识产品，其不具备有形的实体，必须依赖于一定的物质载体而为外界感知。该智力成果可以被无数次的复制并被迅速的传播到世界各地，可以同时被多人使用。而所有权是对有形财产的概括支配权，无法同时为多个人使用。这就决定了知识产品被社会利用的广度和深度会明显地大于有形财产权。同时，就物权来说，其价值是由生产该物的社会必要劳动时间决定的，而知识产权的价值是由知识产品被社会利用的程度决定的。当今世界，科技日新月异，国家的竞争其实就是高科技的竞争，也是知识产权的竞争，因为科技是借助于知识产权这一制度而受到保护的。对于社会利用率很高的专利技术或者全球的驰名商标，知识产权价值连城。而我们生活中所使用的绝大多数产品都是具有知识产权的。比如，商品都有商标，还有很多产品包含专利技术和版权内容。这时，有形财产本身和无形财产是同时体现出来的。作为财产权意义上的知识产权一般比单纯的物的价值要高昂得多。

（2）知识产权的人身性

知识产权的人身性表现为与创造者的人身具有不可分割的密切关系，因此知识产权由一方创造时，知识产权权利本身属于创造者，不能为夫妻共有，从而就不能对知识产权这一权利进行分割，知识产权的人身性决定了其所有权只能归一方所有。我国婚姻法第17条规定婚姻关系存续期间的“知识产权的收益”为夫妻共同财产，这一规定是比较准确的，明确了知识产权的主体与知识产权受益的主体是两个不同的概念。知识产权的主体是由《著作权法》、《专利法》、《商标法》等知识产权单行法所确定的，其相对于《婚姻法》属于特别法。

专利权和商标权一般理解为是纯粹的财产权，但是著作权是非常特殊的，著作权里包括著作人身权和著作财产权。著作权的对象是作品，作品是作者思想人格的体现，作者对其他的思想人格具有支配精神的意义。著作人身权包括发表权、署名权、修改权、保护作品完整权，这种权利一般不可转让，不可继承。知识产权法的人身权利表现为与其创作人的人身不可分离的密切关系，如：著作权中的人身权、表演权、著作权人不仅可以通过创作作品享有使用权和报酬权，还可以在作品上享有名誉、声誉及其他无形人身权；专利权中专利权人在专利权文件中签署自己专利人的名字等。

基于知识产权的人身权的存在，知识产权与权利人紧密联系，另一方配偶对其能否主张权利以及何种权利，在婚后知识产权及知识产权所产生的利益归属，都需要仔细探讨，在下文中有具体分析。

2. 权利产生与利益取得在时间上不同步

当一个人完成了一部作品的时候，自动享有了著作权，但这个著作权不一定要立刻产生经济效益，如果作者不发表，就不会产生经济效益，如果作品发表，发表作品也是有期限的，所以著作权的产生和取得利益是分开的。商标权在商标注册之后即产生，商标产生之后，到商标产生利益是有时间间隔的，因为商标有了商誉之后，才有其价值。不经使用的商标是没有价值的，而商标的使用需要经营和销售、管理，它的知名度需要广告的宣传等等，所以商标权及其利益的产生有时间的差异，存在着不同步。专利也是如此，自申请到国家审批之后，专利权产生。只有把专利制造出产品，投入市场之后，才会产生利益，专利和专利的实施也是分开的。

也就是说知识产品产生和知识产权权利的产生以及知识产权收益的产生是有(增加)一段时间差，即时间“不同步性”。这就使得在夫妻财产进行分割时变得复杂，可以分为以下几种情况：(1)婚前取得知识产权在婚内获得收益的归属；(2)婚内取得知识产权在婚内获得收益；(3)婚内取得知识产权在婚后获得收益的归属。本研究重点对知识产权时间“不同步性”而导致财产分割进行论述。

3. 知识产权具有收益的多样性及价值的不确定性

由上文可知知识产权的收益具有多样性，其所获得经济利益一般有三种：知识产权收益、侵犯知识产权所获得赔偿金和知识产权期待利益。知识产权价值的具有模糊性、不确定性，因为知识产权作为一项财产权，其客体具有无形性，其价值须通过人们对其结构和形式的利用而体现出来的，根据市场的需求来明确其价值。如：一项专利在获得授权后，能否取得利益取决于该项专利是否适宜市场的需求，在市场接受后，其价值的体现又依据具体的经营环境和销售状况决定。再如著作权，作者在成名之前出的书版费都不高，但是在成名之后，影响力扩大，他的书很畅销。

综上所述，基于知识产权的特殊性，它与物权、债权、财产继承权、人身权不同，它不是单一性的权利。这使得夫妻财产中知识产权归属确定及利益分割相比于物权与债权有一定的难度。随着知识产权在夫妻财产中的地位日趋重要，如何理解知识产权的财产权和人身权双重特性是解决夫妻财产分割的重要前提。

二、夫妻财产中知识产权及其利益归属的法律分析

(一)婚前取得知识产权在婚内获得收益的归属

根据我国新《婚姻法》第十八条规定夫妻一方的婚前财产为夫妻一方的财产。所以对于婚前取得的知识产权应当完全归属于知识产权人个人财产。由于知识产权财产权与知识产权收益并不是一个概念,夫妻一方婚前的知识产权的财产权归一方所有和婚内知识产权的收益并不矛盾。不同学者对此有不同的观点,笔者认为:一方婚前取得的知识产权,但在婚内才取得的知识产权的收益,可以分情况而定。

从夫妻财产共同制的角度看,婚前取得的知识产权并无另一方配偶的任何贡献,所以知识产权及收益都应属于个人财产。知识产权的财产权在婚前已经取得,其期待利权也应归个人所有,因此而产生的期待利益毫无疑问的归个人所有。例如:婚前已经使用的商标,婚后进行注册使用;婚前就已经开发完的科技成果,在婚内才获得专利权;婚前完成的著作并发表了,在婚内取得稿费,如果将其归属于夫妻共同财产,是对于知识产权人的一种不公平,导致有些人"不劳而获",有失知识产品的独创性,不利于知识产品的创造。即使在婚内另一方配偶对知识产权一方配偶在生活工作中给予协助和支持,也不应在个人知识产权收益中间进行评价,而是根据婚姻法的精神,在婚姻关系存续期间取得收益对另一方进行补偿。在婚后夫妻财产分割时,还应当保持个人财产的性质,不能作为夫妻共同财产进行分割。除非另一方配偶对知识产权收益的产生作出了很大贡献。

(二)婚内取得知识产权在婚内获得收益的归属

婚内取得知识产权在婚内获得收益应当为夫妻共同的财产,这一点毋庸置疑,原因有两点:其一,在一方创作知识产品的过程

中另一方要花费更多的精力照顾小孩和老人，还要在上班之余要花费更多的时间做家务，夫妻双方沟通的时间减少，同时会减少另一方的个人休闲时间，造成疲惫和心理压力；其二，在一方创作知识产品的过程中可能需要物质资金的投入，这样可能会使用夫妻共有财产，甚至是另一方的个人财产，而此同时，创造知识产品的一方在一定程度上会影响家庭的收入，将不利于夫妻财产的积累，损害配偶的个人财产。也就是说夫妻一方在婚内创作智力成果时，另一方往往有时间、财产上的间接投入与配合。

知识产品的创造过程是一个极为复杂和费时的过程，在婚姻家庭中，夫妻一方想要创造知识产品，这就需要另一方的配合、包容和协助，为此另一方肯定会付出时间、金钱和精力等，这对智力成果的形成和取得起着非常重要的作用。所以本文认为婚内取得知识产权和获益的收益应为夫妻双方共同的财产。

（三）婚内取得知识产权在婚后获得收益的归属

如果夫妻一方在婚姻存续期间取得了知识产权而在婚后获得收益，这一知识产权的收益分割，目前立法没有明确规定，也成为司法实践中夫妻财产分割的疑难问题。

在最高人民法院关于人民法院审理离婚案件处理财产分割问题的若干具体意见（1993 年 11 月 3 日 法发［1993］32 号）第十五条："离婚时一方尚未取得经济利益的知识产权，归一方所有。在分割夫妻财产时，根据具体情况，对一方予以适当的照顾。"在此条建议中只规定了知识产权的归属，而未规定知识产权收益的归属，因此，本书认为不能把此规定理解为知识产权及其收益都归知识产权创造者所有，因为这是对于配偶另一方的一种不公平和不尊重，违反了我国《婚姻法》在夫妻财产制中的基本精神。只要"知识产权的财产权是权利人在婚姻期间取得享有的，故尽管其经济利益尚未取得，也不能由此改变婚姻间所得无形财产权所生经济利益属于夫妻双方共有的性质。"但是知识产权是一种特殊的权利，具有专有性，分人身权和财产权两种性质的权利，但在离婚后知识产权只能归一方所有。“既然夫妻一方所得知识产权的财产权已经取得的经济利益归属夫妻双方共同所有，那么，夫妻一方婚内所得知识产权的财产权尚未取得的经济利益，也应归夫妻双方共同所有，才是合理的。否则，仅仅因为后者是期待利益，就归属一方所有，对他方而言显然有失公平。”[①]

所谓期待权就是权利主体将来有可能取得和实现的权利，知识产权的财产权是一种期待权，它受外界环境影响很严重，具有风险性，如果知识产品顺应市场的需求那么收益和价值会很可观，甚至可以说成价值连城，但如果知识产品不受市场的喜好，那便毫无价值可言，知识产品的创造者可能损失严重。离婚时怎样分配知识产权即将获得的收益是备受关注的。若离婚时知识产权的期待权的期待利益不作为夫妻财产予以分割，本文认为这是立法的缺陷和不完美。

本文认为婚内取得知识产权归一方所有，在婚姻存续期间所取得知识产权的收益包括婚后获益收益应当为夫妻的共有财产（除了夫妻双方事前约定知识产权及利益的归属），在进行财产分割时，由夫妻双方共享，对知识产权的收益采取评估的方法，进行均等分配；若无法评估，再根据配偶一方的付出情况和是否是弱势群体，在公平的原则下，给予适当补偿。

三、夫妻财产中知识产权利益归属及其分割的法律完善

（一）我国《婚姻法》及司法解释相关规定

在我国新修订的《婚姻法》中，第三章家庭关系第十七条规定：“夫妻共同所有财产规定：1. 工资，奖金；2. 从事生产、经营所得的收益；3. 知识产权的收益；4. 因继承所得的财产，但遗嘱确定只归一方所有的财产除外；5. 因赠与得到的财产，但赠与合同

① 陈苇．婚内所得知识产权的财产期待权之归属探讨[J]．现代法学，2000(4).

确定只归一方所有的财产除外；6. 其他应当归夫妻共有的财产。夫妻对共有的财产，有平等的处理权。”最高人民法院关于使用《中华人民共和国婚姻》法若干问题的解释（二）第十二条规定：婚姻法第十七条第三项规定的“知识产权的收益”是指婚姻存续期间，实际取得或已经明确可以取得的财产性收益。包括作品出版发行或允许他人使用而获得的报酬；专利权人许可他人使用专利或者转让专利权所取得的收入；商标所有人许可他人使用其注册商标或者转让商标权所取得的收入等。我国《婚姻法》中第三十九条离婚时夫妻共同财产处理中规定：“离婚时，夫妻的共同财产由双方协议处理；协议不成时，由人民法院根据财产的具体情况，照顾子女和女方权益的原则判决。”最高人民法院关于使用《中华人民共和国婚姻法》若干问题的解释（二）第十五条规定：“夫妻双方分割共同财产中的股票、债权、投资基金份额等有价证券及未上市股份有限公司时，协商不成或按市场分配有困难的，人民法院可以根据数量按比例分配。”

知识产权的产生和收益并不是同步的，特别在离婚案件中，夫妻财产的分配一直是备受争议的话题，特别是夫妻财产中知识产权利益的分配问题。这些规定所讲的收益，只是明确了实际取得或明确可以取得收益的时间是在婚姻关系存续期间，但对于知识产权是婚前还是婚后取得，对知识产权本身的权利归属，则没有明确的规定。

（二）比较法观察

1. 大陆法系国家：法国

《法国民法典》对夫妻财产制作出了全面、系统的规定，其法定财产制为婚后所得共同制。根据其法定财产制，夫妻财产可分为共同财产和个人自有财产。夫妻共同财产由积极财产和消极财产两部分组成。在具体内容上，“资产是指夫妻在婚姻期间共同取得或分别取得的财产以及夫妻凭各自的技艺所得的财产与各自财产之果实与收入所形成的节余。任何财产，如不能证明其是依据法律的规定属于夫妻一方的个人财产，均视为共同财产，而负债则是指婚姻关系存续期间形成的各种具有连带（夫妻连带）性质的债务；个人自有财产的范围包括：①婚前财产；②因继承、赠与或遗赠而取得的财产；③属于夫妻一方使用的衣、被及其他布织品；④对本人受到的身体或精神伤害请求赔偿之诉权；⑤不得让与的债权与抚恤金；⑥夫妻一方为从事职业所必要的劳动工具；⑦具有人身性质的所有财产以及专与人身相关的一切权利。同时，该法典特别强调："一切具有个人特点的财产及专属个人的权利"，"即使为婚姻期间取得，按其性质仍属于各自的财产，"不属于共同财产。而知识产权是一种明显带有人身性质的财产，因此在法国的法定财产制下，知识产权应为夫或妻一方的个人财产。而对于知识产权的收益，是权利人许可他人使用其智力成果的报酬，属于法定孳息，应当归入"夫妻各自财产的果实与收入所形成的结余"，即属于夫妻共同财产。

2. 英美法系国家：英国和美国

英国：没有独立的夫妻财产制度，与之相关的规定分布较为分散。在英国的夫妻财产制下，夫妻财产分为两种，一种是夫妻在家庭中共同使用的财产，另一种是个人使用的财产。英国的夫妻财产制为分别财产制，对于婚姻存续期间获得的财产，除法律另有规定外，谁获得的财产即归谁所有。因而夫妻财产中的知识产权及其相关收益都属于夫或妻一方的独立财产，他方不得对其主张任何权利。不论知识产权及其收益是在婚前还是婚后取得，都不影响它作为个人财产的性质，除非夫妻双方对此作出共有的约定。

美国：是一个联邦制国家，各州享有较高的独立立法权，而夫妻财产立法属于州立法范畴，因而在不同的立法思想和立法理念的影响下，美国各州形成了不同的夫妻财产制度。美国有关夫妻财产制的规定是由一系列的判例法和制定法所组成的，根据《美国统一婚姻财产法》的规定，夫妻双方可以通过财产契约对法定财产制作出变更。美国的大部分州都采取了分别财产制为其法定财产制，美国少数州采用夫妻共同财产制度。在采取分别财产制的州，知识产权不论是在婚前还是婚后取得，都不影响其作为夫妻个人财产的性质。而在采取共同财产制的州，知识产权作为夫妻财产的性质就要在不同的情形下进行讨论：如果知识产权是在婚前取得的，则不论是知识产权本身还是从中取得的收益，抑或是侵权赔偿，都属于夫或妻的个人财产，除非夫或妻一方对另一方的知识产权收益的取得作出了不可补偿的努力，才可能分享权利人配偶的知识产权收益，因为大多数实行共同财产制的州都把婚后在个人财产基础上产生的收益也视为个人财产；如果知识产权是在婚姻存续期间取得的，则基于共同财产的推定，知识产权及其相关利益都将归于共同财产，由夫妻双方共有。

从法国、英国、美国的现有婚姻法关于夫妻财产制的规定中可以看出，这三个国家的立法共同点：一是承认知识产权具有专属性，应当归创造权利的一方所有、以最大限度地鼓励人们进行智力创作活动。这一点也为我国立法所间接承认，根据我国婚姻法第十七条规定，婚姻关系存续期间“知识产权的收益”属于夫妻共同财产，并不是指知识产权本身属于夫妻共有。而对于知识产权的收益的归属美国大多数州的规定更加具体而合理。

（三）确定夫妻财产中知识产权利益归属及其分割的原则

1. 意思自治原则

我国《婚姻法》第十九条规定：夫妻可以约定婚姻关系存续期间所得的财产以及婚前财产归各自所有、共同所有或部分归各自所有、部分共同所有。约定应当采用书面形式。夫妻对婚姻关系存续期间所得的财产以及婚前财产的约定，对双方具有约束力。最高人民法院关于使用《中华人民共和国婚姻法》若干问题的解释(一)第十九条：婚姻法第十八条规定为夫妻一方所有的财产，不因婚姻关系的延续而转化为夫妻共同财产。但当事人另有约定除外。

我国对夫妻约定财产的时间没有加以限制，可以在婚前、结婚时或在婚后一段时间都可以对财产进行约定。婚姻制度的设立，是以促进婚姻当事人的幸福为目的，夫妻关系是一种很特别的关系，人们选择婚姻是为了幸福美满的生活，当事人在选择配偶的时候，往往从各个方面考虑，知识产权的财产权及其收益也包括在内，从尊重当事人意思自治的角度考虑，应约定优先于法定。

2. 公平原则

在当事人对夫妻财产没有约定的情况下，主要依据我国现有法律规定进行财产分割。在我国有关夫妻共同财产和个人财产的范围确定上，有些财产因其特殊性而无法予以分割，要根据公平原则，具体问题具体分析，以充分保护智力成果创造人的权益，激发人们创造知识的积极性。婚姻不能完全等同于合伙开公司，婚姻关系是一种复杂的关系，混杂着感情和伦理道德等因素，因此，离婚也不同于公司合伙关系的解散，离婚财产分割也不能完全机械地按照投资者所有权、收益权进行分配。本研究认为，在离婚分割夫妻财产时，应充分考虑夫妻双方对家务劳动、扶养子女的付出等情形的存在，适当公平分割夫妻财产。

在婚前取得的知识产权在婚后收益，上文已经提到，另一方配偶对此无任何贡献，所以知识产权及收益都应属于个人财产，在财产分割时应当保持为个人财产，但是婚前取得的知识产权，配偶另一方对此有协作，在婚后财产分割的时候，应秉承着对另一方配偶付出公平的原则，对另一方配偶给予经济补偿。在婚内取得知识产权并取得收益，在进行财产分割时，要坚持实质上的平等，抛弃形式上的平等。在婚姻关系中女方为了家庭的和谐美满，放弃自己工作，除了做家务，还要照顾老人和孩子，如果在离婚中仍然坚持形式上的平等原则分割财产的话，那么女方的权益势必会受到侵害。在婚内取得知识产权在婚后取得收益，在进行财产分割时，情况比较复杂，因为知识产权的期待利益是不确定的，它受市场经济的影响。法解释三中："夫妻一方的财产在婚后产生的收益，除孳息和自然增值外，应认定为夫妻共同财产"。因为财产的孳息和自然增值配偶一方并没有协作。所以在进行婚后知识产权分割时，对知识产权的期待利益进行评估，然后按照平等原则进性均等分割；若无法评估，则根据配偶一方的付出情况和是否是弱势群体，在公平的原则下，给予适当补偿。我国《婚姻法》第四十条规定："夫妻书面约定婚姻关系存续期间所得的财产归各自所有，一方因抚育子女、照顾老人、协助另一方工作付出较多义务的，离婚时有权向另一方请求补偿，另一方应予以补偿。"婚后知识产权获得一方通过转让或许可等方式获得利益时，为知识产权的取得付出过贡献的一方可以请求依据公平原则追加分配相应财产，并进而保护婚姻当事人本应取得的合法收益。公平原则有利于解决当前夫妻财产多样化、复杂化的客观问题，有利于离婚案件当事人的利益，实现实质公平。

3. 维护家庭和睦及保护弱者权益原则

在最高人民法院关于人民法院审理离婚案件处理财产分割问题的若干具体意见(1993 年 11 月 3 日 法发［1993］32 号)第十五条："离婚时一方尚未取得经济利益的知识产权，归一方所有。在分割夫妻财产时，根据具体情况，对一方予以适当的照顾。"知识产权期待利益的多少不易评价和估量，而此处的"适当的照顾"也是个容易让人模糊的词语。本研究认为"适当的照顾"应该是以承认知识产权的期待权归夫妻双方共同拥有，而不是对于获得知识产权人的"适当的照顾"，此处的照顾是指在婚姻关系中的弱势，即：在离婚时属于弱势的一方，另一方强势的应予以照顾，不然有悖婚姻法的精神。妇女和儿童往往是弱势群体，在进行财产分割时应遵循保护未成年人权益的原则，父母离婚已经对未成年造成一定的影响，法律不应该在财产分割时对未成年造成第二次伤害。

对于婚后夫妻财产中知识产权分割不同的学者有不同的观点,本研究认为在对婚后知识产权期待利益夫妻双方无法协商时,可采取折价补偿的办法,在离婚时请有关的权威的评估机构对知识产权的期待利益进行预测和评估,在对于评价结果无异议的情况下,根据平等均分的原则,知识产权拥有人向配偶赔偿一半的价款。但知识产权的收益往往跟市场的需求和变化有关,如:一部文学著作,一幅油画,在离婚当时进行估价是一种价格,而后随着市场经济的变化,这种期待利益升高了,显然是对非知识产权人的不公平。对于这种情况可以先不做知识产权的评估,法律应保障非知识产权人的期待利益,随着知识产权期待利益的获取再进行均等分割,但这种做法不太现实,离婚就是夫妻双方不希望在一起了,而后又因为知识产权的收益频频相互接触,这对于当事人双方的各自生活很不利,会对双方的新家庭造成影响,不利于维护家庭和睦。所以在此不提倡这种分配方法。

(四)关于我国夫妻财产中知识产权及利益归属的立法完善建议

1. 明确知识产权本体的归属

最高人民法院关于使用《中华人民共和国婚姻法》若干问题的解释(二)第十二条,婚姻法第十七条第三项规定的"知识产权的收益"是指婚姻存续期间,实际取得或已经明确可以取得的财产性收益。该法条只规定了婚姻关系存续期间的"知识产权的收益",并没有指明是婚前取得的知识产权,还是在婚内取得的知识产权。在婚后进行财产分割时,没有明确规定知识产权本身的归属。著作权包括发表权、署名权、修改权、保护作品完整权、著作人身权的内容,著作权是一种综合性权利,是一种具有人身性的财产权,判断其归属的时候应尊重其人身性。如果将知识产权的权利归结于夫妻双方共同拥有,是对知识产权创造者不公平和对其劳动成果的不尊重。我国《婚姻法》在夫妻财产制中只涉及了对知识产权财产收益的处分,而未对知识产权本身作出规定。笔者认为:知识产权不同于物权等财产权,具有人身性和智力创造性,如果规定权利共有,一方面不利于鼓励人们去创作,另一方面不便于权利分割,更重要的是还可能违反著作权法等相关法律规定,比如,著作权法规定:"著作权属于作者,创作作品的人为作者",那婚姻关系存续期间,夫妻一方并没有创造,却成了权利主体,显然是不合理的。所以笔者认为应当借鉴法国和美国的做法,规定知识产权归属依据三部知识产权单行法来确定。

2. 明确知识产权利益的归属

知识产权本身应当归属于智力成果的创造者,那么相应的,知识产权所产生的收益也应当首先归属于智力成果的创造者。但是具体到夫妻关系,家庭内部需根据具体情况进行具体分析。我国婚姻法中"知识产权的收益"是指婚姻存续期间,实际取得或已经明确可以取得的财产性收益。在婚姻存续期间,由于知识产权权利产生与利益取得在时间不同步、知识产权具有收益的多样性及价值的不确定性,可以将其收益分为三大类:婚前取得的知识产权在婚内获得的收益,婚内取得的知识产权在婚内获得的收益,婚内取得的知识产权在婚后获得的收益。三类的利益的归属在上文有讨论,此处不再重复。如果单纯地以"婚姻存续期间"这一时间标准为判断依据的,其导致的结果就是作出了有益贡献的配偶的利益可能无法保障,而未对智力创造成果的取得作出贡献的配偶可以获得收益,这样有失公平。我国的夫妻财产立法应当对知识产权收益作出更科学的调整。具体地说,未来可对婚姻法第十七条的规定进行完善,明确规定婚姻关系存续期间,一方获得的知识产权收益,一般情形属于夫妻共有;如果知识产权属于婚前取得,对于收益取得夫妻另一方未作贡献,则知识产权的收益只归一方所有。

3. 明确知识产权期待利益的归属

所谓期待权就是权利主体将来有可能取得和实现的权利，知识产权的财产权是一种期待权，它受外界环境影响很严重，具有风险性。在婚姻法中应该明确规定夫妻双方对知识产权的期待权。如上文所说讲，夫妻一方在婚前取得的知识产权，在婚姻关系存续期间没有收益，而是在很婚后取得收益，知识产权人对此种权利产生的收益期待权也在婚前就已成立，既然财产期待权是一方在婚前独立取得的，属于其个人财产，则婚后亦保持个人财产的性质。如果是夫妻一方在婚内取得的知识产权，离婚时尚未产生实际收益，考虑到知识产权收益的滞后性和不确定性，为了稳定法律关系，未来婚姻法或相关司法解释应当规定，夫妻一方享有的知识产权，夫妻另一方对知识产权的期待利益在离婚时可以获得适当补偿。

4. 明确知识产权侵权赔偿的归属

知识产权的客体具有无形性，生活中侵犯知识产权的案例时有发生，知识产权人有权禁止他人实施其权利，侵权行为发生，侵权人往往用金钱来弥补知识产权人的损失。在我国现行《婚姻法》中，对侵犯知识产权所产生的财产属于个人财产还是夫妻共有财产没有明确的规定。知识产权侵权赔偿包括对权利人直接损失的赔偿和间接损失的赔偿，对间接损失的赔偿又可以分为对人身权间接损失和对财产权间接损失的赔偿。在侵权人侵犯了知识产权人的人身权时，侵权赔偿是对知识产权人进行赔偿，而知识产权人身利益遭受的侵害仅仅存在于权利人本人之上，没有对权利人配偶造成社会影响，因此也不要对权利人配偶进行法律补偿。在确定知识产权财产性损害赔偿的归属时应当以配偶另一方是否享有知识产权收益的权利为标准，也就是说，该侵权赔偿应当由共享知识产权收益的夫妻共同所有。

党的十八大提出坚持走中国特色创新发展道路，实施创新发展战略。中国将科技创新摆在国家发展全局的核心位置，实现到2020年进入创新型国家行列的目标。2014年李克强提出“大众创业，万众创新”。中国的创新时代已经到来，可以预见，在未来普通中国人的家庭中，知识产权将成为一种更加普遍的财产权利类型，对婚姻法中夫妻财产中的知识产权利益的规范，有必要进行及时完善，以顺应社会经济与科技发展的需要。

论我国夫妻约定财产制度

随着社会经济的发展，夫妻财产关系日益呈现复杂化、多样化，个人主体权利意识不断增强，夫妻财产独立的要求不断增强，夫妻约定财产制在我国的适用空间将越来越广，因此产生的实践中的问题也越来越多，重视夫妻约定财产制并不断地将之完善是当今社会不可逆转的立法潮流。我国2001年《婚姻法》修正案对夫妻约定财产制作了较大的修改和补充，虽然在一定程度上有效地改善了此前婚姻法所存在的问题，但仍有较多缺失，在实际操作中仍有许多存在争议的地方。在前人研究的基础上，本书分析夫妻约定财产制在实践中存在的常见问题，剖析夫妻约定财产制的现行法律规定及立法缺失，力求提出对完善我国夫妻约定财产制有益的几点建议。

一、夫妻约定财产制概述

（一）夫妻财产制的概念和沿革

夫妻约定财产制度即是关于夫妻双方就婚前或婚后财产的所有权归属和对财产管理、使用、收益、处分等相关权利、义务的明确予以约定，并对该约定的成立、无效、变更、撤销等进行规范的法律制度。夫妻财产约定不同于离婚财产分割协议，二者的签订目的及生效条件完全不同。夫妻财产约定主要适用于规范婚姻存续期间内夫妻财产的归属与使用，自双方当事人结婚后生效；而离婚财产分割的目的在于解决离婚后的财产分割问题，在双方当事人办理离婚登记后生效。

夫妻财产制是婚姻家庭法的重要内容，而婚姻家庭法其性质属于私法，这就要求婚姻家庭法在法律允许的一定范围内，尽量尊重当事人的意愿。因此，当代世界许多国家有关夫妻财产制的立法都首先明文规定，夫妻双方有权依法以契约形式约定其适用的夫妻财产制，如果无约定或约定无效的，则适用法定财产制。也就是说，在夫妻财产关系中，约定财产制可以排斥法定财产制优先适用，前者有优先于后者适用的效力。这种规定是民法契约自由原则在婚姻法中的集中体现。基于此原则，许多国家的立法都同时规定夫妻财产制的变更终止及夫妻共同财产的分割等，也可由夫妻双方依法协商决定。

我国第一部婚姻法即1950年《婚姻法》没有对夫妻财产约定制做出明文规定。该部《婚姻法》规定“夫妻双方对于家庭财产有平等的所有权和处理权。”根据中央人民政法法制委员会《关于中华人民共和国婚姻法起草经过和起草理由的报告》：“家庭财产不外下列三种：1. 男女婚前财产；2. 夫妻共同生活时所得的财产，包括双方或一方劳动所得的财产，双方或一方在此期间所得的遗产或赠与的财产；3. 未成年子女的财产。”夫妻能“真正平等的共同所有与共同处理第一和第二两种家庭财产以及共同管理第三种家庭财产。”也就是说，1950年《婚姻法》规定的是一般共同财产制，夫妻平等地对各自婚前财产和婚后财产共同行使所有权，对未成年子女的财产共同行使管理权。这是考虑到我国现实生活中绝大多数人都是以一般共同财产制为夫妻财产的传统而制定的。它既体现了男女平等和夫妻在家庭中地位平等的原则，又区别于封建法律否定妻子财产所有权及资本主义国家早期立法限制已婚妇女财产权的法律，对我国夫妻财产制的变革和发展起到了重要的作用。

1950年《婚姻法》立足于身份的解放，确立了婚姻中男女平等、婚姻自由的原则，却未对夫妻财产约定问题做出明文规定。但在立法解释上认为，婚姻法关于夫妻财产关系的概括性的规定“不妨碍夫妻间真正根据男女权利平等和地位平等原则来做出任何种类家庭财产的所有权处理权与管理权相互自由的约定。”“对一切种类的家庭财产问题，都可以用夫妻双方平等的自由自愿的约定方法来解决。”由于传统习惯和经济发展程度低、家庭财产不多等因素的制约，加之立法解释并未为一般民众所了解，实际生活中夫妻实行约定财产关系的非常少见，发生财产约定纠纷诉诸法律的更加鲜见，人们认为当时并不存在夫妻约定财产制，所以在相当长的一个时期里，该立法解释的精神没有再以其他法律文件重述。

随着我国社会发展，我国人民物质文化生活水平不断提高，人们的家庭财产收益增多，公民个人财产构成出现了新情况，财产种类不断增多，价值日益增大，夫妻财产关系也日趋复杂。与此同时人们的婚姻家庭观念也发生了新的变化。为使婚姻当事人有灵活处理夫妻财产关系的余地，1980 年《婚姻法》适应新时期调整夫妻财产关系的需要，在规定法定财产制为夫妻共同财产制的同时，又明确规定允许夫妻就财产关系自愿约定，以排除共同财产制的适用。1980 年《婚姻法》允许夫妻按照双方的意愿，约定处理双方的财产关系，可以满足新形势下夫妻因各种原因（如个人承包经营、再婚夫妻的财产、涉外婚姻等）以多种形式处理双方财产问题的需要，体现了夫妻享有平等的财产权利，有利于减少家庭纠纷，保护当事人的合法权益，促进家庭经济和社会经济的发展。但是，该法仅规定允许夫妻就财产关系进行约定，而对约定财产制的具体内容，如约定的条件、方式、时间、范围、效力、变更、废止等均未做规定，故约定财产制缺乏可操作性。针对此立法的不足，2001 年修正后的婚姻法进一步补充、完善了约定财产制。

2001 年《婚姻法》（修正案）第 19 条规定：“夫妻可以约定婚姻关系存续期间所得的财产以及婚前财产归各自所有、共同所有或部分各自所有、部分共同所有。”新《婚姻法》赋予了约定财产制与法定财产制同等的法律地位；并以授权性规范对夫妻财产制作了规定，明确了婚姻当事人可以契约方式对夫妻财产做出约定，双方无约定或约定无效时适用法定财产制等等。与1980年《婚姻法》相比，新《婚姻法》对约定的内容、约定形式、约定效力、约定后债务的清偿的问题作了更为具体的约定，增强了约定财产制的可操作、可适用性。

（二）夫妻约定财产制的特点

夫妻财产约定尽管可以说是夫妻双方关于财产关系的契约，但是它毕竟和一般的民事合同不同。它与一般的财产契约的不同之处在于，它不完全具有等价有偿的性质，毕竟婚姻是建立在感情基础之上的，完全站在商品经济发展的角度来对夫妻财产约定关系进行调整与婚姻的伦理性相违背，是一种文明的倒退。夫妻约定财产制度的特点主要表现为：夫妻身份平等性、财产约定的契约性、自由性、法律适用优先性和附着性等特点。

(1)夫妻身份平等性。即意指进行约定时夫妻双方的地位平等，其享有同样的权利和负有同样的义务，夫妻约定财产制度是男女法律地位平等的最直接的表现。

(2)夫妻约定财产制度体现了契约性。西方社会将契约自由思想贯穿于整个私法领域，引入到家庭领域，在夫妻财产制度中产生了夫妻约定财产制度。因此，夫妻约定财产制度所体现出的契约性、自由性就格外突出。约定自由性在夫妻约定财产制度中蕴含着许多的意义：约定的选择是自由的，可以约定，也可以不约定；约定的时间是自由的，可以在婚前约定，还可以在婚后约定；约定的内容是开放的，只要不违反法律禁止性规定，夫妻对涉及财产的任何问题都可以约定；约定的效力可以自由的设定，可以对约定有效限期进行约定，也可以对约定的变更、撤销等进行约定。

(3)法律适用优先性是指在夫妻之间有财产约定的时候优先适用夫妻约定的规定，从而排除法定财产规定的情况，之所以有此种制度上的设置，主要还在于契约自由神圣性所至。在充分尊重当事人意思自治的社会里，契约相当于当事人之间的立法。

《法国民法典》第1134条第一项规定：依法成立的契约，在缔结契约的当事人间有相当于法律的效力。夫妻约定财产制度作为一种契约的结果，是当事人自由处置安排财产的行为，只要其是依法成立，故其约定相当于夫妻之间的立法，一旦基于约定产生争议时，首先适用约定的规定即是遵从当事人意志的反映，根据不得翻悔的一般原理，适用约定的规定自然更让当事人乐于接受。

(4)约定的附着性是指夫妻之间的约定附着于婚姻事实的存在，也即财产约定的效力应该起始于婚姻事实的发生。如果男女双方有了财产约定，但没有成立婚姻，该约定自然没有效力，对双方的财产处置不会有什么法律上的影响。有人据此认为，夫妻约定财产具有从属性，是婚姻契约的一种从契约，它随婚姻契约有效与否而变动，这种认识有一定的道理，但并不完全如此。在一定情况下，婚姻的无效并不导致财产约定的无效或全部无效。我们知道，夫妻财产制度主要是为维护夫妻家庭生活而依法做出的较为公平合理的安排，夫妻约定财产即应包括夫妻双方对家庭生活的预期，这种对财产的处置有的具有帮扶性质，有的具有赠与性，所以当出现法定的婚姻无效的情形时，并不意味着原来的财产约定全部无效，如果这样的话，不仅有违当事人的意思，对另一方当事人也可能会产生不公平。基于，此种理念，应认为财产约定具有附着性为宜，即财产约定附着于婚姻家庭，但不以婚姻有效与否为依据。

(三)夫妻约定财产制的意义

对夫妻约定财产制立法价值的考察，应从以下两个方面着手：

一方面，夫妻约定财产制有利于实现夫妻双方在财产关系上的意思自治，避免家庭纠纷。随着社会经济的发展，夫妻个人、夫妻双方乃至家庭，都日益成为民事活动的重要主体。个人、家庭越来越多地投身各种经济活动，民事交易日益活跃、复杂，经济活动的方式和内容也日益自由化。同时随着经济快速发展，公民个人私有财产急剧增多，婚姻财产价值也越来越大。市场主体的多元化、市场经济活动的自由化以及私有财产的急剧膨胀，导致了人们要求对个人财产、夫妻共同财产、家庭财产相互之间的关系与范围作出明确界定，防止因财产权限不明而导致夫妻在占有、管理、收益和处分财产过程中发生矛盾，引起纠纷。

另一方面，夫妻约定财产制有利于保护夫妻双方与第三方的交易安全。夫与妻不论是个人或者作为婚姻共同体或者家庭的代表参与民事交易活动，其对民事交易安全的影响都非常大。这种对外交易都将会引起夫妻财产权利义务关系的产生、变更或者消灭。同时，交易的安全和效力、交易利益的享有以及交易后果的承担，也会受到夫妻间订立的财产约定的影响。因此夫妻对财产关系是否约定、如何约定，不仅关系到夫妻双方的利益，而且同样关系到第三人的利益。当夫妻以个人或家庭成员的身份，甚至代表家庭从事民事交易活动时，交易相对方有权知道“他或她”是否有权利进行这项交易，交易是否会受到来自交易者配偶的干涉，而作为交易一方的配偶，也有权了解和掌握配偶从事的民事交易是否涉及本人利益，有权反对或阻止有损本人利益的交易行为，鼓励和支持对本人有益的合法交易活动。因此，夫妻财产约定直接关系到夫妻一方或双方与相对第三人之间的交易结果，已经对涉及夫妻财产的民事交易的安全产生了极其重大的影响。基于上述两个原因，夫妻作为市场经济活动的主体，为了保证其参与市场经济活动的自由和灵活，同时保护交易安全和第三人的利益，有必要对其财产的归属和管理等事项进行事先约定，使夫妻双方和交易第三人能充分合理地预见到交易的影响和结果。为保证夫妻对婚姻财产的权利，同时满足涉及夫妻财产的民事交易安全需要，夫妻财产约定制度就应运而生。其目的就在于使夫妻可预见到本人和配偶有关财产的行为及其后果，在行为之前就可以预知法律对自己行为是否予以承认和保护，也使交易相对方知晓交易的后果，不必担心交易者配偶或者国家的干预。

二、我国夫妻约定财产制之不足及完善必要性

(一)我国夫妻约定财产制的现状与不足

《婚姻法》第十九条规定:“夫妻可以约定婚姻关系存续期间所得的财产以及婚前财产归各自所有、共同所有或部分各自所有、部分共同所有。约定应当采用书面形式。没有约定或约定不明确的,适用本法第十七条、第十八条的规定。”夫妻财产关系渗透到社会生活的方方面面,周详地规定夫妻财产权利和义务,不仅是调整婚姻家庭关系的需要,而且有助于减少和避免财产纷争,促进安定和稳定。2001 年《婚姻法》修正案对夫妻约定财产制进行了补充和完善,但在立法上仍然存在不足之处,关于夫妻约定财产制的规定过于简单,缺乏可操作性。

夫妻财产约定制存在一些问题,主要表现如下几个方面:

1. 夫妻约定财产的种类范围狭窄,缺少原则性规定

尽管,我国目前的《婚姻法》19 条明确规定了约定的种类,即一般共同制、限定共同制、分别财产制,即婚姻当事人只能在法律规定的三种夫妻财产制选择其一,且选定一种财产制名称,其权利与义务即十分明确,超过该范围的夫妻财产制约定,将不被法律承认,对当事人也无拘束力。这样,限制了当事人约定的自由度,不能满足随着财产种类多样化的当事人约定的多种化的需要。不能使约定财产制最大限度地发挥其功能为调整夫妻财产关系服务,法律允许当事人在不违反民法、婚姻法基本原则的前提下对自己的财产自由处置,才是约定财产制应当达到的法律目标。

夫妻约定财产制的原则性规定是处理夫妻约定财产关系的基本准则。大陆法系的许多国家如法国、德国、瑞士等国立法都对此有明文规定。但同为大陆法系的我国却缺乏夫妻财产关系

的原则性规定，使处理夫妻约定财产关系无基本的行为准则，不利于保护婚姻家庭和夫妻双方的合法财产权益，也不利于维护第三人的利益和交易安全。特别是当前在现实生活中，随着我国社会发展，在社会主义市场经济条件下，计划经济体制下传统单一的经济形式已被打破，多种经济形式并存，个体经济、私营经济迅速发展，承包经营户、个体工商户、私营业主等大量存在并继续涌现，夫妻参与经济活动频繁，夫妻约定财产关系不仅关系到婚姻当事人双方，而且还影响到财产交易秩序和交易安全。缺乏对夫妻约定财产关系的原则性规定，常常会出现婚姻当事人夫妻双方恶意串通，损害社会公共利益和民事交易第三人的利益，有的婚姻当事人利用一方无知或者利用自己在经济和社会上的地位，用欺诈、胁迫的手段或者乘人之危，使一方违背真实意思而签订夫妻财产协议。

2. 夫妻财产约定成立的有效条件不明确

2001 年《婚姻法》规定了约定的几种情形却未规定成立条件，这也是我国夫妻约定财产制立法不完善的表现之一。任何合同、契约都应有其成立的要求，不然难以适用法律保护。我国《合同法》就对合同成立的形式要件及实质要件作有规定，某种具体合同又有不同成立条件要求的规定。《合同法》第 2 条规定："本法所称合同是平等主体的自然人、法人、其他组织之间设立、变更、终止民事权利义务关系的协议。婚姻、收养、监护等有关身份关系的协议，适用其他法律的规定。"夫妻财产约定虽然说是一项契约，但由于其是一种基于特定身份而产生的契约，并不能完全适用《合同法》的规定，自然应有其成立的条件对其生效予以规范。就其成立条件来说，首先要考虑的是约定主体。夫妻约定财产制中的财产约定只能是夫妻双方就其财产所订的协议，这是特定主体之间的财产契约关系，其人身性极强，所以对订约主体的资格和相应的行为能力法律应明确规定。其次双方约定应遵循自愿、诚信、公平、合理原则。如果婚姻当事人在非平等自愿的前提下作出财产约定，且意思表示不真实的，对约定附以不合理的条件，如以不结婚或离婚相要挟订立财产协议；一方得以欺骗、胁迫手段将个人意志加于另一方；明显对一方不利的显失公平的约定；因一方重大误解而作出的约定效力，以上约定的效力，现有法律没有明确规定。第三，约定内容合法性缺乏法律规定。《合同法》第2条规定已明确排除婚姻等涉及身份的契约的使用，婚姻契约与一般的民事契约具有相同之处，又存在很大的差别，婚姻契约的特殊性需要在婚姻法律上有所体现。目前夫妻财产约定内容的合法性要求除了根据一般的民事合同原理推导之外，法律依据只有1993年《关于人民法院审理离婚案件处理财产分割的具有意见》第1条规定的“但规避法律的约定无效”，2001《婚姻法》上无具体的规定。夫妻约定财产目前在我国仍是较新鲜的事物，正如学者调查所发现的那样，许多人并不知道夫妻可以就财产进行约定。面对这样的现状，立法上在设置这一制度时，应规定得更为明确、具体，以引导当事人避免纠纷的产生。立法上为规定夫妻财产约定的内容意在于遵循契约自由原则，但对于婚姻契约，由于它的人身性和伦理性，决定了立法上必须对其内容加以限制，否则就会产生一些不公平的社会现象。例如，夫妻一方利用自己的知识或其他优势，诱骗对方签订损害对方利益的契约。对约定成立的条件法律不明确规定，不利于维护夫妻合法财产权益和第三人的利益。

3. 对夫妻财产约定的变更和撤销程序存在法律空白

夫妻财产约定是夫妻双方意思表示一致达成合意的结果，体现了当事人意思自治原则。夫妻财产关系是一种动态的法律关系，在约定完成后，由于主客观条件发生重大变化，原约定内容不再适应婚姻当事人，或继续适用原约定显失公平时，当事人有权对该协议进行变更或终止。我国原则上应准许夫妻财产约定的变更或撤销，但又没有规定变更或撤销的条件和程序。这不利于当事人保护自己的合法权益。

4. 夫妻财产约定的时间未规定

婚姻当事人可以在何时订立夫妻财产约定，结婚前，结婚时或在婚姻关系存续中，这一问题仍未明确表述。关于夫妻财产约定时间，目前世界上有两种立法例：一是仅限于婚前订立如法国、意大利、荷兰、日本等国家民法规定，夫妻间的契约，应在结婚前订立，并自结婚之日起发生效力。其理由是，婚后易受到劝诱等感情因素的影响，订立夫妻财产契约对某一方可能不公平。二是无限制，夫妻财产契约可以在结婚前或结婚后缔结，如德国、瑞士、英国、美国等。2001 年《婚姻法》对夫妻财产约定时间未作规定，根据民事立法的"法不禁止则自由"的原则，在法律没有规定的情况下，可以推定夫妻双方"可以于婚前约定，也可以在婚后约定"。

5. 夫妻约定财产制对外公示效力较弱

夫妻财产约定对外效力是指夫妻对婚姻财产的约定可否对抗第三人。承认其对外效力，即可依约定而对抗第三人，不承认其对外效力，则不能依约定而对抗第三人。如夫妻约定分别财产制，当夫妻一方与他人实施民事行为，发生对外效力者，只以其个人财产承担民事责任；不发生对外效力者，则以夫妻双方共同财产承担民事责任。即夫妻的财产约定对于第三人（主要是债权人）的效力。《适用〈中华人民共和国婚姻法〉若干问题的解释（一）》第十八条规定，"婚姻法第十九条所称'第三人知道该约定的'，夫妻一方对此负有举证责任。"这一规定是由于婚姻关系涉及个人的隐私，具有较大的隐蔽性，是为保护第三人的利益而设立的。现实生活中，夫妻一方在与第三人进行民事交易时，往往不会主动告知对方其婚姻状况，而相对方也没有询问的习惯和义务；即使夫妻一方告知第三人也鲜有采取有形形式订立者。由此在发生纠纷时，举证证明"第三人明知"的责任就成了块烫手的"山芋"，落在婚姻当事人的身上就会出现举证障碍，由此，在婚姻法领域往往会造成夫妻财产约定对外的失效。

笔者认为，夫妻财产对外约定的效力依据现有规定来看，毫无公信力，根本不足以对抗第三人。由于夫妻书面约定，乃是夫妻双方的合意，其约定势必会可以任意曲解，第三人根本不可能知情。《婚姻法》修正案并没有规定在什么样的情况下属于第三人知道，在现实生活中，我们判断“第三人是否知道夫妻双方对财产已经作出了事先的约定”，如何判断，在什么情况下，可以认定“第三人知道”是一个值得探讨的问题，并进一步明确应该以哪一部分财产清偿债务的依据是什么？那么夫妻双方就可以根据自己的需要自由地主张财产已经约定或没有约定，第三人同样可以自由地选择知道或不知道该约定，这样一来势必会造成夫妻财产关系及债权债务关系的不稳定。

（二）完善我国夫妻约定财产制的必要性

1. 贯彻男女平等理念，切实保障夫妻财产的意思自治权利

现行《婚姻法》在夫妻约定财产制度规定方面为实现男女平等做出卓越贡献，它充分考虑到中国实行市场经济以来，夫妻一方或双方从事生产经营活动日益增多带来的夫妻财产数量与财产范围的变化，以及男女平等法律原则推行多年后，夫妻个人权利意识的觉醒。它进一步体现了婚姻家庭法的人本主义和人文关怀的精神。但欲消除夫妻财产制中男女不平等这一顽疾，我们亦需长时间摸索法律实践问题和逐步完善我国法律规定，让法律真正与我国社会现实相融合。

2. 弥补我国法定财产制不足，完善现行立法之需要

法定财产制与约定财产制是我国夫妻财产制之两大基本制度，两者具有同等法律地位，共同构成我国夫妻财产制之完整内容，缺一不可。我国现行《婚姻法》以婚后所得共同制为夫妻法定财产制，且明确共同财产和个人财产的范围，此种规定可鼓励夫

妻同心协力共同奋斗，亦可最大限度减小夫妻内部之经济差异，有利于保障婚姻关系中弱势群体权益，实现夫妻家庭地位事实上平等，符合中国传统婚姻观念之价值观。然而，选择是个性自由意志的体现，于个人而言，被赋予选择权即意味着个体法律人格的完善，亦体现了人性的要求和社会文明发展的呼唤。法定财产制的缺陷是，财产制类型单一，无法满足婚姻主体多样化价值观念需求，不足以调整现代社会夫妻在财产方面的权利义务关系。正如台湾学者林秀雄所说，“合理的法定财产制下，夫妻财产制契约无存在的必要，反而言之，夫妻财产制契约的增加，系现实法定财产制之不合理。”[①]《婚姻法》(2001)实施以来，夫妻财产公证不断增加，已有越来越多的人接受约定财产制。社会不断进化，夫妻双方经济地位亦不断变化，以及当代人们价值观念转变和自我意识增强，无论立法者认为法定财产制多么合理与完善，都未必能够满足观念与价值标准多样化的婚姻主体对夫妻财产关系多元化的需求，并且，单一的法定财产制度也难保证将来仍符合婚姻主体的需要。约定财产制由于其所具有与现代市场经济若干原则相契合，因而必将会得到人们广泛的关注与应用。约定财产制可适应司法领域法律主体意思自治、契约自由的要求，与现代市场经济的若干原则相契合，具有更大的灵活性、选择性和适应性，更能迎合众多现代家庭的需要，适应现阶段社会以多种经济成分并存的实际情况，保护和促进个体与私营经济的健康发展。从发展趋势看，契约自由是法律领域的普遍原则，约定财产制的范围将会不断扩大。于此，提高约定财产制的法律地位，逐步完善夫妻约定财产制的立法具有极其重大的现实意义。

3. 符合我国家庭财产日趋复杂化与个人需求日益多元化之需要

当社会生产力发展到一定程度时，个人经济独立，主体意识增强，夫妻财产在数量上日益增多，财产来源上亦日趋复杂，除单

---

① 林秀雄．夫妻财产制之研究[M]．北京：中国政法大学出版社，2001，第150页．

纯的工资性收入外，还有股票、债券、知识产权等其他方式之所得财产。市场经济发展需要主体的积极参与，要求主体享有充分的权利并能有效地行使，活跃开放的市场经济运行方式激发社会个体的开放意识，其市场经济活动中提供的众多机会，也逐步增强个体参与意识和自我实现意识。在夫妻财产关系上，夫妻双方对个人所有的财产更加重视，权利意识日益复苏，自主意识和自我保护意识不断增强。有学者对一万对离婚夫妇进行调查后发现：因没有实行“婚前财产协议”的离异夫妇中，发生财产分割、争执的占59%；反之，进行过“婚前财产协议”而后发生离异行为的夫妇，在财产分割方面比较顺利，争执也较少，仅占8.9%，这样避免了法庭以强制手段予以裁决的激烈行为。由此可见，“婚前财产协议”在司法实践方面是有积极意义的。约定财产制能够满足新形势下夫妻因各种原因（如个人承包经营、离婚财产分割、再婚夫妻财产、涉外婚姻等）以多种形式处理双方财产问题的需要，保障夫妻间平等的财产权利。构建完善的夫妻约定财产制有利于减少家庭纠纷，维护当事人的合法权益，促进家庭和谐和社会经济的发展，它将成为夫妻减少财产纠纷、妥善处理财产关系的一种理想选择。原有的夫妻法定财产制已不足以反映和调整夫妻在财产方面的权利和义务关系。而现有夫妻约定财产制法律尚不完善，给人们正确理解带来障碍，不利于约定财产制的正确适用，因而必须完善我国的夫妻约定财产制。

三、我国现行《婚姻法》夫妻约定财产制立法完善建议

（一）完善夫妻约定财产制的类型和内容

1. 增设夫妻约定财产制的一般规定

夫妻约定财产制的一般规定，规定的是采用夫妻约定财产制时的共通问题，是婚姻当事人适用约定财产制处理夫妻财产关系所应遵循的基本准则。从德国、法国、瑞士等对夫妻财产制契约的

一般规定来看，主要是对约定的要件、约定的变更、约定的效力等问题的规定，只不过各国规定的具体内容有所不同而已。笔者认为，我国夫妻约定财产制的一般规定应包括下列内容：夫妻财产约定的主体及缔约能力、约定应遵循的原则、约定的时间、约定的形式、约定的变更和撤销、约定的效力等。

2. 完善夫妻约定财产制的类型

笔者认为，不应限定婚姻当事人只能在这三种财产制中选择适用，法律允许婚姻当事人选择何种财产制，应取决于我国公民需要。现代社会生活方式日趋丰富多样，夫妻财产关系日趋复杂多样，个人主体权利意识和独立意识不断增强，观念与价值标准日益多样化的婚姻主体，对夫妻财产关系的调整也呈现出多元化需求，约定财产制的价值取向，就是尊重婚姻当事人意思自治，允许婚姻当事人灵活处理夫妻财产关系，促进婚姻家庭稳定与和谐。在夫妻财产约定具体内容上，我们可借鉴德国例示式模式，即既有概括式规定又有列举式规定，以列举式对一种或数种典型财产制加以具体规定，以概括式规定明确夫妻可以对其财产关系作其他约定。我国婚姻法可明确除了应当规定当事人可自由创设财产规定外，还可考虑对现阶段婚姻当事人经常采用和多数人希望采用的几种财产制作列举式规定，供当事人自由选择，参照适用。并允许当事人根据自身婚姻状况和财产状况等约定采用其他财产制，或对列举财产制作变通适用。我国现行婚姻法规定三种财产制可以继续作为法律提供给当事人选择类型，但立法上要对其内容进行完善。

3. 夫妻约定财产制内容的完善

我国的约定财产制采用的是选择式的夫妻约定财产制立法模式，但与大陆法系的法国和德国不同的是，《婚姻法》虽规定了允许婚姻当事人选择的财产制种类，但对每一种类型下的财产制应包括的内容，却无规定。因此，在实践中不可避免地会出现婚姻当事人因不了解该财产制的内容而无法作出选择，或选择后因法律没有规定而无所适从或因各执己见而引发争执的情况，即使是诉诸法院裁决，也因裁决标准的不明确而导致结果的不一致，徒增当事人的诉累和法院的负担。因此，《婚姻法》在规定每一种财产制类型供婚姻当事人选择时，有必要对该财产制下夫妻财产所有权的归属、夫妻对财产所享有的管理、使用、收益、处分权以及财产责任、财产关系终止时的清算与补偿责任等内容作出明确规定。

(1)一般共同财产制应明确的内容。如果婚姻当事人选择适用的财产制形式是一般共同财产制，在这一财产制之下，夫妻双方的婚前财产和婚后所得财产都属双方共同共有。因此，需要法律明确规定的不是夫妻共同财产的范围，而是夫妻一方个人特有财产的范围；需要划分的债务不是夫妻共同债务而是个人债务；同时，需要确定夫妻对共同财产和个人特有财产各自所享有的权利。

(2)限定共同财产制应明确的内容。限定共同财产制是在法定财产制的基础上，对夫妻共有财产范围的变更。这种变更既可以是对共有财产范围的扩大，也可以是对其范围的缩小。而随着夫妻共有财产范围的变化，夫妻对共同财产的权利、义务等也相应发生改变。因此，在限定共同财产制之下，最需要明确的是夫妻约定的共有财产范围。为了防止夫妻约定不明确所导致的财产争议的发生，法律还应同时规定约定不明财产的推定制度，将约定不明的财产一律推定为夫妻共同所有。

(3)分别财产制应明确的内容：在分别财产制之下，夫妻的财产权利、义务等与共同财产制有着巨大的差别，因而需要法律明确规定的内容也比前两种财产制多。具体包括：第一，夫妻的财产权利。虽然在分别财产制之下，夫妻的财产归各自所有，财产权利也由其个人自由行使，但因婚姻生活的特殊性，对其行使某些财产权利的行为法律有必要加以约束，比如为了方便夫妻共同生活，实现家庭和谐，一方的个人财产另一方也可以适当使用。

另外,对一方受委托或自行代管另一方财产的行为的性质也需要作出规定。第二,家庭生活费用的负担方式。第三,夫妻的对外财产责任。

(二)明确规定夫妻财产约定的时间

关于夫妻财产约定的订立时间,目前世界上有两种做法:(1)限制主义,夫妻财产约定仅限于婚前订立,法国、日本、荷兰等国采用此立法例。如《法国民法典》第 1395 条规定:"有关夫妻财产的各项协议条款,应在举行结婚之前写就,并且仅在结婚之日起开始生效。"法国民法还规定,夫妻在婚后对夫妻财产制的变更须经法院判决才发生效力。日本民法也规定,只允许婚姻当事人在结婚前订立夫妻财产契约,结婚后则不能变更、废止夫妻财产契约。其立法理由有二:一是保护夫妻各方的财产权益,婚姻当事人在婚后容易受到劝诱等感情因素的影响,或迫于处于强势一方的压力等可能会适用对自己不利的夫妻财产制;二是保护债权人的利益,夫妻双方可能会利用财产约定规避法律,逃避对第三人的债务,因此,为维护夫妻各方的财产权益,也防止夫妻双方利用夫妻财产契约损害债权人的利益、危害交易安全,立法将夫妻订立财产契约的时间限定在婚前。(2)自由主义,即结婚前、结婚时或结婚后均可订立夫妻财产契约,德国、瑞士、英国、美国等采用自由主义的立法例。如《瑞士民法典》第 182 条第 1 款规定:"婚姻契约可在婚前或婚后缔结。"其立法理由是:一是契约自由原则的充分体现;二是照顾夫妻婚后可能发生的情况变化。

我国法律对夫妻财产约定的时间没有明确规定。实践中,一般认为,从尊重约定当事人的权利和当前实际需要出发,以不加限制为宜,但也有人提出应在婚前订立。法律对约定的时间没有明确规定,不仅容易引起争执,而且会失去法律应有的严谨和严肃。关于约定的时间,笔者也赞成采取自由主义,因为,婚姻当事人什么时候订立夫妻财产契约,内容如何约定,因婚姻当事人的婚姻状况、财产情况不同而不同,法律没有必要干涉。况且,婚姻当事人只有经历一段时间的婚姻生活后，才能更深刻地体会到夫妻财产制与自己的利害关系及对其婚姻生活的重要性，允许夫妻根据其婚姻生活的实际情况，平等自愿地协商订立或修改夫妻财产制契约，有利于夫妻灵活、和平地处理夫妻财产关系，避免和减少夫妻间财产纠纷的产生。至于人们所担心的夫妻会利用财产约定损害第三人的合法权益问题，可以通过对约定形式的规范、约定产生对外效力应具备的公示方式等途径来解决。因此，婚姻当事人可以在婚前、结婚时或婚姻关系存续期间进行财产约定。

（三）明确规定夫妻财产约定的变更与撤销

我国婚姻法及司法解释对夫妻财产约定的变更或撤销问题没有明确规定，我国多数学者认为原则上应允许夫妻双方协议变更或撤销夫妻财产约定，但在变更或撤销的条件上尚存在着争论。主要有两类观点。一种观点认为，夫妻财产约定的变更或撤销，须夫妻双方协商一致同意，没有变更或撤销的一致意思表示，夫妻财产约定不能变更或撤销。另一种观点认为，除夫妻双方协议变更或撤销财产约定外，一方要求变更，另一方不同意的，要求变更的一方可请求法院裁判予以变更。笔者认为，一般情况下，夫妻财产约定需要双方协议，单方不能变更；除非协议的签订存在“欺诈，胁迫”的事由才可以向法院提起变更夫妻财产约定。

夫妻财产约定，虽然受到夫妻身份关系的约束，但其本质上是一种财产契约，是婚姻当事人在平等、自愿的基础上订立的，一经成立即对双方产生法律约束力，双方应按约定的内容行使权利，履行义务。在婚姻关系存续期间，夫妻财产关系是一种动态的法律关系，当事人取得的财产类型、取得财产的途径不断增多，夫妻双方的经济状况也会或多或少发生变化，当事人对婚姻、财产的态度及对对方的看法等也会不同，使得原有夫妻财产约定内容不再适应婚姻当事人，因而，需要变更或撤销夫妻财产约定，以及时调整变化了的夫妻财产关系。夫妻财产约定既是契约，自应允许变更或撤销，这也是契约自由原则的体现。但夫妻财产约定的变更或撤销,应符合一定的条件和程序。

一般而言,变更或撤销约定应履行与原约定订立时相同的程序。婚姻法规定,夫妻财产约定应采用书面形式,因此,当事人变更或撤销夫妻财产约定应采用书面形式,原约定经过公证的,变更或撤销夫妻财产约定也应经公证机关公证,才能生效。夫妻财产约定一经依法变更或撤销,即对夫妻双方产生法律约束力,但能否对抗第三人,应依具体情况而定。约定的变更或撤销即使第三人知道,也不能对抗在约定变更或撤销前与第三人签订的合同。夫妻一方在与第三人从事民事活动时,将其夫妻财产约定变更或撤销的情况告知第三人的,该约定的变更或撤销对第三人生效。

(四)增设夫妻约定财产制公示制度

《婚姻法》修正案对夫妻财产约定规定的必须采用书面形式,从而完成了从非要式行为到要式行为的转变。但笔者认为,如果立法能为婚姻当事人缔结夫妻财产契约提供相应的公示程序,会更贴妥。当前世界各国都从维护交易安全出发,对夫妻财产契约的形式做了严格的限定,趋向于强调登记公告程序。具体做法就是夫妻双方可以通过向婚姻登记机关备案的方式来达到对夫妻财产约定的公示。约定财产制的一个重要意义,是通过事先约定并公示,来明确责任财产的范围,从而实质上限定了夫妻某一方对外承担财产责任的范围。只有原则上经过公示程序的夫妻财产契约,才具有对内对外效力,特别是具有对抗第三人的效力。以便于债权人知晓当事人的财产状况,以确保财产约定的公示效力,保护交易安全。

夫妻约定财产制是我国夫妻财产制的重要内容,对于保护夫妻双方对婚前婚后财产的自主权,激励当事人创造财富的积极性,对于解决可能因离婚而产生的财产纠纷具有重要意义。我国夫妻财产约定制的不足是显而易见的,未来立法有迫切完善的必要。值此我国民法典正处于编纂阶段,加强对夫妻约定财产制完善的理论研究正当其时,期待夫妻约定财产制会有立法上的重大进步。

论我国现行离婚制度的完善

我国《婚姻法》经历了“两个阶段，三个里程碑”，现行《婚姻法》是1980年婚姻法制定的，并经过了2001年的修订。如今，17年过去了，社会生活发生了方方面面的变化：飞速发展的信息产业把人们带入一个全新的信息社会，生活节奏加快，社会社交圈冲淡夫妻情感；全球市场经济大潮下经济竞争更加激烈，经济理性冲击到家庭领域；人们的婚姻家庭观念日益开放，个人主义盛行；伦理亲情淡化，传统道德及婚姻的传统功能被弱化…… 由此，引发离婚率的高发，婚姻家庭的稳定性大大降低，家庭中弱势群体的权益受到侵害，社会和谐受到不良影响。《婚姻法》作为规范婚姻家庭关系的基本法律制度，反思现有离婚制度不足，有重要的理论与现实意义。

一、我国现行离婚制度的指导原则

离婚制度是《婚姻法》的重要内容，主要通过规范离婚的条件、程序、后果来规范人们的离婚行为。离婚制度的基本原则是对婚姻的基本原则的进一步细化。

（一）保障离婚自由，反对轻率离婚

“离婚自由主义”是当今世界各国通行的离婚立法主义。“离婚自由”是我国《婚姻法》明确规定的基本原则。我国现在实行离婚制度是为了切实保障当事人应享有的基本权利和自由。在适当范围内规范离婚的条件，禁止有目的或草率的离婚行为。我国离婚制度的基本原则，概括起来说就是：“保障离婚自由，反对轻

率离婚”。离婚自由是体现婚姻自由的重要内容之一，如果夫妻双方当事人在婚后的生活中发觉感情确已破裂、婚姻关系也已经无法再继续持续时，结束这种不幸福的婚姻关系，在某种程度上也是对婚姻关系的一种尊重，符合社会人道主义和个人幸福指数的做法，也符合现代社会主义婚姻家庭的基本道德准则。现阶段，保障离婚自由首先需要从个人观念上入手，拆除人们心中的固有封建思想，那种认为无论发生了什么都不要离婚，为了所谓的封建理论和跑偏的伦理纲常，甚者有发生家暴的家庭也宁可为了面子不去选择离婚的做法是对人性基本权利的践踏，与现代人权理念及婚姻的本质背道而驰。正如马克思所言：“离婚是对已经死亡婚姻的宣告”，让死亡的婚姻解除，给人们重新选择新生活的自由是对人们婚姻家庭权益的切实保障。

在坚持离婚自由的同时，必须防止“离婚自由”被异化为“离婚自由化”。当下，有很多的年轻人视婚姻为“儿戏”，“一怒之下离了！”，轻率离婚的现象非常严重。这是对自己、对家庭、对社会都不负责任的冲动行为。夫妻双方在日常生活中朝夕相处难免会有口角之争，磕磕绊绊也是在所难免。即便是如此它也不能成为离婚的唯一手段，冲突的解决办法有很多种，离婚并不是唯一，它只是解决夫妻矛盾的最终手段。婚姻并非儿戏，它承载着其他夫妻双方的幸福，也肩负着社会的和谐与安定的重大责任。正如马克思在《论离婚法草案》中所指出的：婚姻不能听从已婚者的任性，相反的，已婚者的任性应该服从婚姻的本质。[①] 所以既要在保障离婚自由的同时，也要反对轻率离婚的发生。这也是保障离婚自由的使然。

（二）社会转型期研究离婚制度的意义

伴随着我国经济的迅猛发展，市场经济和人文水平都有着质的飞跃，在这种社会转型期间探究我国的离婚制度有着里程碑式

① 张涵．浅谈马克思主义的婚恋观[J]．学理论，2015(33)，第3页．

意义。一方面,法律的进阶性完善侧面烘托着我国社会的不断壮硕和进步。首先,婚姻家庭是大的社会环境中的不可控变量,其中存在的许许多多问题都有可能存在着随时从质变到量变的变化,每个家庭的主要矛盾和每个矛盾的主要方面都是可以直接或间接地导致家庭破裂。① 另一方面,婚姻法的不断完善和改进能够在一定程度上降低离婚率,最大限度地保护婚姻、保护婚姻中每一个人的利益最大化,把伤害降低到最低。婚姻法作为一部法律,自身就有着规范人的行为和指引人们朝着正确方向行走的重要作用。以法律促理性,以制度促稳定对现阶段提升我国婚姻质量和促进社会文明和谐有着重要的规范作用。而在我国社会转型期间的婚姻法研究的最终目的是完善婚姻法,把好的方面继续保持下去,坏的方面加以改进,以切实保护每一个家庭成员的基本人权和权益。在社会转型期间针对我国婚姻家庭领域出现的一些新问题,及时进行法律的修正与完善,正是研究我国现行离婚制度的意义所在。

二、我国现阶段的离婚状况

(一)我国现阶段婚姻状况不稳定及其原因分析

民政部公布的《2015 年社会服务发展统计公报》显示,2015 年,中国依法办理离婚手续的共有 384.1 万对,粗离婚率为 2.8‰。中新网记者统计,相比 2002 年中国粗离婚率仅有 0.90‰,13 年来,粗离婚率逐年攀升②。

导致我国离婚率逐年上升主要有以下三个方面的原因:

---

① 栾海珠. 社会转型时期离婚问题的研究[EB/OL]. http://www.doc88.com/p-7075993670798.html.

② 中国离婚率逐年攀升 是什么让婚姻变得脆弱?[EB/OL]. 中国新闻网,2016-7-12.

1. 经济原因

经济发展了，物质生活水平提高了，人们更加注重婚姻的质量和要求。中国人过去的婚姻状况是“低质量、高稳定”，过去人们离婚是因为不幸福，现在离婚是为了更幸福。市场经济大潮下，“经济理性”冲击家庭，经济快速发展的今天，人们收入水平的差异也会影响价值观念和家庭中的“地位”。收支的不平衡和夫妻二人的差异过高也将会导致矛盾的层层爆发，一方认为自己挣钱不易、压力大，一方或许不懂财务分配、花钱大手大脚等等。这其中带来的问题就会像定时炸弹一样，在某一个时刻迸发出来伤害到家庭，甚者带来离婚的可能性。财产在家庭中的地位提高，夫妻在追求物质财富的重压之下，疏于感情的沟通，易因财产问题发生矛盾而离婚。互联网的发展，使家庭中的人有了更多与外界接触的机会，夫妻的感情面临信息网络的分解。科技改变生活，其拉近了人们与陌生人的距离，疏远了与亲人之间的距离。另外，女性经济地位的提高、妇女独立及平等意识的觉醒，使她们有勇气主动提起离婚。近年来，农村离婚率也逐年提高，原因在于在城镇化的过程中，有大量的农民工到城市打工，因夫妻联络较少，聚少离多，感情淡漠而离婚。

2. 人的观念与环境因素

现在的年轻人多为独生子女，思想上“自我中心主义”，娇生惯养，只注重个人感受，忽视家庭责任与义务，导致一些年轻人“一见钟情婚了，一怒之下离了”。改革开放 30 多年来，受西方“性解放”“性自由”等思潮的影响，加上社会道德建设不足，传统婚姻伦理观弱化，婚后出轨行为较为严重，并成为离婚的主要原因。当离婚现象越来越普遍时，人们的离婚观念也就越来越宽松。当离婚行为被人们逐渐接受时，离婚所受到的道德谴责降低。因此，观念与环境因素是离婚的重要原因。此外，家庭结构的变化及原生家庭的双向影响婚姻的稳定性。现在的家庭结构多为核心家庭，即三口之家，夫妻双方发生矛盾，没有老一辈的干预，一旦发生矛盾，婚姻解体的可能性大。另外，由于原生父母不与小夫妻共同生活，两代人的思想观念不同易产生婆媳矛盾，近而也会增加核心家庭的稳定性。

3. 法制原因

我国在 2003 年制定和实施《婚姻登记条例》以来，登记离婚较以前取消了诸多限制，国家对离婚的法律干预明显不足，为假离婚和草率性离婚埋下了隐患。再加上我国离婚救济制度的不足，弱者权益保护不足，使离婚的成本明显过低，这些都从制度上使人们消除了离婚的顾虑。不健全的法律成为滋生高离婚率的土壤。

(二)高离婚率所产生的社会负面影响

离婚率的高发，有国内的经济发展与改革开放两大重要背景。我国对内改革——改善了居民的生活水平、改变了人民的精神风貌、飞跃了居民的生活品质，也转变了人们的思想方式；对外开放——我们敞开了国门、促进经济的快速腾飞、扩展了人们的视野范围，也接受到很多的外来因素等等。与此同时，我们就像是一口被封印了许久的大井，在被打开的一瞬间，那些传统与潮流、精华与糟粕、新潮与守旧、优秀与腐朽、先进与落后等等的东西都如蜂群一般涌入我们的精神世界和价值观念，这些对文化支离破碎的理解、更有甚者极端化的解读，伴随着我们几千年的传统思想，就在这口大井里面杂糅、发酵、同时也就造出一些畸形观念的“新生儿”，如蝴蝶效应般的迅速在人们的生活中传播和影响着。

1. 高离婚率动摇了人们对婚姻的信任度

错误的价值观念和生活的焦虑感影响着整个大的社会氛围，人们不愿意再轻易相信一段感情，他们觉得婚姻是爱情的坟墓，没必要给自己带上一个枷锁在生活中被另一个人去束缚。一旦消极的婚姻价值观念产生,伴随着无尽的失望和困苦就会体现在生活中的方方面面。甚者在再选择上都变得异常迷惑。另外,更有甚者会选择网恋,对现实生活的无望转化成对网络的依恋。每天沉浸在网络世界,期待幻想着会出现一个真命天子(女)给自己带来幸福和快乐。这只会在浪费时间和消耗精力上效果显著,至于真爱,结果可想而知。

2. 高离婚率影响了全社会的婚姻观念,家庭责任感被淡化

20 世纪 80 年代,人们对婚姻的态度很严肃,离婚行为会被人们斥之白眼,为社会舆论所谴责和贬低。而当下,离婚行为司空见惯,甚至被某些人调侃为一种时尚。整个社会对离婚的态度较 30 年前发生了逆转。这里有积极的一面,表现为人们可以不必勉强于无爱的婚姻,重新追求新的幸福。但消极方面,也非常突出,那就是对离婚问题的看法过于宽松,离婚行为过于轻率,不严肃。当人们对离婚不痛不痒时,自然会放松对自身行为的约束,家庭的责任感降低,婚姻家庭的稳定性继而受到影响。

3. 离婚会影响子女的择偶观与世界观

离婚是一个家庭由整体化为单独个体的过程。离婚后的抚养、教育、父母双方的关心程度都会涉及孩子以后的身心健康发展和性格方向。孩子们看着自己最亲近最爱的父母从无休止的争吵到相互间的冷漠,再到走上离婚的最后道路,这其中的苦楚和心路历程又有谁能比孩子理解得更为深刻。离婚不仅给夫妻双方带来巨大的伤害,也给年幼的孩子在心理上留下了深刻和不可磨灭的痛苦记忆。这将对他们以后的婚姻生活和择偶方面都会产生巨大影响。

4. 女性面临择偶压力,生活难以转机

受离婚影响最大的莫过于双方当事人,从男性的角度来看,

不仅要面临工作上的压力还要在新生活的适应方面和再择偶上消耗大量的时间和金钱，例如新的约会、新的相亲等等；女性则要受到来自外界的冷眼相对，甚者有所谓的“有色眼镜”以舆论的方式压得女性当事人喘不过气。从另一方面来说，女性作为相对弱势一方，在面临择偶时，她们可能已经失去了年龄优势和貌美如花的年华。或许不再拥有年少时少女般的活泼无忌，但这却让她们在时间的沉淀下拥有更淡泊的睿智和理性一面。但这份美丽又能有多少男性主动去欣赏呢？由此可见，再择偶问题对于离婚后的女性当事人可谓是一项很大的挑战。

三、我国现阶段离婚制度的不足

（一）离婚救济制度形同虚设

离婚救济制度涉及在离婚后夫妻双方当事人的利益如何更公平地再分配及达到救济目的的重大问题。所谓救济，是指通过用物质或金钱的方式来替那些在生活中靠自己能力无法维持正常生活的人们分担一部分压力。离婚救济制度的确立是为了保障在离婚后经济处于弱势一方能够得到一定的补偿，使之在离婚后不致与婚前的生活水平有巨大落差的专项救济制度。一般来说，离婚救济制度包括离婚损害赔偿制度、家务补偿制度、离婚经济帮助制度。在不同的时代背景下，这三种制度有着不同的表现形态。然而现行离婚救济制度是否能够真正有效地充分保护离婚当事人的正当权益很是值得我们思索的。在现实的实际生活中，我们不难发现，我国目前实施的离婚救济制度在适用范畴的前提条件方面表现得过于苛刻，可完成度也较为难实现。在应用到实际生活中时也就显得愈发艰难了。

1. 经济补偿制度适用条件苛刻

经济补偿制度适用条件的苛刻也就意味着执行该制度有许

多方面的限制条件。首先，适用该制度的首要条件是：夫妻约定分别财产制，并且在婚姻生活中尽到了主要的家庭责任或对家庭贡献和付出较多，同时还要在夫妻双方当事人离婚时提出。结合我国当下的实际情况，只有极少数的家庭会采用分别财产制。中国传统思想的理论就是“男主外，女主内”，虽然在现在的 21 世纪这种固有传统思想已有所改变，但就家庭收入结构的总体比例来看，我国当今社会仍是男性财政收入比女性的收入更高。女性分担了更多的家务劳动、照顾家庭的责任等。换言之，根据我国目前的家庭婚后财产共同制，假设夫妻双方在离婚时没有或只有较少部分的财产，这些在婚内的家庭生活中主动分担了更多部分家务劳作的一方就没有办法通过离婚经济补偿制度从而获取救济。同时，我们还应当认识到这样一种现实：当下女性在承担着工作和家务的双重压力，如果仅将家务补偿限定在分别财产制中，无疑不利于女性权益的保护。现有法律的规定应当随着社会现实的变化进行及时的调整。

2. 经济帮助制度中的救济水平低

在我国，适用离婚经济帮助的法定情形只有两种：一是凭借个人的收入能力和离婚后所分得的财产并不能维持其在日常生活中的正常需求，二是离婚后没有住处的。[①] 但是在现实的司法实践活动中，不同的法官对于该法定情形的理解也是不尽相同的。例如，有些地区法院进行裁定时认为，如果女方为单独抚养年龄未满 3 周岁的且不能送入幼儿园或相关托管机构从而影响正常工作的，加之在离婚后分得相对比较少部分的夫妻共同财产则视为无法正常维持基本生活水平；而有些地区法院进行裁定时则认为无房居住就为可适用离婚经济帮助的条件基础。这些现象就很明显地表明了，我国当前的离婚经济帮助制度适用的主体和范围较窄，并且在救济水平方面比较低下，如此种种已经不能

① 陈苇，石雷．离婚救济法律制度的创新思路[J]．社会科学辑刊，2010(2)，第 43 页．

够完全适应现代社会的需要，这就很难保证离婚救济措施的施行。因此，笔者认为应当将标准适当提高，设定为：如果夫妻一方在离婚后，生活水平有明显下降（比如说可以设定为下降幅度超过原生活水平的三成），就可以要求夫妻另一方进行生活帮助。这样也更能体现经济帮助制度保护弱者权益的核心宗旨，同时可以适当提高离婚的成本，提高婚姻的稳定性，有效避免草率离婚及对婚姻不负责的出轨行为。

3. 损害赔偿制度适用范围过窄

根据我国《婚姻法》第 46 条规定的离婚损害赔偿制度，其赔偿仅限于四种情形：重婚、有配偶者与他人同居、家庭暴力、虐待与遗弃家庭成员。不包括通奸、嫖娼、欺诈性生育等情形。而事实上，后三种情形给当事人造成的损害并不比前四种情形轻。通奸和非法同居从本质上来说都是违反夫妻忠实义务的行为，违反了婚姻法规定的一夫一妻原则，二者的行为性质相同，只是严重程度有别：通奸和非法同居都是指已婚人士与他人（他人可能是已婚也有可能是未婚）发生婚外性行为，只是通奸是偶发的行为，非法同居是长期稳定地在一起居住，后者的影响后果更为严重。在我国导致离婚的原因中，有 50％是由于夫妻一方的出轨行为，而出轨行为从性质上以通奸最为常见，通奸虽然具有隐蔽性，但是其危害性不亚于非法同居与重婚。嫖娼是有偿的性交易，社会危害更重，败坏社会风气，对当事人精神伤害更大。欺诈性生育是指夫妻双方与婚外异性有子女的行为，这种行为在不构成重婚与非法同居时，比通奸的危害重，对夫妻另一方的精神伤害较为严重。所以有必要未来在修改《婚姻法》时，当扩大离婚损害赔偿的法定事由。

在司法实践中，离婚损害赔偿制度适用的效果并不理想，主要原因在于证明起来比较困难。具体说来，出轨的事实具有隐蔽性，原告很难证明，现实生活中采集的证据有可能侵害他人隐私，法院对原告所提供的证据多数不予采信。这导致离婚损害赔偿因证据不足，不能获得支持。未来立法完善时应当降低举证标准，由“高度该然性”调整为“相当该然性”，并在原告已经有初步证据证明的情况下进行被告的举证责任倒置。

（二）离婚登记制度存在诸多弊端

登记离婚是指夫妻双方在彼此约定好的基础上，通过友好协商自行分配好婚后的财产和孩子的归属的问题，并到婚姻登记机关依法解除婚姻关系的离婚方式。登记离婚的优势就是夫妻双方能够自行达成协议，减少了诉讼程序、节约了公共资源和诉讼成本，便于执行。另一方面也充分体现了当事人双方的个人意志和自由选择权，有利于当事人双方化解矛盾和解决纠纷。登记离婚充分体现了当事人的意志，体现了婚姻法保障离婚自由的精神。但从我国近几年的高离婚率来说，我国的登记离婚制度凸显诸多不足。

1. 离婚协议的效力有待明确

登记离婚首先要保证的是双方当事人是真实的意思表示，在此基础上的离婚协议一经婚姻登记机关的认可就发生了法律效力，具有实质性的法律效力。该登记离婚一旦完成就对于双方当事人均具有法律效力，双方当事人也应该自觉遵守和履行离婚协议中签订的条款和项目，没有正当理由不许反悔。但是在现实的司法实践活动中，有些离婚当事人因为各种各样的原因在登记离婚后反悔，不愿意去遵守事前协议约定的有关财产分割的处理办法，拒绝履行协议中规定好的义务。正是因为如此，登记离婚在实际生活中容易出现“离婚容易执行难”的窘境。更有甚者在离婚后逃避该负的责任，极大地损害了配偶他方和相关债权人的利益。由此引发的种种问题不仅给司法机关带来更多的工作任务，也给双方当事人的生活造成了负面的影响。

《婚姻法司法解释（二）》第8条、第9条规定了离婚协议的效力及撤销问题，《婚姻法司法解释（三）》第14条规定了离婚协议生效的形式条件是离婚登记完成。这些在一定程度上克服了实践中因离婚协议履行所产生的问题，但是由于规定得过于散乱，且不全面、不系统，立法上有进一步完善的必要。

2. 虚假离婚登记的效力不明

虚假离婚即为欠缺真实意思的离婚行为。虚假离婚一般可以分为两种情况：第一种情况是双方当事人感情基础稳定，家庭生活也依旧和谐幸福，都没有想要离婚的真实意愿，但为了达到某种共同的利益，通过离婚的手段来完成，并在彼此间约定好达到目的后在进行复婚的一种恶劣行为。例如，现实生活中有的夫妻双方为了购房，在现行的购房政策下选择虚假离婚，或为了计划外多生育子女、享受国家的有关住房政策优惠等等。虚假离婚的第二种情况就是：一方当事人骗另一方当事人离婚后却不愿再复婚的情况。这其中包含了刚开始就心存不轨的；或在达到目的后不愿再被分割利益的；或离婚后受诱惑太多不能重新步入正轨的等等。这就引发出了诸多矛盾和纠纷。

综上，虚假离婚的效力在立法上有待进一步明确，以有效规范人们的行为，避免虚假离婚侵害当事人的权益，影响家庭的稳定。

3. 登记离婚过于宽松滋生草率离婚

草率离婚现象在年轻的夫妻当中最容易发生。现在的年轻人有相当一部分是独生子女，思想上不成熟，自我中心主义，婚前缺少家庭伦理的教育，婚后夫妻双方一旦发生摩擦就以离婚作为唯一的出口和解决方式。再加上我国在 2003 年新修订的《婚姻登记条例》取消了离婚审查期，离婚当场申请，当场办理，这为草率性离婚大开方便之门。在不理智的情况下做出的选择难免日后会后悔，这种不负责任的生活态度造成了草率离婚的现象愈发严重。面对这种冲动性离婚，我国现行《婚姻法》并未规定相应的干预措施，特别是当事人在登记离婚后，当即享有再婚权，这使得之前的冲动离婚缺少缓和和修复的机会。婚姻自古以来是人生中的大事,婚姻稳定是社会稳定的基石。理性的《婚姻法》应当尽可能地避免为当事人的这种冲动的非理性的离婚行为规制相应的干预措施。

(三)对离异家庭未成年子女利益保护不到位

1. 父母监护权的行使不力

我国《婚姻法》第 36 条第 2 款明确规定;“离婚后,父母对子女仍有抚养和教育的权利和义务”该条规定很显然过于笼统,不够明确。从理论上,父母离婚后,依然是孩子的法定监护人,对孩子负有同等的义务。但该条未规定父母双方行使监护的方式,以及在一方未行使监护权时所应当承担的法律后果。现实生活中存在很多父母离异后,未成年人得不到有效的监护,致使身心不能完全健康发展,甚者会出现性格的偏激和心理问题等等。所以未来立法应当规定针对父母不承担监护责任时的具体惩罚措施。

2. 探望权制度有待完善

探望权是婚姻法明文规定的没有直接抚养孩子的一方享有的法定之权,目的在于保护未成年子女的利益。《婚姻法》明确规定离婚父母均有探望权,并指出另一方有协助的义务,行使探望权的方式和时间由双方协议确定或由法院判决。对于子女心理健康和身心健康发展有阻碍或消极作用的,法院有权可以中止其对子女的探望权。待问题解决后可以申请恢复原有的探望权。但是,目前我国探望权制度在实践中贯彻的主要问题有三个:其一,一方履行探望权,他方不协助;其二,享有探望权的一方当事人不履行探望权;其三,探望权的主体过于狭窄。因此,在很大程度上降低了探望权制度的实施效果,有在立法上进一步完善的必要。

（四）调解未能发挥最大功效

法院调解是我国诉讼离婚中的一道必经程序，但是根据我国现在的基本国情和立法制度的不够完善，诉讼离婚中的调解制度并未能很好地发挥作用，法院的调节效果也并非尽如人意。相对的，也并不完全排除双方当事人情绪化所带来的影响，从而导致法院调解如同虚设。

1. 离婚诉讼中的调解不应以当事人自愿为前提

我国《婚姻法》第 32 条第 2 款规定：“人民法院审理离婚案件，应当先行调解；如感情确已破裂，调节无效，应准予离婚。”很显然，调解是审理离婚案件的先行程序。但司法实践中，这一先行程序，在相当程度上被虚设了。因为法官在审理离婚案件前会征求当事人是否愿意调解，如果当事人双方有一方不愿调解，就直接进入司法审判程序。这其实与立法的初衷是相违背的。因为法律规定“应当”就意味着调解是一个强制性的程序，不论双方当事人态度如何。因为离婚当事人本来就存在情绪上的抵触心理，调解的适用不能完全听从当事人的一面之辞。还有些当事人离婚案件一打就是两三年，已经备受煎熬，内心想着及时从诉讼中解脱。从心理上，调解完全符合当事人的意愿，但有个别当事人“死要面子活受罪”，所以会口是心非说不同意调解。为最大限度发挥调解的效果，未来立法应当把调解规定为依职权调解。

2. 在主持离婚调解法官的资格和素质方面有待提高

在我国目前的司法实践活动中，离婚调解通常都是由法院法官主持调解。不言而喻的是，在现实的生活中法官不会偏袒任何一方，无论在法律素养还是专业知识上都能给予双方当事人最中肯的法律建议和解释。但是就实际的离婚案件调解来说，双方当事人此刻的关系变得异常紧张，甚至多说一个字，双方的一个眼神都能激发更多的矛盾。此刻不是一个中肯的法律建议所能解决的，笔者认为还需要有更为专业的其他领域人才一起进行调解。例如心理咨询师、有较好沟通技巧的人才、社会学家等不同领域的专家一起进行调节，这样或许能够更好地落实调解制度，将它的作用发挥到最大化。离婚案件的调解不同于其他一般性质的社会纠纷，离婚案件的调解不仅需要更为专业的法律素养，更需要参与调解的人员具备一定的年龄积淀、社会阅历、家庭生活和经验等素养。但在某些西方国家中，例如澳大利亚家庭法明确规定在审理离婚案件中法官需要具备良好的婚姻价值观念，家庭生活美满幸福，并且有相当时长的家庭生活经历等等。再比如美国的离婚调解制度规定：在法院中设有专门的家事裁判庭，对法官的婚姻价值观、家庭生活状况、婚龄等方面也有诸多要求。所以笔者认为适当提高离婚调解人员的资格有助于更好的发挥调解作用。

四、完善我国离婚制度的建议

(一)完善离婚救济制度

1. 提高经济帮助的水平

根据《婚姻法司法解释(一)》规定："婚姻法第四十二条所称'一方生活困难'，是指凭借个人的收入能力和离婚后所分得的财产并不能维持其在日常生活中的正常需求及没有住处的，属于生活困难。"根据现在一般的居民生活水平要是达到这条标准的离婚救济标准可谓是非常之难。不仅要达到生活困难还要有'没有住处'这一条的双重规定。这也就反映出了此条规定的实际生活不实用性和立法的'鸡肋'，并不能做到真正意义上的经济帮助。笔者认为应该把生活困难的范围做适当的扩大，不只是局限于经济和住处的约束。笔者认为，如果离婚后，一方的生活水平相对于之前，有明显降低的，就属于生活困难，另一方应当给予一次性补偿，以帮助离婚后的弱势一方在离婚后生活水平不至于明显下滑，以减少离婚给当事人造成的财产和精神损害。在现如今的21世纪更应该结合时代的发展，将更多的内容和涉及的方面都做适当的扩宽。从而真正有效地完善离婚经济帮助制度。综上，笔者认为，在提出离婚时一方当事人向另一方当事人支付一定比例的金额或者财产，用以弥补对方由于离婚从而带来的损失。支付标准根据婚姻存续期间的生活水平作为衡量标准，可是这条规定也只是局限于必要的生活开支需求，毕竟奢侈品等高消费物品并不是家庭生活的日常所需，不应包含在内，更不应包含在该经济补偿中。这样的做法也是为了保障离婚救济的更好实施和终极目标的实现。

2. 家务劳动补偿制度的完善

根据《婚姻法》(修正案)第四十条的规定所做理解为：我国现行的家务劳动补偿制度只是在婚姻生活中夫妻双方当事人采用财产分别制，并且以书面的形式约定好才可以适用该条款。也就是说我国的家务劳动补偿制度在适用范畴上有着一个大前提条件，即采用分别财产制的夫妻才适用。但是换成中国的实际国情，这样做的家庭简直是少之又少，由此可见，家务劳动补偿制度实际使用的范围仅仅是局限在一个很小的范围内。笔者认为，应当扩宽家务补偿制度的适用范围，将其扩大适用于法定夫妻财产制中。因为法定夫妻财产制是我国绝大多数家庭中适用的夫妻财产制，且现在女性大多已经实现了经济独立，工作压力很大，又在家庭里承担着繁重的家务，而家务劳动的承担对于家庭和社会都具有重要意义，为突出对女性权益的保护，提高离婚的成本，保护婚姻的稳定，有必要扩大家务补偿制度的适用范围。

3. 离婚损害赔偿的完善

首先，《婚姻法》(修正案)第四十六条列举了只要对方有重婚的；有配偶与他人同居的；实施家庭暴力的；虐待、遗弃家庭成员的四种情形之一，另一方当事人就可以提出离婚损害赔偿的要求。这种完全列举性的规定，很显然不能概括形形色色的夫妻违法行为，也不能满足司法实践的需要，不能有效保护无过错方的合法权益。所以，笔者认为应当采取不完全列举的方法来规定，加上一个兜底条款如“其他以违法或以违背公序良俗的方式给夫妻另一方造成损害的行为。”

其次，在《婚姻法司法解释(一)》第二十九条中关于关于损害赔偿责任的主体，解释中着重强调的为诉讼当事人中无过错方的配偶。[①] 这也就意味着，该责任的主体是夫妻双方当事人。换言之，假若第三者明知他人有配偶还与之同居、重婚，从而导致了他人的婚姻关系分崩瓦解并且选择了离婚这条道路。对这段合法婚姻关系中的无过错方是否有权在离婚诉讼中向第三者主张损害赔偿却未做明确的规定。这就使得第三者的违法行为得不到法律制裁，这样的话就显得有失公平，并且与社会公德相违背。不能更好地体现该条法律所希望达到的目的。

最后，第四十六条没有明确规定无过错方证明对方有所列情形的证明程度，这对举证方来说就显得异常艰难了。加之第四十六条情形本身的证明就存有非常大的困难，参考我国民事诉讼举证责任的分配原则，由“谁主张，谁举证”的情况，在不充分的证明情况下，反而是主张离婚损害赔偿的一方得不到有利的判决。因此，笔者认为，应当放宽举证责任的标准：先由无过错方提供初步证据，然后，实行举证责任倒置，由过错方反证，如果过错方不能反证就认定为无过错方的举证完成。此外，我国现行的法律制度并没有对赔偿方式和赔偿金额等做出明确的规定，这也在一定程度上加大了适用我国离婚损害赔偿制度的难度。

(二)完善离婚登记制度

1. 明确离婚协议及假离婚效力

我国现行《婚姻法》中对离婚协议的生效条件、生效效力、生

① 参见《婚姻法司法解释(一)》第29条。

效时间、在执行问题方面和拒不执行的后果等方面都缺乏具体明确的规定。对此，应当在借鉴现有婚姻法司法解释的基础上进行明确的立法规定。司法实践中，离婚协议拒不履行或履行困难一直都被不断诟病着，在此笔者认为，在婚姻法中可以进行援引性的规定，将刑法上的拒不执行判决罪间接地体现在婚姻法的规定中。以一种完善的确定性制度给拒不执行协议的当事人震慑作用，这样在一定程度上就可以缓解“执行老赖”现象的滋生，同样也保卫了利益受损一方的合法权益。

当前，我国假离婚现象非常普遍，这在一定程度上影响了婚姻的严肃性和稳定性，由于我国婚姻法对假离婚问题没有作出规定，导致一些假离婚现象弄假成真，给当事人造成一些损害，也激化了社会矛盾，所以未来立法应当明确规定假离婚的法律效力。在普法宣传或办理离婚登记的民政部门用显著的方式提醒和明确假离婚的效力，包含假离婚身份行为的不可逆性，无论当事人双方以何种目的达成的假离婚，其行为一旦完成则离婚生效，不可反悔。其对自身所带来的任何精神损失、物质损失、资源损失均需自行承担。在法律层面不会予以任何的“感情牌”，要让当事人双方清楚地知道该行为的不合法性、危害性和后果性。

2. 增设离婚考虑期

我国2003年的《婚姻登记条例》没有设立离婚考虑期。主要是考虑到中国的实际国情，一般的家庭都不希望自己的事情被外人知道得太多，会觉得很丢面子，最终就取消了审查期这一条例。而事实上这一顾虑明显是“捡了芝麻丢了西瓜”，当下人们对离婚的观念日益开放，再加上国家对个人隐私权的保护的重视，之前的顾虑已经不存在了。设立离婚考虑期有利于当事人认真理性反省自己的婚姻，避免冲动性离婚造成不可挽回的后果，增设离婚考虑期或者审查期，非常有必要。近年来，有一些地方的民政部门在受理当事离婚申请时，实行“离婚预约制度”，虽然时间只有一周，但却起到了十分明显的成效，有效降低了离婚率。曾有人大代表提议建立离婚缓冲期制度。这恰恰说明我国未来创设离婚考虑期制度对于解决冲动性离婚将非常有意义。

3. 增设待婚期制度

从一般意义上讲，当事人在离婚后就恢复了单身，就享有随时再婚的权利。由于人身关系具有不可逆性，一旦双方有一个人再婚，之前的婚姻就没有了恢复的可能性。如果规定待婚期制度，限制当事人在一定期限内不能再婚，这样就为复婚提供了法律的空间。由于我们国家的冲动性离婚比较多，规定待婚期，避免复婚回头难，有利于弥补冲动离婚可能造成的不良后果。

4. 严格离婚审查制度

有些当事人为了规避生育、买房等政策，就打着离婚的念头来为自己谋取更大的利益，该行为被称之为“政策性离婚”，也是假离婚高发的主要原因。而各地民政部门对假离婚行为完全不进行禁止，甚至为当事人大开离婚方便之门。民政部门的这种不负责任的态度很显然是违反《婚姻登记条例》的。未来应当严格离婚审查制度，使之不能流于形式，否则应当追究有关当事人的法律责任。加上近年来离婚原因的多样化和复杂化，我们更应该严格离婚审查制度。正是因为我国目前登记离婚条件过于宽松，手续较为简化、成本也相对低廉是离婚率近年来持续偏高的重要原因之一，也出现了“今结明离”甚至“朝结夕离”的现象。此刻更为严格的离婚审查制度就显得尤为重要了。

5. 增设登记离婚无效制度

我国《婚姻法》对结婚和离婚行为都规定了法定的实质条件与形式条件。当事人违反结婚实质和形式条件时会影响到结婚的效力。那就是我国的婚姻无效和撤销制度。但事实上，离婚也会违反离婚要件的行为，比如夫妻一方欺诈另一方和民政部门去领取离婚证，这种情形下离婚当然是无效的，但我国并无离婚无效制度。这就使得许多违法登记的离婚行为一旦发生就失去了补救的机会。也正是因为如此,我国有必要施行离婚登记无效确认制度。具体内容上应当明规定以下几个方面:离婚登记无效的原因、确认离婚登记无效的程序、离婚登记无效的法律后果等。

6. 提高登记离婚的门槛

由于登记离婚中民政部门对离婚协议的审查是形式审查,可能存在未成年人利益在登记离婚中未受到有效保护的情况,所以,国外有部分国家提高了登记离婚适用的限制。如果家庭中有不满 10 周的儿童,夫妻双方不能以登记离婚方式完成离婚行为,必须走诉讼离婚的途径,同时,应该建立严肃的审查制度,对父母双方的经济条件、教育程度,离异后的生活状态,父母的生活作风,周围的生活环境等相关问题进行审查,这样才能确保给予未成年人最大的保护,以提高国家对当事人离婚行为的干预和适度限制,以保证未成年子女权益不受侵害。

根据近年来我国离婚的最新数据显示,新婚夫妻在结婚的前两年内离婚率是最高的。一方面是新婚夫妇满怀对生活的憧憬而走进婚姻,现实中却发现自己的另一半有诸多不完美而心生失望的情绪;另一方面是年轻夫妻容易感情用事,遇到困难和争吵控制不好自己情绪草率离婚。这种草率离婚是对家庭和自己极其不负责的一种表现。因此,笔者认为,对结婚登记不满一年的当事人,不得申请登记离婚。以避免草率离婚行为,最大限度地保护双方当事人的权利,也等于是给了双方一个缓冲的时间慎重考虑婚姻问题。

(三)完善离婚程序中对未成年子女的保护制度

1. 明确夫妻离婚后对子女的监护权不变

我国《婚姻法》第 36 条虽然明确规定:“离婚后,父母对于子女有抚养和教育的权利和义务”但事实上仅规定“抚养和教育”是不全面的，父母还应当承担对子女的人身保护和财产管理的义务，以及当子女对他人有侵权行为发生时，父母要承担替代责任。这些在《婚姻法》中均未体现。同时由于现实中有些父母在离婚后逃避对子女的抚养义务，这就需要根据《民法总则》的规定，明确未尽监护义务的父母要承担被撤销监护责任的法律后果，并强化对父母监护职责的监督。

2. 完善探望权制度

针对享有探望权的一方不行使探望权的情况，应当把探望权规定为一种复合性权利，即权利与义务的统一体，这样可以督促父母积极行使探望权。同时，如果一方行使探望权，另一方不积极配合的话，应当规定具体的措施，比如说可以规定享有探望权的一方可以向法院提出变更直接抚养人。一般来说，离婚案件中探望权的主体往往掌握在父母手中，未成年人处于一种极其被动的状态。因此，有必要扩大探望权的主体，赋予子女享有探望父母的权利。让子女自己选择合适的时间、地点、环境等来行使与父母加强沟通的机会，使探望权能在真正意义上发挥出最大的效果。

（四）完善离婚调解机制

1. 实行调解人员专业化

在离婚调解案件中不只是离婚本身，更牵扯到家庭矛盾、沟通技巧、生活琐碎等诸多问题。如果在这时能有熟谙心理学、社会学、婚姻家庭法等方面的专业人才进行一起调节，其效果会比法官一人进行单一的调解能起到更大的作用。在调解过程中适度的心理暗示和恰如其分的点到当事人的核心矛盾所在，或许就能挽回一段即将分离的婚姻。同时，法官对婚姻案件的审理要处理好“法”与“情”的关系。如果一个法官他自己没有婚姻经验，或者他自己就是一个失败婚姻的当事人，让他来处理离婚案件，恐怕不能让当事人信服和满意。所以,司法实践中,有些地方法院在离婚案件的调解和审判方面对法官的婚姻资质有一些特定的要求,比如说“年满 35 周岁,有 5 年以上婚姻经验,家庭和睦文明”等等,有这样的法官素质的规定,将大大提高离婚案件的审理效果。

2. 离婚调解机构多元化

《婚姻法》第 32 条规定:“男女一方要求离婚的,可由有关部门进行调解”这一前置调解程序因不具有强制性在司法实践中形同虚设。而事实上发挥基层社区组织的调解作用有利于减轻法院的工作量,更加经济和便捷,基层社区组织就像是当事人的邻居,熟悉当事人的生活环境,更适宜做调解工作。离婚双方当事人在去法院离婚前先进行调解,一方面缓和了双方当事人激烈的矛盾冲突,另一方面也减轻了诉讼负担,提升了法院的诉讼效率。因此,笔者认为,可以建立基层社区组织与法院的对接机制,当事人提起离婚时先由基层社区组织进行调解,调解不成时由法院再行调解或进入审判程序。

综上,在新的时代背景下,我国的离婚制度有全面检讨和立法完善的必要。既要保障当事人的离婚自由,又要进行合理的限制,离婚的口径不能太宽。因为婚姻的解除不仅事关当事人一生的幸福,也关系到孩子的利益,关系到社会的和谐稳定。未来民法典中婚姻家庭法的完善水平在相当程度上体现为对离婚制度的完善上,让我们拭目以待。

婚姻文化影响下的婚姻法的变迁与走向

婚姻文化显然是一个比较大的概念，以此为研究对象，有一种蚍蜉撼大树，可笑不自量之感。文化是无形的，文化是博大精深，无处不在的。婚姻法有固定不变的文本，发挥着对人们婚姻家庭行为的有形的约束，而婚姻文化虽然无形，但其对人们婚姻生活的影响作用不可小觑。研究婚姻文化与婚姻法的关系有利于明晰婚姻法的发展脉络，促进婚姻文化的发展进步和婚姻法的完善，提高婚姻法的实施效果。

一、中国传统婚姻文化的内容与特点

人类传统的观念认为，文化是一种社会现象，它是由人类长期创造形成的产物，同时又是一种历史现象，是人类社会与历史的积淀物。确切地说，文化是凝结在物质之中又游离于物质之外的，能够被传承的国家或民族的历史、地理、风土人情、传统习俗、生活方式、文学艺术、行为规范、思维方式、价值观念等，它是人类相互之间进行交流的普遍认可的一种能够传承的意识形态，是对客观世界感性上的知识与经验的升华。文化是人类在社会历史发展过程中所创造的物质财富和精神财富的总和。它包括物质文化、制度文化和心理文化三个方面。物质文化是指人类创造的物质文明，包括交通工具、服饰、日常用品等，它是一种可见的显性文化；制度文化和心理文化分别指生活制度、家庭制度、社会制度以及思维方式、宗教信仰、审美情趣，它们属于不可见的隐性文化。包括文学、哲学、政治等方面的内容。

婚姻文化是社会文化的一种。笔者认为：它是指一个国家对于婚姻的传统风俗习惯、伦理观念、行为规范、文学艺术、生活方式、思维方式、审美情趣等内容的总和。在一个国家的不同时期，婚姻文化的特点是不同的。传统婚姻文化自产生起经历了奴隶文化、封建社会、半殖民地半封建社会，在历史长河中不断吸纳融入每个特定时期的独特文化底蕴，形成其别具一格的内容和特点。虽然中国传统婚姻文化各时期的内容和特点各不相同，但是旧中国婚姻文化的特征基本上是一脉相承的。

（一）封建社会的婚姻文化

中国的封建制度正式开始于公元前221年，结束于公元1911年。也就是自秦朝建立开始，至清朝灭亡结束。封建制度是以封建性质的封建主阶级占有土地剥削农民（或农奴）剩余劳动为基础的社会制度。占统治地位的意识形态是以维护封建剥削制度和封建等级制，宣扬封建道德为主要内容。在封建制度下，社会基本的对立阶级是封建主和农民（或农奴）阶级。在此背景下男女结合形成婚姻，组成家庭，也就形成了这个时期的婚姻文化。① 旧中国封建主义婚姻文化深受封建经济、政治、文化的影响。其经济根源是封建地主阶级的生产资料私有制和小生产经济。在封建的生产关系中，家庭是一个完整的社会经济单位，执行着生产和消费的职能。封建婚姻文化是与封建婚姻家庭制度有着密不可分的联系，而婚姻家庭制度是以家长制为核心，阶级根源是地主阶级和国家所实行的封建宗法制度，思想根源是以儒家思想为核心的封建文化。所以，封建婚姻文化主要包括孝、悌、亲尊、男尊女卑、男女有别等内容。以下是封建婚姻文化的一些特征：

包办买卖婚姻，男女毫无婚姻自由。按照封建礼法的规定，婚姻缔结不是出于男女双方当事人的意愿，而是受父母、尊长等第三人支配的。“父母之命，媒妁之言”是封建婚姻的合法形式。主婚权操于父母、祖父母等尊长手中，实际上往往由男性家长行

---

① 巫昌祯．婚姻与家庭继承法[M]．北京：中国政法大学出版社，2006，第8—10页．

使的。封建婚姻缔结的目的不是为了男女当事人的利益，而是为了两个家族传宗接代的利益。此外，还通过政治联姻达到扩充政治的目的。封建社会婚姻的实际内容是门当户对和婚姻论财。封建社会成婚的程序有“六礼”，繁复至极。封建离婚制度要求妇女“从一而终”，即夫死妻子要守节，不能再婚；女子结婚后，不能提出离婚。而男子却有“七出”的特权；妻子死后，丈夫可以娶继室。

（1）公开的一夫一妻多妾制。在封建社会中，允许男子娶正妻一人，而广纳姬妾是封建多妻的表现形式，且具有等级制的象征。即纳妾的数量与男子的地位高低是成正比的。然而在实际生活中，纳妾的数量并不受限制。同时，为了维护封建宗法制度，古代礼法十分重视妻妾之别。古人云：“娶为妻，奔为妾”。即妾为公开买来的；妾与夫家不发生亲属关系；妾不能入宗族。封建法律虽然有关于重婚的规定，只是禁止多妻而不是禁止纳妾。

（2）男尊女卑，夫权统治。在以男性为中心的封建宗法制度下，男尊女卑、夫权统治，必然被反映到婚姻关系中来。封建礼法所维护的尊卑、主从、被依附与依附、奴役与被奴役的夫妻关系，是由男女两性社会地位的不平等所决定的。“夫为妻纲”是封建伦理纲常之一，广大妇女在婚姻家庭中受着礼和法的重重束缚。其中“三从四德”最具有代表性，其目的是要妇女在各方面遵守封建道德，充当家庭奴隶。夫妻生活中，已婚妇女的财产权利，也受到各种限制和剥削，夫妻财产实际由男方支配。由此可见，已婚妇女的地位十分低下。

（二）半殖民地半封建社会的婚姻文化

自1840年鸦片战争以后，中国逐步沦为半殖民地半封建社会。随着当时社会条件的变化、资本主义经济的渗透，自给自足的自然经济遭到破坏。因此，必然引起婚姻家庭领域中的某些变化。其表现为：(1)城市地区出现了资产阶级和工人阶级的婚姻家庭关系；(2)大家庭制逐步没落，小家庭制逐步发展；(3)自由恋爱结婚成为一些青年知识分子向往、追求的婚姻模式。这些变化虽然对旧传统、旧观念给予了有力的冲击，但作为封建主义的经济基础未被摧毁，封建主义婚姻传统仍然是社会主流。作为旧婚姻家庭的维护者，统治者们颁布的婚姻法律具有浓厚的封建色彩。所以该时期婚姻文化的显著特点就是具有浓厚的封建色彩，变相肯定了纳妾制，公开肯定了父母、家长对子女的主婚权。

(三)传统婚姻文化在当代的变迁

1949年新中国的成立，开始了中国婚姻制度建设的新历程。新民主主义革命的胜利和社会主义制度的建立，完成了社会制度层面反封建的任务，消灭了地主阶级，废除了封建土地所有制，摧毁了封建宗法等级制度。建立了生产资料公有制，确立和完善了社会主义道德体系和男女平等的基本国策，开展了蓬勃的妇女解放运动，颁布实施了第一部婚姻法。

在马克思主义的指导下，中国婚姻制度发展进入了新的历史时期。这一时期的婚姻制度建设，以促进社会主义建设为宗旨，以构建男女平等，婚姻自由，一夫一妻，保护妇女、儿童和老人合法权益的社会主义婚姻制度为目标。社会主义婚姻制度的确立，彻底完成了婚姻制度从传统到现代的转型，也就形成了新一代社会主义婚姻文化，其内容如下：

第一，实行婚姻自由，废除包办和买卖婚姻。新中国男女的婚姻自由，是有政策和法律保障的自由。“在这种新婚姻制度下，在男女婚姻问题上，任何人出来包办强迫的办法，任何第三者的人或神的干涉行为都不应有存在的余地。”男女结婚，只能是双方完全自愿的自由结合。婚姻法的颁布实施，对结婚条件和离婚程序的规定，使男女婚姻自由受到国家法律的普遍保护。

第二，实行一夫一妻制，禁止重婚。以婚姻自由为基础，贯彻实行一夫一妻制原则，是新中国成立初期的婚姻伦理的主流。为彻底贯彻一夫一妻制原则，新中国对违反该原则的行为——重婚、纳妾、兼祧作出了相应的处理，彻底禁止了娼妓行业，实现了婚姻领域的移风易俗。

第三，实行男女平等，废除男尊女卑。国家颁布的《宪法》、《婚姻法》等法律规范，规定了公民在法律面前一律平等，男女在政治、经济、文化上享有同样的权利，承认妇女在家庭生活和社会生活各方面与男子同等的才能和贡献。

第四，保护妇女和子女利益。保护妇女的利益，是对男女平等原则的重要补充。在新婚姻制度下，子女不再是家长任意处置的"私产"，作为社会的成员，他们的合法权利受到法律的保护。

第五，夫妻权利和义务的平等。《婚姻法》规定夫妻双方均有选择职业、参加工作和参加社会活动的自由，夫妻有各用自己姓名的权利，夫妻双方对于家庭财产有平等的所有权与处理权，夫妻双方有互相继承遗产的权利。同时夫妻之间也具有相互抚养等义务。

第六，建立互敬互爱、互助互谅的夫妻关系。夫妻关系是家庭关系的核心，既包括丈夫和妻子之间的权利和义务关系，更包括夫妻之间的情感关系。夫妻情感关系是以爱情为基础建立的人际关系，强调夫妻之间要互爱互敬、互相帮助、互相扶养、和睦团结。

社会主义婚姻文化真正体现了婚姻的自由平等，婚姻习俗和婚姻仪式的科学文明，提高了婚姻质量，促进了社会稳定。

二、传统婚姻文化对当下人们婚姻生活的影响

(一)传统婚姻文化对当下人们婚姻生活的积极影响

1. 结婚重仪式

为什么要举行婚礼呢？这是因为，结婚具有非常重要的意义，结婚是人生一道重要的分水岭。古人说"成家立业"，结婚后的人，才被视为真正的成人。结婚之后，两个人就要开始正式的婚姻生活。而婚礼，就是举行结婚的仪式。结婚双方，以婚礼这种方式向世人公告这段婚姻，并得到亲戚朋友们的祝福。以期婚

姻幸福,感情永固。

简单而言,举行婚礼的意义就是四个公开:公开承诺彼此将成为对方的配偶,将对自己、亲友、社会负责并维系这份承诺;公开承诺双方将建立一个新家庭,并将为本家庭共同努力奋斗,共同建立美好的未来;公开证明婚姻的效力,并得到法律的确认与保护;公开接受亲友的祝福。只有在亲友祝福下的婚姻,才会体验到真正的幸福,才能保证婚姻的长久性和稳固性,同时在这种祝福下,双方会更欣然地去适应他们的婚姻生活。

中国式结婚从古至今仪式感极强,并且严格。而且男女双方会给新人准备一些诸如子孙桶、铜盆内放用红线贯串之金钱,象征儿孙满堂,剪刀代表双双对对、恩恩爱爱。并且新人的亲朋好友会送上一些礼物,都富含美好的寓意。结婚是人生大事,自然应该对外公开,亦表示正式合法。举行结婚仪式的婚礼可以不必铺张,但却要隆重庄严,才具有意义。

2. 体现对婚姻的重视

婚姻的存续有着其独特的功能,总结一下大致分为生育教育功能、组织经济功能、关系帮扶功能。我国自封建社会开始就十分重视婚姻。当时不发达的小农封建经济决定人口是提高生产力的重要因素,因此婚姻所担负的生育职能的重要性不言而喻。这也是中国长辈把“男大当婚女大当嫁”当做催促子女结婚的正当理由的原因。以经济较为发达的唐朝为例,唐太宗贞观元年定为:“男 20 岁,女 15 岁”就可以结婚;玄宗开元二十二年,唐玄宗为了增加人口,把结婚年龄又降低到“男 15 岁,女 13 岁”。除唐朝外历代对男女结婚年龄都做了明确规定,可见中国古代十分重视婚姻。而现在中国的法定结婚年龄除少数中东国家及印度外几乎最低,中国的结婚率处于中上水平,远高于欧美国家。可见,中国重视婚姻的观念沿袭至今。除了重视婚姻外,中国人还十分重视婚姻的生育功能。唐朝律法明确规定婢女被主人宠爱并有了孩子,可以接纳为妾;妻子年过 50 以上没有生育子女,丈夫可以纳妾。而现代年轻人面临着被催婚催生的情况数不胜数。由此可知,中国历代重视生育的观念也被传承下来。其中缘由如下:(1)中国历经两千多年的封建社会,封建小农经济要求人口数量,观念根深蒂固。即使进入社会主义,经历改革开放,中国人民也无法做到思想上真正解放。(2)中国古代社会奉行儒家思想,其中典型代表是孔子的"修身、齐家、治国、平天下",导致中国人民认为一个人必须结婚后才算真正成熟,所以结婚又叫成家、成人,只有成家之后才具备创造一番事业的潜质。

3. 家庭观念重

儒家有句妇孺皆知的话,即"修身、齐家、治国、平天下"。可见,中国传统文化把成家看做是一件极其重要的事。家庭存在于人类有史以来的所有社会中,不论是在过去还是在现在,家庭是社会的细胞,是社会不可分割的一部分,也是一个国家的基础。从我们来到这个世界的那一刻起直到我们独立,我们的大部分时间都是和父母一起度过的。常言道:"父母是孩子的第一任老师。"青少年担负着国家的未来,是社会的期望,是整个未来世界的主人。父母是否教育自己的孩子以及是否关心孩子的发展方向,都将对社会的发展产生深远的影响。从古至今,许多思想家都高度重视家庭教育。中国广为流传的就有"孟母三迁""曾子杀牛"等故事。可见,家庭所担负的教育功能是巨大的,所以中国人比较重视家庭的团结和睦。因此,许多具有悠久历史的大家族都保留着家训,这既是中华民族优良传统的继承又是中国发展的立足根基。

家庭是由婚姻、血缘或收养关系所组成的社会组织的基本单位,包括父母、子女及生活在一起的其他亲属。家庭是传承民族文化的载体,家庭是爱的摇篮和感情的归宿,家庭是社会稳定的基石,家庭是道德建设的重要基地,家庭是人类社会的最主要组成部分也是对人类社会产生重要影响的个体单位。重视家庭才能奠定社会和谐安定的基础。

由此可知，中国的婚姻观、家庭观、生育观很重，这种现象有着深厚的历史渊源。而中国的婚姻文化对人们的婚姻生活起着积极的作用，有利于婚姻幸福、家庭稳定、社会和谐。

（二）婚姻文化对当下人们婚姻生活的消极影响

1. 天价彩礼影响婚姻自由

天价彩礼指的是近年来受奢侈攀比之风的影响，农村结婚彩礼习俗日渐变味。不管家庭是否承受得起，都要大操大办。彩礼更是水涨船高，金银首饰只是起步，新房、新车“缺一不可”。结婚索要彩礼无可厚非，毕竟结婚是人生的一件大事。中国古代就有六礼之说。六礼是指从议婚到完婚过程中的六种礼节包括：纳彩、问名、纳吉、纳征、请期、亲迎。这本是对婚姻的重视，体现中国礼仪之邦的传统。但近年来彩礼的数目不断增加，高额的彩礼使许多家庭不堪重负，也使社会风气逐渐变坏。随着天价彩礼的出现，随之而来的是结婚前后关于财产的纠纷问题。最严重的是受高额彩礼的影响，许多有意情侣不能在一起，这与中国现行的以男女婚姻自由为核心的婚姻法极不相符。

2. 催婚问题频仍

中国人民历来重视婚姻，总是把婚姻看做人生头等大事。这本来无可厚非，但近年来由于家长催婚而产生的问题也是不少。大龄青年现在最怕过节，因为过节总会被问到结婚问题，以至于被迫相亲。结婚本是个人私事，法律明确规定结婚是个人自由，现在被家里亲戚催促逼迫去相亲，个人私权利得不到保障。近年来报道出许多青年为逃避催婚压力租个女友或者男友回家过年，或是被偷或是被抢，问题频发。虽然租赁者与被租赁者签有合约，但《民法》明确规定人身无法作为标的物而出租，所以这种协议并不能受到法律的保护。关键的是租赁对象回家过年甚至还因为其拥有极强的隐秘性，给某些别有用心者提供了另有所图的机会。

3. 重仪式而不重登记

受中国传统文化影响,中国人民把结婚仪式看成是极其重要的一件事情。但是中国的结婚仪式极其繁复,往往耗时很长。有的不仅拜父母,还要拜祭祖先、天地,不仅需要跪拜还需要准备祭礼。在新时期新时代,年轻人接受新思想往往不能接受这些陋习。即使勉强接受,必然会造成婚后生活不和谐,不利于家庭稳定。结婚仪式中关键的一步是闹洞房,其起源是为辟邪并消除夫妻之间的陌生感。但是近年来不断爆出闹洞房不当行为引起的不良后果,甚至致人死亡,以致给婚姻生活造成阴影,不利于婚姻的健康发展。

中国人民把结婚仪式看成重要的事情,所以结婚时婚礼会受到亲戚朋友的广泛关注,从而婚礼也成为告知身边朋友男女双方结为夫妻的事实。但当今时代,结婚举办婚礼而不登记成为一种流行趋势。一方面,城市人口工作压力大,结婚会增加家庭的压力。同居而不正式登记结婚会让他们觉得接受精神抚慰而不必承担过多的责任。另一方面,受反对封建社会的包办婚姻思想影响,当今人们奉行自由的爱情主义,认为婚姻是爱情的坟墓。而在偏远的山区,婚姻更是人生大事,但或许因为年龄不够,或许由于法律意识淡薄,结婚登记的比率更是低下。不管基于何种原因,结婚不登记而造成的后果是比较重大的。现行法律认为结婚不登记视为非婚同居,不受法律保护,导致婚姻没有保障。非婚同居导致两性之间的关系比较松散,责任感差,直接导致家庭不幸福,子女抚养教育无法正常保证,这其实丧失了婚姻应有的功能。所以,非婚同居造成不良后果颇多,甚至造成社会动荡,影响社会和谐。

(三)婚姻文化与婚姻法对婚姻生活影响作用对比

婚姻文化与婚姻法都对人们的婚姻生活产生重要的规范和

指引作用，只是二者发挥作用方式不同，调整范围及法律后果不同。婚姻文化与婚姻法是从两种不同的方式来调节婚姻生活。婚姻文化是从道德文化方面对人们婚姻生活的软约束，是一种普及率比较高的调节方式，被称为婚姻生活的“小宪法”。婚姻文化与婚姻法二者发挥规范的方式不同，婚姻法是一种以具体规范来调节婚姻生活的强制力条例，是人们婚姻生活中不可侵犯的最低限度；婚姻文化通过约定俗成的习俗来规定人们的婚姻生活包括嫁娶仪式、婚后生活等方面，违背会遭到道德层次的谴责，使人们心理上受到压迫，但往往不会受到实质性的惩罚。婚姻法是一种强制性的规范，明确规定结婚的条件、结婚的程序，以及婚后的夫妻生活，但只是基本规定，远不如道德层面上要求高。但一旦触犯往往会受到法的律制裁，并且是强制不可逆转的。婚姻生活和婚姻法虽然从不同方面来调节人们的婚姻生活，但两者交互影响，有着密切的联系。

婚姻法是规范人们婚姻行为的底线与基本标准，它对人们婚姻行为的约束作用是非常明显的。《婚姻法》是新中国成立后制定的首部法律制度，这凸显了以毛泽东为代表的国家领导人对婚姻家庭的重视，这也使得《婚姻法》成为当下中国普及率最高的一部法律。婚姻是两性关系主要模式，绝大多数中国人都会在该结婚的时候选择结婚。“男大当婚，女大当嫁”，婚姻是人生中的大事，是一个人成家成人的标志。婚姻生活的成败是人生成败的重要方面。一个人在婚姻中的行为直接体现了一个人的人品、素质与修养。因为作为一个人，他首先是属于家庭，而后才属社会。一个人只有具备了高尚的婚姻家庭道德修养，他才能处理好与他人，与社会的方方面面的关系。所以，以传统婚姻伦理道德为主要内容的婚姻文化的许多积极的内容自然成为指导人们婚姻的重要标准。我国《婚姻法》只有 51 个条文，具有高度的精炼性和概括性，婚姻家庭关系的很多具体问题如如何具体处理好夫妻关系和家庭成员之间的关系，这在《婚姻法》中是找不到具体的法律依据的。这时就需要由传统婚姻习俗和婚姻文化来发挥指导和约束作用。

三、婚姻文化对《婚姻法》的影响

（一）婚姻文化对《婚姻法》立法演变的影响

婚姻文化对《婚姻法》立法演变的影响主要体现在婚姻法的基本原则和具体制度中。我国婚姻法基本原则体现了婚姻法的精神内核和立法宗旨，是指导婚姻法分则的纲领性的内容。具体包括六大原则：婚姻自由，男女平等，一夫一妻，计划生育，保护妇女、儿童、老人合法权益原则，实行计划生育，家庭和睦原则。其中实行计划生育原则是我国计划生育国策的具体化，是由我国的人口国情决定的，本身就是人口文化的一种体现；保护妇女、儿童、老人合法权益原则，家庭和睦原则是由我国几千年婚姻家庭伦理道德直接转化而来的，具有明显的传统文化的特点；婚姻自由原则、男女平等原则、一夫一妻原则是世界性的婚姻文化的内容。因此，我国的婚姻法总则制度本身就是对世界优秀婚姻文化的继承。

从分则的内容来看，世界婚姻文化对我国立法的影响也是非常明显的。以结婚制度为例，我国几千年的结婚制度是仪式制，这种仪式制最早是由西周时期确立的“六礼”确立的，至今深深地影响着中国人，尤其是农村人的结婚观念，其中“彩礼”习俗就是一个典型代表。再加上中国人的法制意识和法治观念较弱，至今，有相当一部分中国人对于结婚登记不予以重视。而结婚登记制度是我国在新中国第一部《婚姻法》，是直接从前苏联引进的。以离婚制度为例，我国的离婚标准一直在随着世界范围内婚姻文化和婚姻制度而演变。世界范围内离婚制度经过了这样三个发展历程：古代男子专权离婚主义、近现代男女平权离婚主义、当代自由离婚主义。自由离婚主义是目前许多国家离婚立法的发展趋势。我们国家的婚姻法中，行政登记离婚是自由离婚主义的典型体现，诉讼离婚坚持“破裂主义”标准，也是尊重了婚姻的本质及遵循了世界婚姻文化的自由主义的离婚制度发展趋势而作出的相应完善。

(二)我国婚姻文化对《婚姻法》实施的影响

1. 婚姻文化对《婚姻法》实施的积极影响

(1)婚姻文化对婚姻行为提出更高的要求。中国传统文化注重孝道，社会主义核心价值观也把孝敬父母纳入行列，可以说“孝敬父母，养儿防老”的观念深入人心。《婚姻法》第二十一条规定：子女对父母有赡养辅助的义务；子女不履行赡养义务时，无劳动能力的或生活困难的父母，有要求子女付给赡养费的权利。规定中的子女是指婚生子女、非婚生子女、养子女和依法负有赡养义务的继子女。虽然法律没有明确规定，但其实在实践中赡养父母已经不只是赡养自己的父母，而是包括配偶的父母。也就是子女的含义和范围发生了变化，即不仅包括子女，还应该包括子女的配偶。这种婚姻文化对婚姻行为提出了更高的道德要求，也是符合中华民族传统道德的，从实践上说具有思想基础，易于推行实施。所以婚姻文化实际上扩大了《婚姻法》的实施范围，有利于维护平等、和睦、文明的婚姻家庭关系。

(2)个人的婚姻行为成为社会舆论监控的重要对象。婚姻除法定登记外还会受婚姻文化的影响举办婚礼，无形中把该对夫妇的婚姻置于大众的监督之下。婚姻道德会比法律的影响范围更大。例如《婚姻法》第四条规定夫妻应当相互忠实，但并未有明确的条文规定忠实的准则即怎么才算忠实，也未有规定不忠实的后果，即如果夫妻一方出现不忠实的行为会得到什么样的惩罚。近年来不断爆出娱乐明星出轨事件，对其自身发展负面影响很大。有人说婚姻乃是个人私事，别人不应该也没有权利私自议论。但是明星是公众人物，如果默认不语等于承认了这一不良现象的可存在性，这对大众是一种不良的引导。虽然婚姻是个人私事，每个人都有婚姻自由，但如果做出类似出轨的事情就是公然挑战法律权威，这就是牵涉社会伦理的大事。所以把婚姻公开置于大众舆论的监督之下是对婚姻生活的软约束，可是比法律更有力的一件武器。

2. 婚姻文化对《婚姻法》实施的消极影响

（1）重视传统伦理道德，忽视法律。中华民族的传统婚姻文化让重视婚姻的观念深入人心，但不可避免对《婚姻法》的实施产生了负面的影响。婚姻文化表现出来人们重视婚礼仪式而不重视婚礼登记，导致婚姻没有保障，夫妻关系不稳定，进而牵涉出一系列关于养老育幼的问题。法律是人民权益的最后底线，婚姻法虽然普及率较高，但是不重视登记结婚会影响婚姻法的进一步普及。毕竟婚姻稳定，家庭稳定，社会才能稳定。所以我们应该进一步推进婚姻法的普及，完善结婚登记制度，最好能让结婚登记与结婚仪式结合起来，让婚姻的公开性更普及，使婚姻继续成为大众监督的对象。

（2）宗法制的男权文化影响男女平等的实现。两千多年的封建文化使中国人民形成了男权文化，即使社会主义建立改革开放后不断提倡男女平等，但男女平等真正实现还需要很长的路程。《婚姻法》第二条明确规定“实行婚姻自由、一夫一妻、男女平等的婚姻制度”，这是婚姻法的总则，意味着婚姻法的主旨是男女平等。《婚姻法》第九条规定“登记结婚后，根据男女双方约定，女方可以成为男方家庭成员，男方可以成为女方家庭成员”，这意味着男女双方可以根据约定居住在男方家里，也可以居住在女方家里，但现实情况是结婚后往往居住在男方家里，跟男方家人共同生活。如果有男方基于某种原因去女方家里生活，往往会遭到歧视。又如《婚姻法》第二十二条规定“子女可以随父姓，可以随母姓”。这条并未得到实践，子女往往跟父姓，如果有人跟母姓，往往遭到大家异样的眼光。如果女方提出孩子随母姓，会遭到大家的强烈反对。还有关于继承权的问题，虽然男女平等一直被提倡,但现在尤其是农村里还是男子有继承权,女孩无法分到父母的财产。除了《婚姻法》明确规定的之外,还有过节去谁家的问题。近年来频繁爆出夫妻因过年过节去谁家的问题争吵,甚至达不到一致而把女方扔到高速公路的情况屡见不鲜。从一方面可以看出女性平等意识的觉醒,开始抗争不平等的男权文化,争取自己的自由。但另一方面可以看出女性的自由平等地位和权利并不能真正得到实现。以上种种可以看出男权文化在中国社会根深蒂固,破除男权文化,实现男女真正平等,女性取得独立地位道路还很漫长。

(3)农村彩礼问题严重。中国婚姻最早是以"六礼"为代表的仪式婚。中国古代十分重视礼节,作为人生大事的结婚更是如此。虽然新中国实行登记婚姻制度,但是婚礼习俗还是保留下来。沿袭古老的婚姻习俗可以使婚姻更加公开化、大众化,让婚姻受大家的监督,但近年来农村地区只把彩礼部分过分加强引发不少问题。随着改革开放的春风吹进广大农村地区,农民真正实现当家做主,生活富裕起来,随之而来的是婚嫁彩礼随风见长,攀比奢靡之风盛行。许多女方家长因彩礼太少,非法阻止女儿嫁与有意之人,剥夺孩子婚姻自由。农村还有不成文的条例即男方在结婚前悔婚彩礼全部归女方所有,女方悔婚要返还男方全部彩礼,结婚后若离婚女方净身出户。这些约定俗成的条例并不合理,彩礼属于赠与行为,是不能在任何情况下索回的。而且因为彩礼退回问题双方争执不下,常常弄得打官司的结局。希望《婚姻法》未来可以在这些方面稍加约束,毕竟这也属于婚姻生活的一部分,处理不好会影响结婚后夫妻生活。

四、未来婚姻法与婚姻文化的走向

(一)传统婚姻文化被挑战

经济基础决定上层建筑,婚姻文化属于上层建筑的一部分,随经济基础的发展而变化。随着社会生产力的发展,经济结构的转型，生产关系、家庭关系都在发生变化，婚姻文化的变化是由经济基础的变化所决定的。婚姻文化被挑战是社会发展的必然规律。

两千多年的封建专制制度对婚姻文化影响颇深，自给自足的小农经济让女性成为男性的附属品，结婚不仅仅是为了繁衍，更是女性谋生的手段。自从社会主义制度建立以后，尤其是改革开放使经济发展，外来观念传入中国，中国传统婚姻文化发生了翻天覆地的改变。女性选择婚姻不再是成为男性的附属品，不再是为了谋求生存这一最基本的要求，而是为了寻求精神层面的寄托。女性可以通过自己的劳动获得自己想要的生活，从这方面看来，女性有了更多的权利来选择自己是否要结婚，什么时候结婚以及结婚对象。另外，传统的婚姻文化要求女性必须生育，甚至根据男方要求来生育，而现在女性有了更大的生育自主权。女性可以选择什么时候生育，任何他人不得胁迫。传统的婚姻主张三媒六证等一些礼节，现在青年工作压力大，生活节奏快，有人选择以旅行来代替婚礼，这种方式也逐渐得到长辈的认可。传统的婚后生活都是居住在男方家里，现在许多人会为了工作方便等一些考虑，居住在女方生活的城市甚至能接受跟女方父母共同生活。这些都反映了传统文化在现今快速发展而又多变的社会下受到严重的挑战。

(二)男女平等更加彰显

男女平等彰显的时代背景是：社会经济的飞速发展，女性经济独立的实现以及女性家庭地位上升，男女角色趋同。近代以来尤其是改革开放之后，随着与世界各国的经济交往，西方自由平等的观念不断传入中国。而中国为保护女性权益更加注重男女平等的实现。近年来无论官方还是民间不断推出关爱女性权益的规定，比如妇女节放假，给女性职工发福利，生理期可以迟到早退，但最普遍的还是公司会给女职工放产假，甚至会给妻子生育的男职工放一定时间的产假，这个现象说明男女平等已经逐步显现。虽然法律规定孩子可以随父姓可以随母姓，但根据中国传统婚姻文化大多数家庭还是选择孩子随父姓,但近年来也可以看到少数双胞胎家庭的孩子会一个随父姓一个随母姓,虽然例子数量不多但毕竟是一个好的开始。未来男女平等的表现还应该体现在生育权上,中国的计划生育政策主要是针对女性,无论是过去的结扎还是避孕,虽然男性也有类似的例子但毕竟是少数,政策及舆论依然针对女性。未来的男女平等应该会在生育权问题上对男性做更多的要求。相信在不久的未来,经济不断发展,人们的思想意识不断提高,男女平等会更加彰显。

(三)婚姻更加开放与自由

随着个人权利意识的觉醒,影响了人们对婚姻的看法。婚姻是人们追求幸福的工具和手段,人们更愿意按照自己的意愿来决定婚姻大事。比如结婚对象的选择、离婚的选择、婚前同居普遍,试婚等现象、丁克生育行为的选择等等。

中国作为一个东方大国,婚姻方面一直是比较保守的,我们遵守着世代传承留下的婚姻传统,但是近年来这一保守似乎已经被打破。近年来,因同居而产生的纠纷已不足为奇,说明同居现象已经很普遍且被认可。同居意味着人们的思想已经放开,从观念上打破传统守旧的思想。虽然打破传统封建思想是值得鼓励的,但婚姻自存在就承担着其独特的社会职能,同居现象无疑会弱化婚姻的社会职能。与同居现象并发的还有未婚先育现象,当然如果两人能正常结合还是可以的,但就担心两人不能最终结婚。虽然法律上规定非婚生子女与婚生子女享有同样的权利,但是非婚生子女往往不能受到良好的家庭教育甚至出现未婚先育弃婴、堕胎等恶性事件,给社会造成不良影响和沉重负担。未来婚姻朝着更加开放与自由的角度发展无可厚非,但是某些事关社会的问题还是需要约束一下,否则不利于社会和谐与稳定。

(四)儿童最大利益原则得到普遍认可

《联合国儿童权利公约》第 3 条明确规定了“儿童最大利益原

则”，这一原则被各国立法所接受。根据该原则，在制定亲子法时将重点放在子女权益的保护方面，立法上强调对父母责任与义务的规定。在古代，儿童没有自己的财产，甚至自己都是父母的财产，可以买卖。在现代，我们要尊重儿童的权益甚至保护他们的财产。在中国受“父为子纲”的思想影响，未成年人是没有自主的权利的。随着社会进步，思想观念的更新，更多的儿童权益被发掘出来。因此，我们必须承认儿童是一个独立的个体，父母不能把自己的思想强加给儿童，我们必须用发展的眼光看待儿童权益。所以可以说确立儿童权益最大化是儿童权利和权益发展至今的必然要求。

儿童应当享有和成人一样的宪法和法律所赋予的权利，如生命健康权、人格尊严权、通信自由和通信秘密权等。儿童之所以享有这些权利，是因为他们也是公民之一，是公民就可以享有公民的全部权利。但由于儿童往往年龄较小，心智往往发展不成熟，所以部分权利的行使可能会受到限制。也正是由于这样，儿童往往会处于弱势地位，所以更应该得到大家的尊重和保护。儿童是弱势群体，那些留守儿童、流浪儿童、弃婴等更是弱势中的弱势群体。所以，确立儿童权益保护制度对这些儿童更是具有重大的现实意义。虽然制度已经确立，但还需要大家共同努力将儿童权益保障的现实可能性提高。只有这样，才能真正提升儿童在家庭中的地位和社会地位。

婚姻文化与婚姻法是相伴相生的关系，文化是法律的温床，也是法律生长的环境，而法律制度本身也属于文化的一部分。文化具有较强的传承性和本土性，而法律相对更容易受到国际潮流的影响。通过对婚姻文化与婚姻法的互动研究，我们认为，婚姻文化会影响婚姻法立法的内容和执法的效果，而婚姻法本身的实施有利于营造和丰富婚姻文化。显然，融入婚姻文化的婚姻法更具有持久的生命力。

后　记

"婚姻家庭法"是未来《民法典》中的重要一编。当前，婚姻家庭制度的基本理论及具体制度设计在婚姻法学界尚存在一些争议；现行《婚姻法》的高度概括性规定，不能满足司法实践的需要；最高人民法院出台的有关《婚姻法》适用的三个司法解释，存在制度散乱和内容上的冲突之处，且有不少规定与《婚姻法》的基本立法精神相悖；婚姻法司法解释的某些规定在司法实践中的实施效果遭到民众的强烈质疑……所有这些问题，理论上需要认真地加以研究和梳理。《婚姻家庭法专题研究》一书，是对本人多年从事婚姻家庭法教学及科研工作过程中学术成果的一个总结，内容上涉及婚姻家庭法的基本理论，当前的学术热点问题、司法实践中的焦点问题、立法动态与学术反思及现有法律制度的完善等多个方面。

在本书的写作过程中，我的学生杨艾琳、成亚楠、耿聪、王新萌、唐磊、啜晓晨、刑少静、张吉等同学协助收集资料，做了大量辅助性的工作，付出了辛勤的劳动，在此表示特别感谢！本书在写作的过程中，借鉴和吸纳了学术界理论研究成果，参考了大量的相关作者的著作、论文和媒体信息，在此表示衷心的感谢。同时，由于本人理论水平有限，涉及的内容较多，时间仓促，书中有不少不足和错误，理论深度和论证水平都有待进一步提高，敬请广大专家、学者、同仁和读者不吝斧正，在此深表敬意。

作者

2017 年 9 月

作 者 简 介

马海霞，女，回族，1979年生，河南项城人，中国法学会婚姻家庭法学会理事，河南省民法学会理事。现为华北水利水电大学法学与公共管理学院讲师，教学研究领域为婚姻家庭法、知识产权法。近年来在《人民论坛》《财会月刊》《教育探索》等刊物发表论文十多篇，主持、参加多个省部级和厅级项目，独著一部，参编著作三部。